CULTURE AND TOURISM
INDUSTRY FRONTIER

文化和旅游产业前沿

第七辑

主编 郭万超

社会科学文献出版社
SOCIAL SCIENCES ACADEMIC PRESS (CHINA)

《文化和旅游产业前沿》

主编简介

郭万超　北京大学法学硕士，中国人民大学经济学博士，中国社会科学院经济研究所博士后，新加坡国立大学访问学者。北京市"高创计划"哲学社会科学和文化艺术领军人才，北京市宣传文化系统"四个一批"人才，北京市级联系专家，北京市特殊人才。现任北京市社会科学院传媒研究所所长，北京市文化产业研究中心主任，研究员（破格），博士后导师。

主要兼职：清华大学文化创意发展研究院研究员，APEC 中小企业信息化促进中心数字经济部部长，中国政策专家库（国务院研究室）、财政部、文化和旅游部、科技部、新华社瞭望智库、中国博士后科学基金、国家版权局（腾讯）网络版权产业研究基地专家，中央文化产业发展专项基金、国家级文化产业园区、国家重点研发计划项目评委。

在北京市社会科学院科研考核中两次排名第一，两次排名第二。出版专著 12 部，包括《当代中国经济发展战略》《中国特色新型城镇化道路研究》《中国特色自主创新道路研究》《数字文化产业》《走向文化创意时代》《中国文化产业词典》《北京文化产业竞争力研究》等；诗集 1 部；主编 15 部，包括《创意城市蓝皮书：北京文化创意产业发展报告》《文化和旅游产业前沿》《中国互联网文化企业发展报告》等；在《求是》《经济学动态》《人民日报》等发表论文 200 多篇，其中 C 刊和中文核心期刊 47 篇、《人民日报》《光明日报》《经济日报》10 篇、《求是》6 篇。19 项成果获副部级以上领导批示或被中央内参采纳。主持国家社科基金及中央委托等国家项目 8 项，主持省部级重大课题等 40 多项。获人事部、《人民日报》和中央统战部等 10 多项奖励。《人民日报》、《光明日报》、中央电视台、中央人民广播电台、凤凰卫视等对其进行过报道或采访。

编委会委员简介

(按照姓氏首字母顺序排序)

目　录

文化金融

媒体传播

文创综合

区域文产

数字文创

文化资源数字化中的法律问题探讨

郭万超　宋朝丽*

摘　要：文化资源数字化工程是实现中华优秀传统文化传承创新的基础性工程。作为新生事物，在利用数字文化资源进行文化项目开发时产生了新的社会问题。首先，数字版权是否在原版权基础上构成新的产权。其次，从高清数字图片中提取出文化符号和文化元素是否构成新的产权。最后，文化资源使用过程中产生的新产权归属如何界定，基于文化资源产权交易所产生的收益如何分配。这些问题需要本着公平与效率的原则，从相关利益主体的利益均衡与激励调节层面进行深入思考和重新界定。

关键词：文化资源　数字化工程　产权界定　收益分配

十八大以来，习近平同志围绕弘扬中国优秀传统文化问题展开了一系列精辟论述，指出"要处理好继承和创造性发展的关系，重点做好创造性转化和创新性发展"。值得注意的是，在谈到这一创造性转化和创新性发展时，习近平同志多次强调，要让"收藏在博物馆里的文物、陈列在广阔大地上的遗产、书写在古籍里的文字都活起来"。让文物活起来，就是

---

* 郭万超，经济学博士，北京市社会科学院传媒研究所所长、北京市文化产业研究中心主任，研究员，博士后导师，主要研究领域为当代中国经济、文化产业、互联网与新媒体、城市发展等；宋朝丽，博士，河南牧业经济学院副教授。

"使中华民族最基本的文化基因与当代文化相适应、与现代社会相协调，以人们喜闻乐见、具有广泛参与性的方式推广开来"。显然，弘扬中华优秀传统文化已经上升到塑造现代国家文化精神，推动中华文化伟大复兴的战略高度。

习近平同志的上述论断极为重要、非常及时，对于我国新时期的文化发展，特别是数字文化创意产业的发展具有重大指导意义，而且数字和网络技术的发展为此准备好了可行性，完全可以而且应该据此制定国家级战略加以落实。加强文化文物资源的数字化建设，全面提升文物文博机构的数字化和智能化水平，是落实习主席"弘扬中华优秀传统文化基因"的战略任务。

文化资源数字化工程是指用大数据和人工智能的方法对文化遗产进行采集、提取、解读、重构、可视化分析、知识图谱建构等处理，令其方便每一个人创作、生产、传播、消费以及再创造文化内容的一组技术。文化资源数字化包含了对中华优秀传统文化中的文字、图像、音乐、舞蹈等多种形式的文化符号进行数字化、素材化和智能化开发。作为一套数字化技术建构起来的新型文化资源系统，"文化资源数字化工程"是实现"弘扬中华优秀传统文化基因"这一伟大战略目标的技术手段。

文化资源数字化工程的实施离不开法律的支持。文化资源数字化工程的实施可以分解为四个步骤：一是收集文化素材，通过高清图片、音视频等形式将实体文化资源转化为数字文化资源；二是提取文化元素，对文化素材中的文化元素进行分解说明，形成文化元素；三是建立文化资源库，将文化元素进行提取组合，创造出新的文化元素，形成能够为市场所接受的文化资源；四是产权交易平台，搭建起文化资源所有方和使用方连接的桥梁，促进文化资源价值最终实现。这一过程中的法律问题涉及多部现有法律法规，需要综合运用考虑，还涉及现有法律的空白点，需要通过合理的产权制度设计予以解决。

一 文化资源数字化过程中产权规则的制定

文化资源数字化过程中文化资源产权规则的制定，应当在保证文化资源所有权归国家的基础上，采用市场化的资源配置方式，将使用权赋予尽可能多的社会大众，并通过明确使用规则和获利规则，最大限度调动全社会使用文化资源的积极性，充分发挥知识经济时代文化的力量，推动优秀传统文化传播，促进经济增长。

（一）明确界定文化资源知识产权归属

文化资源数字化所形成的知识产权是无形资产，能够创造出巨大的经济效益和社会效益，制定法律或相关法规明确产权的归属，可以明确相关主体各自的权限范围，避免权属不清所造成的资源浪费或资源利用不足。

（二）处理好文化资源数字化中涉及权利主体的关系

文化资源数字化涉及的权利主体有作为文化资源提供方的文化文物单位、为文化元素提取提供技术支持的数字技术实验室、为文化资源数字化工程提供资金支持的出资方、为文化符号提供解读的文化工作者，四方形成文化科技协同创新体。协同创新体外部相关主体包括文化意识形态主管部门、文化资源使用方。用制度明确各方围绕文化基因库所形成的占有权、使用权、收益权和处分权的权利使用规则，是有效利用数字化文化资源的制度前提。

（三）处理好公共文化资源开发获益与收益的关系

在文化资源国家所有的前提下，为全社会提供资源服务，必须处理好公共文化资源的公益性和私利性之间的矛盾。比如个人利用公共文化资源进行文化创意产品开发，并由此获得了大量的经济收益，这些收益是否需要在公众与个人之间进行分配、分配的比例如何制定，需要合理的制度设计。同时，还要注意避免"反公地悲剧"的出现，即文化资源开发利用涉及太多的主管部门，导致无人能够做出决策，最终所有人都无法利用，这就需要在协同管理方面做好制度设计。

二　文化素材收集中的法律问题

将文物实体转化为数字文化素材，需要提供的资源包括文物本身、资金、技术。中国有 64.49% 的可移动文物收藏在国有文化文物单位中[1]，其他可移动文物分布在私人博物馆及个人手中，不可移动文物作为文化遗址也都属于国家，因此国有文化文物单位是重点文物提供方。资金提供方主体为国家公共财政，近年来国家鼓励社会力量参与博物馆数字化工程，越来越多的社会资本成为素材库的资金提供者。技术提供方可以是文物所在的文化文物单位，也可以是社会相关技术企业。文化素材收集涉及的法律问题是素材库建设有没有形成新的版权，如果形成新的版权，那么版权应该归国家、文化文物单位、资金提供方还是技术提供方所有？如何界定上述主体之间的关系？如何进行利益分配？

第一个问题，有没有形成新的版权。文化资源数字化所形成的成果主要包括图像、文字、音频、视频等，属于知识产权范畴。在数字化过程中，如果没有形成新的知识产权，按照《文物保护法》[2] 和《物权法》[3] 的相关规定，文化素材库的所有成果归国家所有；如果形成了新的知识产权，则需要对这种新型知识产权进行界定。根据国际惯例，判断依据是成果能否满足作为知识产权构成要件的条件，具体来说是判断成果是否列入现有知识产权法律体系中作品、商标、专利、商业秘密和网络域名的保护范畴，有没有创作者智慧创意的加入从而产生新的智力成果，仅仅对原物的简单复制不能形成新的知识产权。文化素材库在形成过程中加入了摄像师在拍摄机位、灯光、摄影技术等方面的创意，以及修复和还原文化资源产生的新技术、新材料和新工艺，实际上加入了大量知识、技术和创意因素，满足了知识产权的构成要素，因此可以说产生了新的版权。

第二个问题，文化素材的版权归属。文化素材的版权归属，判定依据主要是文化素材库的出资方与文物所有方之间的约定。根据出资方不

---

[1] 资料来源：国家文物局编《第一次全国可移动文物普查工作报告》，2017。

[2] 《中华人民共和国文物保护法》（2017 年修订）第五条：中华人民共和国境内地下、内水和领海中遗存的一切文物，属国家所有。

[3] 《中华人民共和国物权法》（2007 年修订）第四十五条：法律规定属于国家所有的财产，属于国家所有即全民所有。国有财产由国务院行使所有权，法律另有规定的，依照其规定。第五十二条：法律规定属于国家所有的文物，属于国家所有。

同分为两种情况：第一种是由国家财政出资实施文物数字化工程，由于公共文化资源本身就归国家所有，数字化工程的出资方又是国家财政，所以文化素材归属国家；第二种情况是由国家委托其他社会力量开展数字化工程，如国家将文物数字化工程的技术支持项目委托给社会企业，这种情况下文化素材的产权归谁所有，目前仍没有统一说法。美国将委托视为雇佣，版权仍归委托方所有，英国和法国则将版权赋予被委托方。我国则遵循合同优先的原则，如《著作权法》第十九条规定，著作权的归属由委托人和受托人通过合同约定，合同未做明确规定或没有订立合同的，著作权属于受托人。由于文化资源具有意识形态属性，又具有珍贵性和唯一性，建议如果由社会力量出资建立文化素材库，可以通过合同约定委托方享有版权，受托方对相关文化资源有优先使用权。而技术合作方同样作为受托方，可以在合同中约定相关权益和收益分配，但同样不享有文化素材库版权。

第三个问题，文化素材的使用方式。文化素材的使用方式有两种：一种是通过授权的形式，向素材版权方提出申请，获得许可后缴纳一定授权金，获得文化素材库中素材的使用权；另一种是将文化素材免费向社会开放，任何人都可以下载使用甚至用于商业。这种方式目前正在被越来越多国家采用，如 2017 年 2 月，美国大都会博物馆（Met）免费释放出馆藏37.5 万件作品的图片资源版权；2017 年 7 月，台北故宫博物院开辟 Open Data 专区，免费开放 7 万张高清图像供公众使用；国际上很多博物馆签署 CCO 协议，完全或部分放弃藏品的数字化版权。从文化资源利用的角度来看，第二种方式更有利于文化资源的广泛传播和使用，因此文化素材的使用完全可以放开，免费提供给全社会。

三 文化符号提取中的法律问题

将文化素材转化为文化符号，提取出文化符号、文化元素并对其进行解读，涉及的相关主体有文化素材提供方、符号提取方。根据文化素材收集层面的设计，文化素材提供方为代表国家对文化资源进行保管的国有文化文物单位，符号提供方则是能够对文化元素、文化符号进行提取的相关文化专家学者、其他个人及博物馆相关工作人员。其中需要明确的法律问题是由专家学者等人对文化素材进行解读，加入大量的创意、智慧劳动成果，所形成的作品一定会受到《著作权法》的保护，那么作品的知识产权归素材方所有还是创作方所有，如何对双方的行为进行约定。

根据作品创作主体不同，可以将文化符号提取形成的作品分为职务作品和委托作品两种。根据《著作权法》第十六条规定，如果文化符号提取由文化文物单位的工作人员完成，即由本单位工作人员对文化素材的文化元素进行分解、提取、整理及文字说明，则形成的作品为职务作品。著作权有两种归属方式可以选择。一种是著作权归事实作者（即创作者享有），单位在其业务范围内享有优先使用权。作品完成两年内，未经单位同意，作者不得许可第三人以与单位相同的方式使用该作品。我们认为，在这两年内作者自己也不得以与单位相同的方式使用该作品。但作者本人或许可第三人以与单位不同的方式使用该作品是可以的，单位不能禁止。另一种选择是文化文物单位与创作者签订合同，约定由法人或者其他组织享有职务作品，作者享有署名权。文化符号库涉及大量的中国传统文化资源，如果允许符号提取者拥有作品的使用权，将会给整个文化资源数字化工程带来巨大的管理量，对此，建议采用文化符号提取者对创作的职务作品享有署名权，单位通过奖金、绩效等方式给予回报，同时将著作权赋予单位法人的方式进行规范管理。

如果符号作品由文化文物单位委托社会第三方完成，如由高校教师、文化学者对文化素材进行要素分解和元素提取，则产生的作品为委托作品。按照《著作权法》第十九条规定，受委托创作的作品，著作权的归属由委托人和受托人通过合同约定。合同未做明确约定或者没有订立合同的，著作权属于受托人。我们认为，对于委托社会力量完成的文化符号作品，可以事先签订合同，约定著作权归委托人所有，受托人将获得由委托人支付的一次性劳动报酬，并享有符号作品的署名权。

四　文化资源库建设中的法律问题

文化资源库将文化符号转变为可供市场开发使用的文化资源，涉及主体包括资源提供方、资源转化方、资源使用方。结合上述分析，资源提供方为文化符号所有方，即国家文化主管部门。资源转化方可以是政府通过招投标方式选出的有资质、对文化市场较为熟悉的文化企业，其依据市场经验和市场规律将文化符号组合成受市场欢迎的文化资源、有待开发的文化IP。资源使用方是众多的资源使用终端企业，它们在使用文化资源的过程中，不断对文化基因进行组合、改进、创新，不断产生新的文化资源。这些新的文化资源被收录到文化资源库中，使文化资源库不断丰富扩展。

文化资源库建设主要依靠市场力量来完成，国家仅作为资源提供方。面临的法律问题首先是文化资源平台的产权归属，归国家所有还是归建立文化资源库的企业所有，这决定了文化资源数字化工程中文化资源占有权、使用权、收益权等权利的使用规则。目前这部分内容在法律上尚处于空白状态，需要进行科学合理的设计。其次是对于文化企业在使用文化资源过程中产生的新资源，如何保护其产权及进一步开发使用。

按照所有权和经营权可以分离的原则，国家作为文化资源管理者和提供者，在这一步完全可以退出市场，委托更有市场经验的社会企业创建文化资源库，以便和市场实现无缝对接。国家享有文化资源的所有权，有权将经营文化资源库的权利以特许经营或市场竞争的方式让渡给社会企业。国家通过授权金、税收等方式将文化资源使用权让渡给企业，企业可以对文化资源进行使用，在经营中享有决策权和收益支配权，不受来自国家及其他力量的干预。而企业在使用文化资源过程中生成的新文化资源，企业享有知识产权，可以通过与国家签订合同，共同约定新知识产权是否收入文化资源库，以及以什么条件和价格收入。

推广标准化合同是文化资源库顺利运行的关键。如关于市场风险配置，一般认为应该根据不同主体对风险的控制能力来进行配置。对于不可抗力风险、法律风险及政策变化风险，可以由国家和受委托企业共同承担。对于包括通货膨胀风险和需求风险在内的市场风险，通常由国家和受委托企业共同承担，但企业承担主体部分，因为企业在文化资源转化中承担更多规避风险和控制风险的责任。对于利润、运营收入不足、建设成本超支、建设延期等风险，则完全由企业承担，这也是约束企业行为的有效方式。

五　产权交易平台的法律问题

文化资源数字化中的产权交易平台采用使用者付费的模式，即文化资源库经营企业将文化资源放在产权交易平台上，文化资源使用者通过平台上的展示采用线上交易的形式获得文化资源使用权。这一层面的法律关系表现为两种：交易平台与文化资源提供者之间的关系、交易平台与文化资源使用者之间的关系。其中涉及的法律问题有文化资源提供方、文化资源使用方与平台方三者之间的权利义务如何界定，收益分配规则及侵权行为的救济。

文化资源库经营者负责提供数字化文化资源，并由此获得市场收益，收益获取的方式有两种：一种是根据对文化资源价值的预估，一次性进行授权转让并获得授权金；另一种是与资源使用方签订合同，按照资源开发产品在市场上的销量，收取一定比例的股份金。平台方通过平台经营管理，积极营造便捷规范的交易环境，促进交易实现，还需要对资源使用方的主体资格、资源开发方式、资金状况进行审核，减少文化资源的使用风险，其收益来源为文化资源提供方和文化资源使用方的交易提成。文化资源使用方通过平台获取文化资源，通过签订合同保障文化资源在合同约定的范围内使用，收益来源为文化资源在市场上各种方式的灵活运用带来的市场收益。

平台方在这一环节承担着安全保障义务，保障资源提供方和使用方合法权益免受侵害。对于资源提供方，平台负有保证资源信息安全以免泄密的责任、审核资源使用方主体资格确保资源去向安全的责任。一旦出现因平台方失误给国家文化资源造成损失的情况，平台方须承担相应法律责任。对于资源使用方，平台须提供真实有效的信息，避免虚假信息给使用者带来损失。根据《消费者权益保护法》第四十四条规定，消费者救济障碍因平台提供者履行信息披露义务不当而产生，此时平台提供者承担不真正连带责任；当平台知道侵权行为的发生或以一般人的判断标准能推断平台应该知道侵权行为发生的事实，但又未采取必要的措施删除商品违法信息、断开购买链接时，平台承担连带责任。

表 1　文化资源数字化各层次相关法律问题梳理

维度	相关利益主体	法律问题	解决方案
文化素材收集	文化文物单位、技术提供方、出资方	有没有形成新的版权、新版权的归属、新版权的使用方式	文化素材收集形成新的版权,版权仍归国家所有,免费向全社会开放
文化元素提取	文化文物单位、文化工作者	文化符号的知识产权归属	根据文化资源的特殊属性及管理的便捷性,文化符号作品著作权归国家,作者享有署名权
文化资源库	文化文物单位、资源转化企业、资源使用企业	文化资源库的产权归属、新增文化资源的产权归属	文化资源库产权归创建资源库的社会企业,企业在使用过程中产生的新文化资源可以归入文化基因工程,由工程实施方购买知识产权
产权交易平台	文化资源提供方、平台提供方、文化资源使用方	各方的权利义务、平台承担的法律责任	以法律方式明确规定各方的权利义务,平台承担安全保障义务,根据相关法律承担责任

科技助力中华文化出海研究

李挺伟　杨　健　等*

　　摘　要：当前中国已经成为全球第二大经济体，但文化出海仍然面临"软实力赤字"。数字经济时代，随着新兴技术加速与文化产业渗透融合，依托于互联网载体的数字文化内容在全球传播，开辟了全球文化交流互鉴的新路径，初步构建了中国文化的新话语表达体系。传统文化IP通过数字内容形式实现创新性转化和创造性发展，实现文化价值与产业价值的赋能。新形势下需要进一步深化引导和支持数字文化及相关企业加大海外市场开拓力度，发力"科技 + 文化"出海，加速推动中华文化全球传播的传承和创新，讲好中国故事，打好"组合拳"。具体包括：加强文化出海的统筹协调和渠道支持，加强文化机构与互联网平台的IP连接，扶持与国际接轨的中华数字文化精品内容，加强文化与科技深度融合创新，加强数字文化园区海外载体建设等。

　　关键词：文化出海　科技助力　中华文化

---

　　*　李挺伟，清华大学中国产业发展研究中心副主任，主要研究方向为文化科技融合、大数据与文化产业、传统艺术科技转化等；杨健，腾讯视频总编辑。课题组成员：孙家宝、孙怡、刘琼、李啦、胡佳文、岳大伟。

一 当前中国面临"软实力赤字"，文化出海任重道远

（一）文化出海产业链发展不平衡、不成熟

1. 出海的高质量文化内容和名牌企业较少

高质量文化内容是中国文化远播四海的有形载体，是中国文化影响力持续提升的重要基础。但当前，中国的文化出海产品和服务大多仍停留在关注"有没有""多不多"的阶段，以数量为标杆，难以实现从"走出去"到"走进去"的升级。

受产业工业化程度、技术创新能力等因素限制，国内文化服务内容质量参差不齐。除少数头部产品可与海外本土作品比肩外，大量中长尾产品存在粗制滥造现象，造成产业资源和产业资本的低效利用，整体上文化内容的国际竞争力不足。

缺少高质量的文化内容以及文化服务出口比重偏低，严重影响具有较大国际影响力的文化品牌出现。

例如，在文博领域，虽然中国的历史文化资源极为丰富，但与美国大都会博物馆、法国卢浮宫、英国大英博物馆等世界知名的博物馆相比，仍缺乏有影响力的国际性文博机构。

商务部等部门公布的《2017～2018年度国家文化出口重点企业和重点项目目录》中，298家企业入选国家文化出口重点企业，但其中的绝大多数尚不具备广泛的国际影响力。

2. 出海文化交流缺乏渗透力、影响力，市场化运作不成熟

官方文化传播机构在前期中国文化面向世界的传播中起到至关重要的作用，但其影响力依然大多停留在政治外交和学术交流层面，对于海外基础民众的渗透力依然有限。在当前新的时代下，已经不能仅采用传统思维做文化交流活动、创作文艺作品。

市场化道路才是中国文化走出去的高速公路。通过市场化道路走出去的文化项目，影响更大、效益更好，能够真正实现对国外主流社会人群的

文化覆盖，推动中国文化走入人心，助力中国文化影响力持续提升。

但当前通过市场化渠道走出去的文化项目占比依然偏低。商业化程度低、主要依靠政府资助的运营模式，严重制约了走出去项目的国际竞争力。

因此，当前中国文化的海外传播理念、传播方式和载体、内容创作和生产方式，相较于时代发展仍具有一定的滞后性，与海外主流用户，尤其是年轻群体的文化消费习惯和传播平台适应性不足，在中国故事国际表达的能力体系建设方面比较薄弱，叠加传播能力严重不足，制约了中国文化走出去项目在海外市场的能见度和影响力，导致既入乡随俗、又入情入理，能够进入主流市场、影响主流人群的产品和活动太少。

3. 中国文化服务贸易存在逆差，结构有待优化

虽然中国已发展成为全球服务贸易和文化贸易大国，但当前中国对外文化贸易结构相对单一。

2019 年中国文化产品进出口总额达 1114.5 亿美元，贸易顺差为 883.2 亿美元，规模扩大 6.8%。而个人、文化和娱乐服务进出口 52.8 亿美元，其中出口 12 亿美元，下降 1.3%；进口 40.8 亿美元，增长 20.2%。

目前以文化产品制造和销售为主导的文化产业和贸易结构，使中国在国际文化产业分工体系中处于产业链的低端，无法形成自己的产业优势和核心竞争力，严重阻碍对外文化贸易从"产品输出"向"价值输出"的转型升级。

（二）尚未构建出新时代的中国文化符号和文化形象

1. 表层文化符号多，思想内涵少

当前在文化产品和文化服务出口的过程中，更多还是相对表层形象的文化符号传播，对于根植于中华传统文化的核心理念，以及近代以来在中国革命、建设、改革、开放、复兴进程中形成的新文化和时代精神等挖掘深度和传播力度还不够，不仅容易造成海外对于中国文化标签与元素的刻板单一印象，制约本土文化品牌国际竞争力的形成，同时也对掌握中国文化 IP 的话语权带来风险。

以美国为例，根据北京大学新闻与传播学院 2016 年进行的"中华文

化在美国民众中的影响力"调研数据，知名度前三的中国文化符号为大熊猫（96.2%）、长城（95%）、中国烹饪（93.1%）。2018年《"一带一路"沿线主要国家的中国观》调查显示，在最能代表中华文化的元素中，中餐饮食（52.7%）、中医药（50%）和武术（46.4%）位居前三。

不少国外公司纷纷瞄准中国文化IP吸引中国玩家，但有些国外文化创作往往限于旗袍、功夫等浅层文化符号，缺乏对精神标识的提炼和展示，有的甚至曲解中国文化内涵。因此，当前应努力改变中国本土文化企业在传播中华优秀传统文化过程中力量薄弱的局面，挖掘表层符号背后的核心理念，在国际上掌握中国文化的话语权和解释权。

2. 新型国际关系下的中国文化形象亟待塑造

国家形象是人们对一个国家信念和印象的总和。从欧美文化发展历程来看，文化的核心价值是传播国家强国战略与价值观，文化内容的价值力量是其建构国家文化安全和国家形象的重要基础。当前已经形成发达国家文化单向输出的传播定式和"美英主导、西强东弱"的全球文化格局。例如美国凭借其软实力推动美国文化产品和价值观全球传播。

虽然中国在经济领域GDP居全球第二、在政治领域正建构大国格局，然而中国文化安全系数不高，与中国经济大国、政治大国的地位不匹配。

当前在新型国际关系中，如何在全球语境中与时俱进地诠释中国文化，以世界和国际社会理解的话语传播中国文化形象，在思想和知识层面进行中西方对话，平衡文化传播的政治性和艺术性等，都有待进一步探索。

二 科技助力文化出海，形成中国文化新话语表达体系

（一）科技推动中国文化出海步入发展快车道

新兴技术加速与文化产业渗透融合，不断拓展文化产业新空间，催生网络视频、网络直播、网络文学、网络音乐、网络游戏、电竞、动漫等数字文化新业态。数字文化产业以文化创意内容为核心，依托数字技术进行

创作、生产、传播和服务，呈现技术更迭快、生产数字化、传播网络化、消费个性化等特点，正助力中国文化产业迈向高质量发展。

因此，数字经济时代，推动中国文化出海的载体演变出新的形式。依托于互联网载体的数字文化内容全球传播，开辟全球文化交流互鉴的新路径，不仅成为全球文化产业发展的重要带动力量，同时也是各国拓展国际文化贸易的重要渠道。从地域来看，当前中国数字文化出海，已经形成以亚洲近文化市场为重心，向欧美等全球范围不断突破的出海版图。同时受政策红利影响，涌现出了"一带一路"区域的新兴热点。

当前数字文化内容出海，网络游戏、网络文学呈现强劲走势，网络动漫、网络视频、网络音乐、直播、短视频等以多元化形式发展。

以游戏为例，腾讯、网易、完美世界等国内游戏企业大力开拓国际市场，海外游戏市场已成为中国游戏企业重要的收入来源，2019 年中国自研网络游戏海外市场实际销售收入达 115.9 亿美元，同比增长 21%。再如网络文学，截至 2018 年 12 月，中国面向海外输出的网络文学作品数量超过 1 万部。阅文集团等国内网络文学企业正在积极推动基于文化 IP（知识产权）的全生态输出，推动中国文化实现从"走出去"到"走进去"的跨越，不断深化中国与海外文化之间的交流互鉴。这种网络流行文化讲中国故事，具有共创性、体验性、互动性、分享性等特点，更易引发海外读者共鸣，已然成为中国文化新的话语表达体系。

对于中国文化产业而言，这是利用互联网优势实现弯道超车的重要机遇，也是塑造国家文化形象、获取全球文化话语权与实现中国网络文化安全的重要契机；同时也有利于扩大中国文化产业整体的市场空间和提升其发展水平，减少中国文化服务贸易逆差；对于增强文化软实力、综合国力以及国际影响力，提升中国文化自信意义显著。

从全球来看，以数字文化产业为主体，打造文化符号，建立更有辨识度的国家形象，可有效推动本地文化和全球文化的互动交融，成为当前世界各国的文化出海途径之一。例如美国，其有相对完整的、基于全球化的文化产品创作、生产、分发产业链条，已形成"好莱坞""迪士尼"等特色国家形象文化名片。日本提出 Cool Japan 计划，通过以动漫为主的文化内容输出，不断打造二次元文化标签，甚至将动漫形象及元素融入奥运会等国际性活动中，借此向世界各国传达日本知礼、坚毅等国家形象。中国也在积极探索"新文创""新国潮"等文化符号出海。

（二）科技助力文化出海的优势凸显

1. 赢取全球年轻人信任

从全球来看，年轻用户已成为数字内容消费的主力军，尤其是作为"互联网原住民"的Z世代群体，是数字文化的重度消费群。网络与数字文化深度影响着他们的生活方式、社交方式和表达方式，网络与数字文化正在青年群体中迅速崛起，成为一种世界性相通内容，加速推动着文化的全球化进程。

因此，互联网时代全球文化的交流互鉴开拓出一条新的信息传播路径，优秀的文化作品及其附着的价值观，能够充分依托不断创新的文化产品形态，实现广泛、有效传播，让全世界更多的年轻人所接受和认同，同时在传播的过程中不断进行再创新，始终保持中国文化的影响力。

新冠肺炎疫情暴发以来，全球贸易规模和增速进一步受到冲击，冲击全球价值链融合程度较高的行业，全球供应链格局将在动荡中调整。在后疫情时期的"逆全球化"下，科技助力文化出海为获得年轻群体层面的文化认同，进而辐射更广泛的人群，实现文化交流互鉴，增进相互理解和信任，带来了新的机遇。

2. 娱乐性打破文化隔阂

作为"世界级语言"，数字文化的价值观和意识形态的外在显示度低，已经成为世界范围内思想文化主流承载形式。

比如，基于数字文化的富媒体化特征，能够通过形象塑造、跌宕情节、动人音乐、宏大场景等形成一个仿真或拟像的世界，从而形成直观生动的多维感官体验，降低不同文化背景的传播门槛，扩大受众范围。

相比传统文化传播途径，数字文化内容具有潜移默化、寓教于乐的特征，结合当下审美及趣味实现传播，更容易获得全球民众的理解与信任。

3. 数字文化领军企业涌现

中国已成为全球最大的数字内容生产、发行与消费市场之一。腾讯、万达、阿里等企业不断布局全球性内容生态,已发展成为全球性数字内容企业。

领军企业能够充分发挥大企业龙头带动作用,通过生产协作、开放平台、共享资源等方式,支持上下游中小微企业发展。同时通过加大技术研发投入,超前布局前沿领域,积极抢占行业发展制高点,提高共同抗御外部风险的能力。

应基于领军企业在数字文化领域的布局和开拓,推动中国数字文化产业实力提升,"文化走出去"方式逐步多元。

文化出海不仅包括版权出海、平台出海,还要向商业模式、先进技术、IP资源等高附加值出海模式发展。在全球化时代,通过国际化合作或资本出海等方式,推动从内容创制到发行渠道均与世界体系接轨,使中国文化以世界性的语言,更好地为世界所接受。

4. 科技加速内容创新,助力产业链出海

数字文化产业已成为科技应用最广泛、科技创新最活跃的领域之一。大数据、云计算、物联网、人工智能等新技术快速发展,与数字创意深度结合,催生产业新场景、新机遇、新空间,不断赋能数字文化产业创新发展。

文化产业内部各门类、各行业之间融合,不断催生数字文化产业新业态。如5G将加快文化与科技融合,改变数字文化产业应用场景。车载娱乐、3D全息显示等新媒体形态,将在未来获得快速发展。5G还将满足异地同步演出、彩排、实时互动转播等诸多需求,为远程音乐教育、直播互动等领域提供高质量解决方案。

而且,数字文化产业是战略新兴产业,数字文化企业在出海过程中,不仅是内容出海,也能够推动产业链上下游科技能力的海外输出。当前已经在支付、云服务、分发渠道等领域进行协同合作,提升中国企业的海外科技基础设施能力。依托于服务中国数字文化企业出海的经验,中国科技企业也能够对"一带一路"沿线国家输出先进技术和解决方案,加速沿线国家的数字化转型步伐。

5. 市场化驱动成为出海主力

与以往国家层面主导海外输出不同,市场驱动成为数字文化出海的主力，具有传播度高、受众群体广、商业化程度高等特点，一定程度上解决了需求匹配的问题。互联网全球化使得数字文化内容的传播更广更快，更易在短时间内形成影响力，基于大数据存储与计算能力实现个性化的精准触达，使信息接收效率更高。

数字文化的商业模式更丰富，拥有会员付费、虚拟物品购买、广告、电商等多种盈利方式，并且能够通过提供多层级的付费体系满足用户的不同需求。同时数字文化内容也具有延展性，可以与其他产业跨界产生新的商品或业态，从而具有更大的商业空间。

（三）科技助力文化出海的典型市场化实践探索

1. 网络视频出海，从版权、国际创制到平台出海

随着移动互联网的普及和网络带宽的提升，媒介工具沿着文字－图片－声音－视频这一路线演进，网络视频在全球范围内成为用户娱乐的重要方式。网络自制剧、综艺节目、纪录片等以网络视频形态，借助互联网渠道出海成为常态，落地题材也趋于多样化。

数字文化产业的快速发展也为跨文化的国际合作打开了新的空间，通过与世界先进的工业体系接轨，锤炼全球化的制作与发行能力，提升数字文化内容的国际化水准。例如，腾讯在纪录片方面与 BBC 达成了深入合作，联合制作了自然类题材纪录片；影视剧方面，也在引入好莱坞编剧团队，尝试打造面向全球市场的季播剧，努力整合全球资源，打造精品力作。中英文创文化有限公司近年来举办中英电影论坛、中爱电影之夜等活动增进中外影视文化产业合作与交流，同时，其邀请国际团队、应用高科技和多媒体打造的创意舞台剧《我的小伙伴》，成为中欧文化交流的创新力作。

从"借船出海"到"造船出海"，网络视频平台也逐步以开放合作的姿态，开展内容方向探索和平台能力建设，从而形成系统化的内容输出能力，跻身未来影视等线上内容的全球化格局。例如，腾讯视频海外版 WeTV 已经在泰国、印尼、菲律宾、印度等国家和地区落地，成为这些国家和地区首个专门提供中国内容的流媒体服务平台。爱奇艺发布国际版应

用，支持多种语言和智能搜索，为全球多个地区带来内容生产、分发、运营的本土化支持和高质量服务体验。

2. 短视频出海，从官方叙事到个体分享

2012 年通信与互联网行业开始出海探索，工具类应用引领第一波出海浪潮，随后内容类、电商类产品试水海外，推动中国文化走上海外发展的快车道。当前在众多互联网出海应用的分布领域中，以短视频为代表的数字内容应用在海外发展迅速。

不仅短视频平台出海，国内短视频创作者、MCN 机构也纷纷出海发展。例如 2018 年，内容创作者李子柒的原创短视频在海外运营 3 个月后获得 YouTube 银牌。个体创作者通过短视频的形式将中国传统、本真的生活方式呈现出来，将中国传统文化融入当代作品，引发海外读者的共鸣，让世界理解生活中的中国文化。

在互联网的推动之下，产生了新的生产和消费方式，平台型生态出现，呈现"人人都是创意者"的创意大繁荣局面。以个人创意者和以工作室为代表的小微创意群体崛起，依托互联网平台的力量，进入数字文化出海的产业链条中，为越来越多的人带来创意表达和个体价值变现的机会。

在这种趋势下，讲好中国故事的主体从政府视角延伸到全体国民，人人都是创意者，人人都是中国故事的创作者、传播者。讲述的中国故事内容更加多元，从传统的京剧、杂技、歌舞剧等传统形式，到以更为年轻人所喜爱的叙事方式与游戏、动漫、影视和音乐等流行文艺形态相结合，更加多元化地展现中国的新气象、新成就。

3. 传统文化 IP 出海，探索文化价值与产业价值的赋能

敦煌、故宫、长城等文化元素，与视频、音乐、游戏、动漫等多种视听形式融合，通过创意化的表达和 IP 形象的再创新，传统文化资源能够与文创价值链实现更为紧密的融合，实现创造性转化和创新性发展。例如，故宫博物院与腾讯合作推出的"古画会唱歌"项目，以《千里江山图》等古画为原型创作歌曲；故宫博物院推出个性表情包；敦煌研究院与腾讯合作推出"飞天"主题游戏皮肤、《古乐重声》音乐会以及敦煌漫画等数字内容。

IP出海评价报告显示，出海IP TOP20，腾讯参与创建11项。实现高质量发展，是中国文化成功"走出去"的关键所在。文化价值和产业价值相互赋能，是新时代文化领域的有效发展路径和生产方式。

4. 文化展览出海，探索艺术科技的当代呈现

艺术家通过数字影像、交互装置、人工智能设备、虚拟现实等多种融合科技与艺术的创新形式，解读和展现对文化的理解、历史的思考和未来的想象，成为近年来备受瞩目的艺术现象。数字技术也早已渗透绘画、雕塑、装置、行为、影像等各个艺术范畴。近年来一大批科技艺术展览在中国多个城市不断涌现，如"花舞森林""不朽的梵高""《清明上河图》高科技互动艺术展"等展览均取得了很大的社会反响。

目前在中国取得一定商业成功的展览，大多仍是引入的全球文化IP。中国文化IP的创造性转化与开发仍处在起步阶段，需要在立足国内的同时，更多尝试走出国门。2018年，故宫博物院、腾讯等机构共同开展"国宝传承计划"，将《游春图》《千里江山图》等国宝名画，借助增强现实技术（AR）等科技手段重新打造，通过"中国文博创意作品海外巡展"在巴黎卢浮宫等多个国家的博物馆展出。如隋代画家展子虔的《游春图》，AR技术让湖水、游人、云彩等画中景致如自然实物般动态呈现，让全球观众体验了一把穿越时空的山水游览；在"故宫藏美"书画数码作品展上，30多幅故宫典藏作品按真迹还原，观众用手机便可以看到该作品的3D动画视频。中国的传统文化资源已经以新的形态，面向全球公众展现新的生命力。但是目前，中国文化艺术走出去的步伐还比较缓慢。据雅昌艺术网统计，每年中国艺术展览"引进来"和"走出去"的比例大致为3∶1。

展望未来的科技艺术领域，中国在引进、学习、参与的同时，借助文化资源的开发、科技进步的力量、创新方式的探索，将努力成为国际文化市场的规则改变者、行业领导者。

5. 海外文化创意产业园区正在成为出海新阵地

中国海外合作园区正在作为一种新的动能，推动着中国的境外市场开发和全球企业网络及价值链的建构，这也是中国社会对外开放、自身经济

发展升级、促进跨国经济合作的战略举措。

截至 2019 年，纳入商务部统计的境外经贸合作区累计投资超过 410 亿美元，入区企业近 5400 家。文化产业园区更是中国走出去的排头兵，扩大中国的海外"朋友圈"。

文化产业园区作为一种产业集聚的形式最早兴起于欧美国家。目前较为成功的模式包括五种：一是艺术联姻商业的模式，如纽约 SOHO 区；二是以政府引导为核心的模式，如英国伦敦西区；三是以文化底蕴助推创意区的模式，如法国巴黎左岸艺术区；四是以产业链为核心的模式，如好莱坞影视制作基地；五是以科技为核心的模式，如加拿大 BC 动画产业园区。

2018 年，中国的文化产业集聚区已达 2905 个。目前，中国已形成包括长三角文化创意产业区、环渤海文化创意产业区、珠三角文化创意产业区、滇海文化创意产业区、川陕文化创意产业区和中部文化创意产业区在内的六大文化创意产业集群。一些城市的文化产业已成为支柱产业，如深圳市大力发展平面设计、动漫、传媒、文化旅游等产业，2018 年深圳文化创意产业实现增加值 2621 亿元，占 GDP 的比重超过 10%。

近年来，一些文化企业已经开始在美国、欧洲等发达地区建设文化创意产业园区，例如德必佛罗伦萨 WE、北京·洛杉矶文化创意产业园都是国内企业海外建设文化创意产业园区的探索和尝试。但是受资金、政策、环境、模式等多方面因素影响，中国在海外还未形成具有较大影响的文化园区。除此之外，科技助力文化出海的典型市场化探索，还包括文化装备和终端出海，例如四达时代深耕非洲数字电视运营，华为、小米、OPPO等国产智能手机在印度、俄罗斯、欧洲等国家和地区的销量都处于头部，都为影视剧、长短视频等文化出海的多屏联动提供机会。

三　落实科技助力文化出海的发展建议

科技助力文化出海具有广阔的发展前景，面临着良好的发展机遇，但也面对国际贸易规则变化和国际竞争加剧等方面的挑战。新形势下建议进一步深化引导和支持数字文化企业加大海外市场开拓力度，以科技和文化为两翼，大力推动中国文化全球传播的传承和创新。

（一）加强文化出海的统筹协调和渠道支持

建议文化部、商务部、科技部、外交部等多部门形成协调机制，负责新时代文化出海的统筹规划、协调和监督。

充分发挥驻外使领馆、文化中心、有关出海协会及海外友好城市的作用，搭建资源合作对接、学术交流、信息传播等更多元的全球性平台，为国内更多网络与数字文化企业提供和国际同行合作、交流的机会，助力出海企业更加适应当地情况。

例如充分对接海外当地的文化节（展）、博览会、电影节和各类品牌活动资源，向海外推介中国优秀的"科技＋文化"产品及服务，通过市场行为实现更自由灵活的文化交流与交易。

（二）加大文化机构与互联网平台的 IP 连接

建议进一步推动文化创意机构和互联网平台的合作，充分发挥"科技＋文化"的资源叠加优势。

文化机构具有丰富的文化 IP 资源和创意优势，例如文物保护单位是传播中国传统文化的主力军。据国家文物局统计，全国重点文物保护单位已经超过 5000 处，其中包括故宫博物院、敦煌研究院等历史文化积淀深厚的传统文化保护单位，在科技的推动下，这些文保单位也进入"数字活化"的进程。

互联网企业强大的资本实力、丰富的泛娱乐产品矩阵以及在年轻人中的影响力，均可为文化出海带来无穷的产业延伸。例如文物文化 IP 可以借助游戏、文学、动漫、音乐创作等方式，用更契合新时代的文化形态走向海外。

IP 的揭示、解读和转化是系统工程，绝不是简单地把文化进行数字化和网络化，而是一种全新的文化生产与传播方式。因此需要推动互联网企业和文化机构加强基础研究，推动文化资源提供、文化内容解读和智能化技术应用等产业链多方进行更紧密的融合，例如通过文化计算的方式，寻找中华文化遗传基因和核心元素。

（三） 扶持与国际接轨的中华数字文化精品内容

在文化出海内容的创制阶段，一方面需要规范中国文化审美、内涵等方面的艺术水准。同时要注重文化融合，在国别差异下讲好中国故事，根植于世界性和民族性兼具的文化内涵，实现"以中为核、以外为体"的"中国元素、全球表达"。同时在文化出海内容的分发阶段，需要根据本地化消费特点，进行内容针对性的推荐和分发。

针对不同国家文化和受众需求的适应性，灵活性地提升出海内容的全球化程度，提升中华文化内容出海的接受度和传播力，打造"创意—研发—产品—出口"完整的网络与数字文化产业链条。

对比海外数字文化产业的经验来看，从作品到 IP，是互联网时代文化生产模式向国际化转型的重要体现。IP 的打造和开发是一个长期、持续的过程，需要通过不同内容形态的 IP 联动、线上线下多场景融合等方式，形成中国文化 IP 的养成路径，推动创作更多具有产业和文化价值的新时代中国文化符号。

建议进一步发扬科技助力文化出海的优势，以长短视频的多屏联动，互动剧、直播等创新体验，"线上传播 + 线下巡展（演）"等场景融合方式，打造经得起时代检验的文化精品，助力中国文化 IP 的影响力传播。

（四） 加强文化与科技的深度融合创新

建议进一步加强前沿科技在文化领域的场景应用和融合创新，推动科技在描摹、记录、呈现、传播、弘扬、振兴中华优秀文化中进一步创造性地转化和创新性地发展。

例如进一步借助出海平台，将文物数字系列产品进行全球范围展示，扩大其传播影响力，并结合当下 VR、AR、MR 等先进科技对传统文化进行创造性开发，让用户切身体验传统文化与科技结合带来的沉浸式愉悦感。

此次疫情后，互联网的发展趋势已经逐步清晰，物联网、移动 5G、人工智能、虚拟现实等与文化产业相结合已在进程之中。需要进一步推动企业加速自研创新与和海外合作创新，促进中国数字文化产业新技术的发展，依靠科技创新带动数字文化产业的出海模式升级。

（五）加强数字文化园区的海外载体建设

文化创意和科技创新融合发展是行业未来的发展趋势。首先，中国的文化产业园区需要不断完善产业链、创新运营模式、建设公共服务平台。其次，需要向智慧型园区升级，通过物联网、云计算、大数据等技术对园区进行全面升级，集成运用园区内外资源，提升园区产业价值链。最后，可以依托国家对外文化贸易基地和文化出口基地，积极打造一批网络与数字文化出口园区，在融资、税收、海关通关、人才培养、境外投资方式等方面给予更多便利和优惠措施。

进一步引导中国数字文化企业积极参与国际分工与合作，到境外设立研发机构。同时，借助"一带一路"等发展政策，围绕海外区域建设发展规划，进一步推动文化创意产业园区根据自身产业基础和优势，向海外布局，以海外文化创意产业园区为载体，发挥出海文化企业的集聚效应，实现产业链和平台的全球布局。

脑控娱乐机器人的产业发展与伦理考量

顾心怡　陈少峰*

摘　要：娱乐机器人现已成为极具前景的新兴产业，随着人工智能算法、神经科学和脑机接口技术的不断发展，直接脑控机器人领域也诞生了诸多科研成果，由此，娱乐机器人的产业发展也部分呈现脑机融合的新趋势，但同时也带来了诸如神经安全、脑隐私保护、决策自主权以及人际疏离与上瘾等伦理问题。客观理性地看待脑控娱乐机器人为人类带来的风险与收益，将有助于该项技术创新以合伦理性的方式推动人机交互向纵深发展。

关键词：娱乐机器人　脑机接口　直接脑控机器人　脑机融合

一　娱乐机器人的产业发展

机器人是集机械、电子、控制、传感、人工智能等多学科前沿技术于一体的自动化装备。从全球范围来看，机器人已成为衡量国家创新能力和产业竞争力的重要指标，是全球新一轮科技和产业革命的重要切入点。随着美国国家科学基金会《美国机器人技术路线图》的颁布、中国三部委联合印发的《机器人产业发展规划（2016~2020年）》《智能制造发展规划

---

* 顾心怡，北京大学哲学系博士生，主要研究方向为技术伦理；陈少峰，哲学博士，北京大学哲学系教授，主要研究方向为应用伦理学。

（2016～2020年）》《促进新一代人工智能产业发展三年行动计划（2018～2020年）》等政策的实施，以及人均可支配收入的提升和物联网、大数据、人机交互等技术的快速迭代，服务机器人产业迎来了高速发展。服务机器人主要包括专业服务机器人和个人/家庭服务机器人，而娱乐机器人则是个人/家庭服务机器人的主要构成部分和热点方向。

（一）娱乐机器人的主要类别

目前娱乐机器人市场的产品类别主要有休闲娱乐机器人和教育娱乐机器人。由于娱乐机器人与机器人视觉、机器学习和认知计算等人工智能控制策略与算法的集成性不断提高，部分娱乐机器人兼具智能家居、教育娱乐和家庭安全等复合功能。目前娱乐机器人已广泛应用于儿童和老年人群体中，被用以进行儿童教育、家庭互动娱乐以及儿童和空巢老人的陪伴，通过人机交互提升儿童的学习效率和老年人的思维反应能力，并减少孤独感。因此，家长和培训者对娱乐机器人的需求正在增长。

休闲娱乐机器人主要用于家庭娱乐生活与情感互动。其包括基于自然语言处理（NLP）等会话式智能交互技术的聊天机器人（A. L. I. C. E.、Jabberwacky、D. U. D. E）、具有语调和表情等情感识别能力的情感机器人（软银Pepper），还有基于仿生性、自治性、AI交互性的类人智能机器人（索尼类人机器人QRIO、谢菲尔德机器人研究中心类人机器人iCub）、宠物机器人（波士顿动力机器狗Spot、索尼机器狗AIBO和大象机器人MarsCat）和陪伴机器人（NEC的PapeRo、三菱Wakamaru），以及能够模仿人类文化活动而带来观赏性和趣味性的文化娱乐机器人，如书画机器人、体育比赛机器人、表演机器人（音乐机器人、舞蹈机器人）、媒体机器人等。

教育娱乐机器人主要侧重于早教和教学科研的平台功能。儿童早教机器人具有空间智能、数学逻辑智能、语言智能、音乐智能和身体运动智能等多元智能的益智功能，如上海未来伙伴推出的能力风暴教育机器人、韩国电信Kibot2机器人。而用于教学与科研实验平台的教育娱乐机器人，则适用于STEM教育、创客教育、物联网教育以及各类科研竞赛等。例如目前全球学术领域应用最广泛的类人机器人法国Aldebaran Robotics公司推出的 Nao 机器人，以及上海未来伙伴推出的 Abilix 教育机器人等，采用开放式编程框架，可通过可视化指令模块编程使其完成踢球、跳舞等复杂动作。

（二）娱乐机器人的产业现状

MRFR Analysis 的分析预测，全球娱乐机器人市场将从 2016 年的 9.925 亿美元逐步增长到 2023 年的 37.15 亿美元，在预测期内的复合年增长率为 23.06%[①]。其中由于摄像头技术的进步，预计亚太地区将在预测期内主导娱乐机器人市场，到 2023 年其市场价值将达到 18.21 亿美元，目前传感器技术正在推动亚太地区娱乐机器人市场需求的发展。目前，全球娱乐机器人市场的著名公司有 Kuka AG（德国）、Hasbro（美国）、Mattel（美国）、Sphero（美国）、Bluefrog Robotics（法国）、Modular Robotics（美国）、Robobuilder（韩国）、Sony Corporation（日本）和 Lego（丹麦）等。而 AIBO、Poo - Chi、Bo - Wow、iDOG、Gupi、Teksta 和 i - Cybie 等娱乐机器人在商业领域广受欢迎。预测认为，虽然较高的初始成本阻碍了未来几年的市场增长，但人工智能技术的发展、正在增加的老年人口以及对电子动画的需求将推动娱乐机器人市场的发展。

根据天风证券研究所福韵统计数据，我国机器人行业当年专利新增量从 2015 年的 3302 项增长至 2019 年的 10846 项，其间复合增速高达 34.62%，其中休闲娱乐机器人专利数量占总体数量的 14%。从企业成立时间的角度分析，2011 年后成立的休闲娱乐机器人企业占 93.64%，机器人行业属于新兴朝阳性产业[②]。通过专利关键词词频分析，专利研究方向多为机器人控制系统、关节等连接系统、动力系统（电机、驱动）以及传感系统（信号、传感器）。而休闲娱乐机器人需要创造良好的人机交互体验，故精准的语音和文字输入/输出功能，以及具备适应性的伺服驱动器（舵机）则尤为重要。目前国内的领航企业有优必选、上海未来伙伴等。

---

① *Global Entertainment Robots Market Research Report*，Market Research Future，July 2019.

② 《机器人行业深度研究：穿越机器人广阔赛道，寻找明日之星》，https：//www.sohu.com/a/375218133_99900352，2020 - 02 - 23。

（三）娱乐机器人的发展趋势

机器人是可移动的计算机，在样式灵活性和软件可移植性基础上，娱乐机器人呈现出本体多元化、人机交互类人化和脑机融合一体化的发展趋势。

第一，由硬件本体转向多元本体设计。目前娱乐机器人具有人形机器人、仿生机器人或动漫科幻 IP 化的外观设计特点，而其未来将呈现虚拟现实结合、多智能体集成以及软机器人的多元发展态势。其中虚拟机器人技术基于多传感器、多媒体以及虚拟现实技术，实现机器人的虚拟遥控操作和人机交互；多智能体机器人系统是基于多智能体协调控制技术对多智能体的群体体系结构、相互间的通信与磋商机理、感知与学习方法、建模和规划、群体行为控制等方面进行的研究成果；生物材料刚柔耦合软体机器人技术，则是基于安全性和舒适性要求而对智能材料与新型结构进行的探索。

第二，由自主导航转向人机交互（HCI）。马丁·福特在《机器人时代》详细阐述了机器人的智能化和类人化发展路线，要实现娱乐机器人更为类人化的人－机交互和机－机交互，自主性[①]、适应性[②]和智能通信[③]的软件系统是关键的发展方向。基于自主性和适应性要求，多传感器模块和融合算法将成为热点，尤其是在非线性及非平稳性、非正态分布的环境应用，以实现高精度的视觉、触觉和听觉等环境感知能力和运动控制能力。智能通信使娱乐机器人能够通过无线网络实现机器人之间的数据交换、对话和协作，采集网络数据以更新其行为模式，还可以控制其他机器人或网络上的设备。需要掌握和突破的关键技术包括：刚柔耦合的变刚度机构设计，面向人机共融的高安全决策机制，三维全息环境建模，高精度的触

---

① Maria Gini, Kouhei Ohnishi, Enrico Pagello. Advances in Autonomous Robots for Service and Entertainment, Robotics and Autonomous Systems, 2010（58）：829 – 832.

② Henrik Hautop Lund, *Adaptive Robotics in the Entertainment Industry*, Proceeding 2003 IEEE International Symposium on Computational Intelligence in Robotics and Automation, July 2003, Kobe, Japan：595 – 602.

③ K. Sabe, "Development of Entertainment Robot and Its Future," *Digest of Technical Papers*. 2005 Symposium on VLSI Circuits, 2005., Kyoto, Japan, 2005：2 – 5.

觉、力觉传感器和图像解析算法等①。其目的是实现人 – 机 – 环境的和谐共生，以及面向非结构化环境的行为控制与人机高效协作。

第三，由脑机独立转向脑机融合。机器人产业核心技术正在从控制器、伺服电机等工业技术向深度学习、自然语言处理、计算机视觉和情感识别等人工智能技术方向发展，乃至向脑机接口技术方向延伸。该技术通过对神经系统的电活动和特征信号的收集、识别及转化，使人脑发出的指令能够直接传递给指定的机器终端，即直接脑控机器人。随着脑机接口技术向服务领域的渗透，基于脑机接口技术的娱乐机器人成为一大前沿方向。此外，基于认知科学、发展心理学、神经生理学和计算建模进行认知计算和情感识别，娱乐机器人的认知与情感交互能力已崭露头角②。

二　直接脑控机器人的研发态势

直接脑控机器人接口（Brain – controlled Robot Interface，BCRI）是一种新型的人 – 机器人接口技术，是脑机接口（Brain – computer Interface，BCI）在机器人控制领域的重要应用和研究方向③。目前其在试验领域已取得丰富的研究成果，是国际前沿研究热点。

（一）脑机接口与直接脑控机器人接口

脑机接口是指不依赖外周神经肌肉系统的脑信号采集（脑电、脑磁、脑血氧等）、信号处理（预处理、特征提取、模式识别），将其转化为机器应用终端的信号输出或控制指令。简而言之，脑机接口是人与机器间的通

①　陶永、王田苗、刘辉等：《智能机器人研究现状及发展趋势的思考与建议》《高技术通讯》2019 年第 2 期，第 149 ~ 163 页。

②　Goswami A. ，Vadakkepat P. ，*Humanoid Robotics：A Reference \ \ Humanoid Robots for Entertainment*，2019，10. 1007/978 – 94 – 007 – 6046 – 2（Chapter 111）：2599 – 2615.

③　伏云发、王越超、李洪谊等：《直接脑控机器人接口技术》《自动化学报》2012 年第 8 期，第 1229 ~ 1246 页。

信和控制系统①。目前其已从临床医疗、军事战略应用开始转向服务领域，如"网页浏览和虚拟世界导航、警觉性监测、利用外骨骼增强身体能力、记忆和认知能力增强、测谎与法律、安保与身份识别、教育与学习、游戏与娱乐、脑控制艺术"等领域②。而直接脑控机器人则是采用脑机接口识别的思维意图控制信号控制外部机器人的技术，是关于人类的神经科学、认知科学和心理学分析研究与关于机械仿生人的机器人学、传感器技术、机械工程学、控制系统、人工智能两个综合领域之间的假设与验证的过程，是脑机融合的类型之一。直接脑控机器人接口可以应用于服务机器人或康复机器人，目前已有对于脑信号控制移动机器人③、仿人机器人④、机械臂⑤、智能机器人轮椅、智能车辆等的实验研究与商业应用。这些成果表明直接脑控机器人接口研究具有重要的科研价值和现实意义。

　　而直接脑控机器人接口较脑机接口具有更为复杂多元的系统结构、信号反馈和模块自适应控制系统。

　　其一，直接脑控机器人接口具有较复杂的系统结构。典型的脑机接口由基于脑电图（EEG）的设备及相应的信号处理以解码命令组成，这些命令被发送到有限状态自动机（FSM）以确定机器人控制器所需的状态，在大多数情况下，该模型被建模为简单的运动链。而直接脑控机器人接口包括具有闭环的完整非线性动力学，并带有高级控制器，该控制器追踪 FSM 提供的轨迹，以强制执行机器人所需的动态行为，从而按照视觉和动觉刺激向用户传达视觉想象（VI）、运动想象（Motor Imagery，MI）和（或）

① 伏云发、土越赳、李洪谊等：《直接脑控机器人接口技术》，《自动化学报》2012 年第 8 期，第 1229～1246 页。

② 〔美〕拉杰什 P. N. 拉奥（Rajesh P. N. Rao）：《脑机接口导论》，张莉、陈民铀译，机械工业出版社，2017，第 190～202 页、第 84～165 页。

③ Kawato M. Brain Controlled Robots, Human Frontier Science Program Journal, 2008, 2 (3): 136 – 142.

④ Eduardo Iáñez, M. Clara Furió, José M. Azorín, José Alejandro Huizzi, Eduardo Fernández. *Brain – Robot Interface For Controlling A Remote Robot Arm*, International Work – conference on the Interplay Between Natural & Artificial Computation. Springer – Verlag, 2009, 5602: 353 – 361.

⑤ McFarland D. J, Wolpaw J. R. *Brain – Computer Interface Operation of Robotic and Prosthetic Devices*, Computer, 2008, 41 (10): 52 – 56.

动觉意象（KI）①。

其二，直接脑控机器人接口具有更多元的信号反馈。现行的脑机接口以脑机双向信息通信为目标，其中机－脑的反馈信号主要通过光、电等外部刺激，唤醒或控制生物的某些特定感受和行为，以提升用户神经可塑性，用于神经康复与认知记忆能力增强。而直接脑控机器人接口则存在4种信息反馈：机器人状态与工作环境信息的用户反馈、脑控机器人接口输出的控制状态的用户反馈、脑控机器人接口输出的控制状态误差反馈给自适应特征提取和自适应分类算法以调整参数和功能，以及机器人自身反馈形成智能自主控制。

其三，直接脑控机器人接口需要三边模块自适应控制系统。首先是BMI/脑机接口模块与机器人多层控制结构（Robot Multilayer Control Architecture，RMCA）模块的双边适应和融合；其次是脑信号自适应特征提取算法和自适应特征分类算法，即机器适应人，还有人、BMI/脑机接口模块、RMCA模块的三边自适应控制，以实现信息融合。在此过程中需将脑信号结果与机器人经由传感器通过环境感知获得的信息加以综合，消除多传感器信息与脑机接口信息之间可能存在的冗余和矛盾，提高系统决策、规划、感应的快速性和正确性。

（二）直接脑控机器人接口的实验成果

目前，直接脑控机器人接口科研已成功实现了对移动机器人、仿人机器人、机械臂、轮椅等机器终端的直接脑控，其中最常用的脑信号类型是稳态视觉诱发电位（SSVEP）②、P300和运动想象或高级认知活动相关的脑电节律。P300与SSVEP都是通过视觉刺激诱发电位的。SSVEP是频域上的特征，被试通过注视对应不同控制命令的不同频率闪烁块以实现视觉皮层EEG信号的特征提取和模式分类解码。而P300是时域上的响应，以偶然性、小概率事件刺激之后的300ms，以EEG出现的正峰值作为解码依

① U. Sanchez－Fraire, V. Parra－Vega, et al., *On the Brain Computer Robot Interface*（直接脑控机器人接口）*to Control Robots*, IFAC－PapersOnLine 48－19（2015）：154－159.
② 邓志东、李修全、郑宽浩、姚文韬：《一种基于SSVEP的仿人机器人异步脑机接口控制系统》，《机器人》2011年第1期，第129~135页。

据。运动想象则需要被试想象高级运动控制命令（如去客厅）或低级运动控制命令（如向前、向后、左转、后转）等动作来实现控制。以上多种脑信号解码方式可以混合应用为多模态脑机接口。

总体而言，脑机接口应用的主要控制策略是基于目标选择的控制策略（TSS）和基于运动控制的策略（MCS）。

基于目标选择的控制策略是指用户通过直接脑控机器人接口的脑机接口模块向机器人系统的 RMCA 模块提供粗粒度的控制命令。其针对移动机器人去厨房、机械手从冰箱取出物品等目标，属于高级命令，其实现需要同时结合环境模型生成器产生智能自主或半自主机器人系统的运动控制命令[1]。例如 Millán 等首次实验证明了机器人技术与异步非侵入式脑电分析和机器学习相结合，通过映射异步高级心理命令为有限状态自动机，从而有效地实时控制移动机器人 Khepera[2]。Rebsamen 等提出依赖于慢速但安全精确的基于 P300 的脑机接口控制策略，其通过图形接口方便用户仅通过菜单选择目的地和处理意外情况等[3]。

基于运动控制的策略用户也可以通过直接脑控机器人接口的脑机接口模块向机器人系统的 RMCAI 模块提供细粒度的控制命令，如移动机器人向左、向右及运动速度等。其针对的机械手坐标系、坐标轴、平移或旋转、步长等精细运动命令，属于运动参数（Motion Parameters，MP）的低级命令，这些运动参数控制命令可由机器人直接执行。例如 Tanaka 等提出基于 EEG 的 BMI/脑机接口，用向左或向右的运动想象直接决定轮椅的下一步行动[4]。

---

[1] Luth T., Ojdanic D., Friman O., Prenzel O., Graser A., *Low Level Control In A Semi - Autonomous Rehabilitation Robotic System Via A Brain - Computer Interface*, In: Proceedings of the 10th International Conference on Rehabilitation Robotics., Noordwijk, Netherlands: IEEE, 2007: 721 - 728.

[2] Millán, José del R., Renkens, F., Mouriño, J., Gerstner, W. *Noninvasive Brain - Actuated Control of a Mobile Robot by Human EEG*, IEEE Transactions on Biomedical Engineering, 2004, 51（6）: 1026 - 1033.

[3] Rebsamen B., Burdet E., Guan C. T., Zhang H. H., Teo C. L., Zeng Q., Laugier C., Ang M. H. Jr. *Controlling A Wheelchair Indoors Using Thought*, IEEE Intelligent Systems, 2007, 22（2）: 18 - 24.

[4] Tanaka K, Matsunaga K, Wang H. O., *Electroencephalogram - Based Control of an Electric Wheelchair*, IEEE Transactions on Robotics, 2005, 21（4）: 762 - 766.

Vanacker 等基于异步协议分析不间断 EEG 活动以确定用户随机变化的心理状态，并把识别的低层控制命令（向前、右转、左转）与导航避障系统相结合①。Ferreira 等将机械手的工作空间用单元格划分呈现给被试，而脑机接口模块 α 频带 EEG 信号功率的分析用于辅助用户选择机械手操作空间的一个单元格，然后通过 TCP/IP 发送坐标实现对机械手（BOSCH SR800）的控制②。日本本田公司开发的仿人机器人阿西莫（Asimo）也是通过被试移动左右手的简单运动想象实现控制的。

三 娱乐机器人的脑机融合趋势

基于生物电信号与数字电信号的双向信息连通与融合，将人类的大脑"湿件"与机器人的"软硬件"合二为一形成的协同性和整体性，将显著提升有机整体的环境交互能力与游娱体验。日趋成熟的脑机接口技术将与虚拟现实、单一集群、软体硬体等多元样态的机器人协同运作，并与各种视觉、听觉、触觉等可穿戴设备相结合，推动人体通信和感知向多元化、多面向发展。

（一）娱乐机器人向非侵入式脑机接口集成

脑机接口的三种主要技术形式为侵入式脑机接口（电极植入脑皮层内）、半侵入式脑机接口（电极植入颅内）和非侵入式脑机接口（非手术）。侵入式脑机接口空间分辨率和信噪比最高，但需要穿透血脑屏障，有感染和其他脑损伤风险，并可能引发免疫反应使信号质量随时间的流逝而降低，目前主要应用于临床医学领域；非侵入式脑机接口无需手术，具有更高的安全性和最低的价格，但空间分辨率也最低；半侵入式脑机接口

---

① Vanacker G, MillÂ`an J. D. R., Lew E., Ferrez P. W., Moles F. G., Philips J, van Brussel, Nuttin M., *Context – Based Filtering for Assisted Brain – Actuated Wheelchair Driving*, Computational Intelligence and Neuroscience, 2007: 25130.

② Ferreira A., Bastos – Filho T. F., Sarcinelli – Filho M., Cheein F. A., Postigo J F, Carelli R., Teleoperation of an Industrial Manipulator through a Tcp/Ip Channel Using EEG Signals, In: Proceedings of the 2006 IEEE International Symposium on Industrial Electronics. Montreal, Quebec, Canada: IEEE, 2006: 3066 – 3071.

介于两者之间，较 EEG 有更好的信噪比、更宽的频率范围和较短的用户训练时间，但同样具有一定的医疗风险。

研究者过去认为只有侵入式脑机接口才能实现对机器人连续、精细和复杂的运动控制，然而以上实验表明，非侵入式脑机接口在运动时间、精度和准确性方面也可以获得与侵入式脑机接口同等效果的三维运动控制和抓握控制能力，证明了非侵入式脑机接口对于机器人装置的控制可行性。与高成本和高损伤风险的侵入式脑机接口相比，非侵入式的 EEG 具有更为广阔的商业应用空间。目前非侵入式脑机接口主要通过 EEG、MEG（脑磁图）以及 fMRI（功能性磁共振成像）、fNIRS（功能性近红外光学成像）等方式采集信号。同时，在应用于娱乐机器人的信号采集过程中也可以利用非脑信号，如 EMG（肌电图）、ECG（心电图）、EOG（眼动电图）以及动作捕捉等[①]。

（二）脑机接口向服务领域发展的政策导向

2014 年，欧盟协调和支持行动（CSA）提出"BNCI Horizon 2020 + 年计划"[②]，针对脑机接口提出发展路线图，指出脑机接口在治疗以及非治疗领域的机遇与挑战。2018 年 3 月，美国国防高级研究局（DARPA）发布了"下一代非手术神经技术"（N3）[③] 项目征询书，旨在开发高分辨率的非手术双向神经接口，能够读取大脑信号和向大脑写入信号，并具备面向健康人群应用的可行途径。2018 年世界机器人大会的主论坛上，中国电子学会公布了《新一代人工智能领域十大最具成长性技术展望（2018~2019年）》，智能脑机交互位列第五，并提出其未来将广泛应用在临床康复、自动驾驶、休闲娱乐等多个领域。

---

① 〔美〕拉杰什 P. N. 拉奥（Rajesh P. N. Rao）：《脑机接口导论》，张莉、陈民铀译，机械工业出版社，2017，第 190~202 页，第 84~165 页。

② Brunner C., Blankertz B., Cincotti F., et al., *BNCI Horizon* 2020 – *Towards a Roadmap for Brain/Neural Computer Interaction*, International Conference on Universal Access in Human – Computer Interaction, Springer, Cham, 2014: 475–486.

③ DARPA, *Nonsurgical Neural Interfaces Could Significantly Expand Use of Neurotechnology*, https://www.darpa.mil/news – events/2018 – 03 – 16, 2018 – 03 – 16/2020 – 03 – 07.

（三）脑控娱乐机器人的发展现状

脑控娱乐机器人已成为最前沿的跨界新兴产业，基于安全性和舒适性考量，脑机接口商业化的主要形式为非侵入式的 EEG 形式。目前，将多元娱乐产品与脑机接口结合的主要研发力量有以下四个方面①。

第一，兼具脑机接口、EEG 软硬件开发能力的平台企业。NeuroSky 和 Emotiv 平台企业在为消费者开发脑机接口技术和应用程序、塑造多元化脑机接口娱乐产品方面发挥着关键性作用。作为平台企业，它们具备生产用于脑机接口或神经反馈目的的硬件和软件套件能力。2009 年，Emotiv 和 NeuroSky 都向公众发布了基于 EEG 且具备低成本、便携性和灵活性优势的脑机接口头戴式耳机。NeuroSky 还向开发者提供 ECG、EEG 芯片。其共性优势是便捷性、非侵入性、无限制移动性、可访问原始数据或算法优化的数据并且适用于任何开放平台，为消费者催生了许多脑机接口设备和应用程序。此外，两者都开发了有关脑电波模式的专有软件算法。如 NeuroSky 开发了关联 α 波和 β 波的两种算法——Intention 和 Mediation。Emotiv 设计了 3 种算法套件，即可检测面部表情的 Expressiv 套件、可检测情绪的 Affectiv 套件和可检测意图的 Cognitiv 套件。该类平台企业具备核心研发能力，推动着技术的快速迭代。

第二，获得修改 NeuroSky 和 Emotiv 开发技术许可的神经配件和玩具企业。虽然 Emotiv 积极在会议和媒体上推广产品，是最著名的脑机接口平台公司之一，但 NeuroSky 基于与其他公司的合作策略，对于消费者和终端用户更具影响力。其合作商美泰（Mattel）、米尔顿大叔（Uncle Milton）、泰坦（Titan）和东芝（Toshiba）等成熟公司已经发布了基于脑机接口的神经配件和玩具。NeuroSky 还与新兴的脑机接口公司合作并帮助其开发了 Interaxon、Mindgames Ltd.、NeuorCog、Neurowear 等神经设备类产品，其中 2012 年发布的 Necomimi 是带有猫耳朵的可移动脑控头盔。该类公司通过引入脑机接口神经配件开发游戏和玩具，发挥着技术转化并向消费者推广

---

① Cloyd, Tristan Dane, "(r) Evolution in Brain – Computer Interface Technologies for Play: (non) Users in Mind", *Dissertations & Theses – Gradworks*, 2014: 56 – 63.

脑机接口的功能，以实现利用脑机接口技术增强身体与自我的场景描述。

第三，位于高校和研究机构的人机交互（HCI）研究人员。HCI 研究人员正在缩小脑机接口用于医学目的的研究与脑机接口用于健康的消费者和游戏玩家群体之间的差距。这些研究人员不仅关注脑机接口的概念证明和控制准确性，还在评估用户在脑机接口方面的使用经验，并尝试根据这些经验开发应用程序①。尽管脑机接口社区的 HCI 研究人员可能很难直接获得大脑数据，但可以充分利用他们所掌握的有关用户及其意图的信息来增加脑机界面设计的经验。HCI 开发人员正在利用 Emotiv 和 NeuroSky 头戴式耳机来开发可用于游戏、智能手机和社交媒体的应用程序。例如，Darmouth 的研究人员基于 Emotiv 的 EPOC Headset 开发了 Neurophone。HCI 研究人员的研究成果将创造更加人性化的消费者体验。

第四，独立开发人员。他们使用脑机接口平台技术进行独立项目研发，特别是基于 NeuroSky 和 Emotiv 的头戴式耳机构建应用程序并修改脑机接口技术以开发游戏和玩具。例如，史蒂夫·卡斯特洛蒂（Steve Castellotti）开发了一个名为 Puzzle Box 的教育性项目，该项目是一个可作为脑机接口项目构建指南的开源软件工具包，其目的是为对脑机接口和神经科学感兴趣的用户提供教育和研发帮助。他还使用 NeuroSky 的 Mindwave 耳机制造了脑机接口控制的直升机，并使用 Emotiv 的 EPOC 制造了机器人控制的汽车②。另一位独立开发人员彼得·弗里尔（Peter Freer）并没有开发头戴式耳机，而是开发了一款能够测量 EEG 活动的手表 Body Wave。

四 脑控娱乐机器人的伦理问题分析

脑控娱乐机器人导致的相关伦理问题除了服务型脑机接口技术本身涉

---

① Laar B V D , et al. , *Perspectives on User Experience Evaluation of Brain - Computer Interfaces*, Universal Access in Human - computer Interaction Users Diversity - international Conference, Springer Berlin Heidelberg, 2011: 600 - 609.

② Andrew, *Neurogadget Interviews Steve Castellotti*, Neurogadget, Dec 31, 2012, http://neurogadget. com/2012/12/31/neurogadget - interviews - puzzlebox - founder - steve - castellotti/6668.

及的安全性、脑隐私保护和自主性问题之外，其深度交互娱乐特性还可能导致人际疏离、上瘾等问题，对用户人格等造成负面影响。

（一）安全性

对大脑进行人为干预的潜在伤害和长远影响仍是未知的，即使是非侵入性的 EEG 设备也可能带来严重的脑损伤风险，尤其是对大脑仍正在发育的孩子来说。在中枢神经系统（CNS）适应脑机接口的过程中，每当用户获得负面反馈，调节过程通常都会通过干预改变大脑活动模式，由此，人为了适应机器而导致 CNS 发生的潜在有害变化引起了较大的伦理关注[1]。此外，脑机接口作为数据采集终端存在神经数据泄露与安全危机。"脑间谍软件"（Brain Spyware）的出现，意味着攻击者可能会非法访问存储的神经数据，在违反用户意愿的情况下控制设备或完全禁用设备，乃至"控脑"。故从技术层面进行加密设计和防病毒保护将至关重要。"神经安全性"一词的意思为"保护神经设备的机密性、完整性和可用性，防止恶意团体攻击，目的是保护人的神经机制、神经计算和自由意志的安全性"[2]。目前进入商业市场中的非侵入性脑机接口的实际效用尚缺乏统一的考证和监管，其社会影响也较为令人担忧。

（二）脑隐私保护

"脑隐私"（Brain Privacy）含摄从大脑观测到的概念、记忆、思想和与大脑状况有关的健康信息等。脑信号监控的思想读取或谓之"读心"（mind reading）正在逐渐将人类头脑中的隐私透明化[3]。长期使用脑控娱乐机器人可能导致行为性格隐私透明化。坎利（Canli）指出，将来"脑成

---

① Jens Clausen, Neil Levy, *Handbook of Neuroethics*, Springer Netherland, 2015: 727 – 728.

② Klein E, Goering S, Gagne J, et al., *Brain – Computer Interface – Based Control of Closed – Loop Brain Stimulation: Attitudes and Ethical Considerations*, Brain – Computer Interfaces, 2016, 3 (3): 140 – 148.

③ Klein E, Goering S, Gagne J, et al., *Brain – Computer Interface – Based Control of Closed – Loop Brain Stimulation: Attitudes and Ethical Considerations*, Brain – Computer Interfaces, 2016, 3 (3): 306 – 309.

像数据结合生活史和遗传信息可以非常准确地预测行为和性格"①。研究表明，使用计算机视觉算法已经可以重建或"看到"研究对象刚刚看到的内容（但不能"想到"）②。而剑桥分析公司根据大众社交媒体个人数据进行政治选举操纵的前车之鉴表明，监控是潜在操纵的阶梯。

（三）决策自主权

通过脑机接口对人的身体、意向、记忆和情感进行生理性直接操控而产生的因果性影响是史无前例的，在脑控娱乐设备的使用过程中，也存在潜意识操纵的伦理风险。例如，通过脑信号的商业化分析可以让商业企业得以解码用户神经信号，从而反向操纵用户的思想倾向和购买选择。考德威尔（Caldwell）等学者发现"神经激活模式的成像，能可靠地表征对产品的类型、品牌或政治偏好的兴趣"③，"神经营销学"和"神经经济学"也应运而生④。故脑控娱乐机器人对用户意图与行为的读取与操控在让用户获得极致体验的同时，也构成了侵犯用户自由与自主性的极大风险。

（四）人际关系疏离与上瘾

基于脑控娱乐机器人或脑控游戏的沉浸性和交互性，其应用可能较智能手机更为持久地占用用户注意力，由此剥夺了用户陪伴家人和社交的部分时间，使其人际关系产生疏远化和肤浅化的特征。另外，用户可能会对脑机接口、机器人和虚拟现实等技术结合的新型交互方式上瘾，如同现在的青少年网瘾。对脑控娱乐设备的过度使用和对虚拟现实娱乐场景的过于沉溺，可能导致用户与自然环境疏离以及缺乏真正的体育锻炼，以致出现精神和生理方面的不适症状。

---

① Canli T. , "When Genes And Brains Unite: Ethical Implications of Genomic Neuroimaging, Neuroethics: Defining the Issues in Theory", *Practice and Policy*, 2006: 175.

② Kay K N, Naselaris T. , Prenger R. J. , et al. , "Identifying Natural Images from Human Brain Activity", *Nature*, 2008, 452 (7185): 352 – 355.

③ Caldwell M. , "Neuromarketing Careers", *Science*, 2007, 316 (5827): 1060 – 1061.

④ Astolfi L, Fallani F. D. V. , Cincotti F, et al. *Neural Basis For Brain Responses to tv Commercials: A High – Resolution Eeg Study*, IEEE Transactions on Neural Systems and Rehabilitation Engineering, 2008, 16 (6): 522 – 531.

五　总结

　　脑控娱乐机器人是未来脑机接口与娱乐机器人领域的重要应用和研究方向，其实际应用仍存在技术和伦理的双向挑战。如娱乐机器人如何提升自主性、适应性和智能通信能力；脑控机器人如何实现对机器人的连续、精细和复杂的控制，实现正确、安全、可靠和实时的机器人脑控；以及如何应对脑控娱乐机器人的安全性隐患、脑隐私保护、决策自主权、人际关系疏离和上瘾问题。这些问题的解决需要跨学科的协同研究，其结果将显著提高脑控娱乐机器人的性能，并帮助其以合伦理性的方式可持续发展。

影视产业的网络新生态及其路径研究[*]

许立勇　凌彬丽[**]

摘　要：党的十八大报告指出：要促进文化与科技融合，发展新型文化业态，提高文化产业规模化、集约化、专业化水平。"互联网+"时代，技术驱动带来的影视产业变革更加显著，网络影视、VR 影视等新业态逐步占据了传统的播映市场。同时，以非专业创作者和受众为中心的互联网影视逐渐动摇了传统"导演中心制"的主导地位，影视创作正在由 PGC（专业生成内容）向 UGC（用户生成内容）转变，形成了依赖大数据和流量的产业新模式，重构了影视产业新生态，同时也不可避免地带来了影视作品质量参差不齐、行业分工畸形发展等新问题。未来影视业应尽快通过技术提升、产业优化和政策完善等路径实现转型升级，完善产业新生态。

关键词：互联网+　影视产业　新生态　产业模式

影视艺术自诞生之日起就与技术相伴而行，从无声到有声、从黑白到

---

　*　基金项目：国家社会科学基金艺术学一般项目"互联网+传统文化产业链创新模式研究"（立项号：16BH140）。

**　许立勇，中国艺术研究院博士，国家行政学院管理学出站博士后，中国旅游研究院访问学者，文化和旅游部海外文化设施建设管理中心副研究员，中国文艺评论家协会艺术产业研究委员会副秘书长，主要研究方向为文化产业、文化科技和文化政策；凌彬丽，中国艺术研究院电影学硕士。

彩色、从胶片到数字、从二维平面到360度球形立体银幕，技术变革带动了艺术内容的丰富。"互联网+"对影视产业影响深远，传统的产业形态和制作模式都受到了极大挑战，催生了多元的产业新生态。

一 影视产业新生态的内涵与外延

（一）影视产业新生态的内涵

根据相关统计数据，我国已成为世界上网民数量最多、手机接入互联网比例高达98.6%的国家[1]。当前，文化产业已经进入互联网时代，以数字化和网络化为先导，以新技术为基础，以新业态为引领，以新理念和新思路为统筹，互联网新生态已经形成。从产业发展的横向来看，互联网对文化资源、资本资源、技术资源等进行有机整合后，可以打造出大的互联网文化产业平台，形成以互联网为基础的文化产业生态圈[2]。目前，以百度、阿里、腾讯为代表的互联网企业已涉足网络文学、数字音乐、电影电视、手游以及视频等领域，实现了文化创作内容资源的贯通。从纵向来看，"互联网+文化产业"可以实现从作品的初期策划、中期创作到后期商业推广的文化产业链上游、中游、下游的结构优化。互联网提供线上资源，文化产业本身可以吸引大量的实体资源，从而实现文化产业的线上线下联动，贯穿文化产业链的各个环节，使文化产业多元化发展，为文化产业创造更多价值。

互联网极大地改变了文化产业的生产、发展形态及模式，首先就是影视产业，并催生了以技术升级和内容创新为核心的影视产业新生态。国家统计局最新出台的《文化及相关产业分类（2018）》，除传统的影视生产制作、播映发行和其他相关活动外，新增加了"广播电视集成播控服务"，该服务特指IP电视、手机电视、互联网电视等专网及定向传播视听节目服

---

[1] 《第43次中国互联网络发展状况统计报告》，http：//cnnic.cn/gywm/xwzx/rdxw/2017_7056/70643.htm，2019年2月16日。

[2] 陈晨：《重构文化产业生态圈》，《光明日报》2015年3月19日。

务的集成播控和普通广播电视节目的集成播控。这意味着互联网广播和电视获得了官方的认可，"互联网+"影视产业体系正在形成。影视产业新生态不仅仅是互联网在影视前期制作、后期调整、发行播映、接受反馈过程中凸显的新产品类型和新商业模式，还包括影视制作前期涉及的原创产品形态，如网络文学、网络游戏、网络音乐、网络演出剧（节）目、网络表演、网络动漫等新兴的互联网文化产品，也包括影视作品完成后的 IP 二次开发，如同人小说、同人漫画、混剪视频、文创产品乃至文创衍生产品等。简言之，在与互联网的连接中，影视产业成了具有无限可能性的多面体，构成影视产业新生态。

（二）影视产业新生态的类型

按照技术应用程度来给影视行业进行类型划分，除传统意义上的胶片电影、数字电影、电视剧集、电视综艺节目外，当前我国的影视行业还出现了网络大电影、网络电视剧、网络综艺节目、微电影、VR 影视、水幕电影等新业态。这些新业态基本上都是在互联网技术成熟之后逐步兴起的，具有鲜明的技术主导特征。其中，网络大电影与传统电影的区别在于它的制作、发行和放映渠道都是由互联网视频播放平台完成的，而不是通过影视制作公司、院线和影院等传统渠道进行的。网络电视剧与网络大电影类似，主要指通过网络平台播出的电视剧，包括视频平台自制剧，各类影视公司、独立工作室为视频平台量身打造的定制剧以及通过版权采购、广告分成等多种合作模式在视频网站进行非独播的电视剧。网络综艺节目是指只在网络平台播出的自制综艺节目、定制综艺节目和与电视台共同播出的非独播的综艺节目。

与上述三种直接依赖互联网平台的影视类型不同，微电影、VR 影视、水幕电影等新类型则主要依赖数字摄影技术和投影技术。微电影，顾名思义，主要是指微型电影，即专门在各种新媒体平台上播放的、适合在移动状态和短时休闲状态下观看的，具有完整策划和系统制作体系支持的，具有完整故事情节的"微（超短）时"（30～300秒）放映、"微（超短）周期"制作（1～7天或数周）和"微（超小）规模"投资（几千至几万元每部）的视频（"类"电影）短片。抖音、快手等短视频 APP 的风靡正在填补国内短片/微视频业态的空白。与微电影"简陋"的拍摄方式不同，VR影视是通过全景摄像机进行实景拍摄，利用计算机系统和传感技术生成与真实环境相似的三维空间，让观众在观看的过程中拥有真实的视觉、听觉和触觉感受并沉浸其中的一种新影视作品形态。不过VR影视的缺点是只有戴上VR眼镜才能体验，且容易引起不适。同样能呈现立体电影效果的电影类型还有水幕电影，其全称是激光水幕电影，即通过高压水泵和特制水幕发生器，将水自下而上高速喷出，雾化后形成扇形银幕，同时由专用放映机将特制的录影带投射在银幕上进行放映。水幕电影对投影技术的要求比较高，未来需要更多技术投入和制作成本投入。

综合来看，虽然网络大电影/电视剧/综艺节目和微电影、VR影视、水幕电影的呈现形态各异，但本质依然是通过连续的画面、以视听结合的方式讲述故事，差异只在传播方式和观看方式上。

（三）影视产业新生态的特征

在"互联网+"时代，影视产业新生态具有如下几个特点。

1. 以技术升级为支撑

进入21世纪以来，影视产业的发展日新月异，其中，技术无疑是最重要的催化剂。从制作层面来看，数字摄影、3D摄影等技术的出现不仅直接导致了胶片/磁带时代的终结，使得影像抓取和图像输出越来越高清化、精确化，也降低了影视取景的难度，创作者们可以通过绿幕拍摄制作出真实震撼的视觉效果。从传播层面来看，数字存储技术有效地解决了胶片/磁带拷贝重量大、难运输、易损坏的问题，也直接促成了腾讯、爱奇艺和优酷等视频网站的建立，在极大地提升了电影传播效率的同时也改变了观众的观看习惯。

2. 以内容创新为核心

影视作为一种艺术是创作者表达自我的方式和手段，互联网技术为更多的个体表达自我提供了便利，也激发了更多的个体不断提供更多的创意和创新内容以期在海量的信息中脱颖而出。同时，以"互联网用户"为中心的定制化产品思维要求创作者摒弃同质化的理念，持续提升创新能力。

3. 以业态持续融合为生命力

影视作品本身是融合了戏剧、文学、摄影、绘画、音乐、舞蹈、雕塑、建筑等多种现代科技与艺术的综合体。在互联网技术逐渐覆盖所有行业的当下，影视艺术的融合性被加强，不仅网络小说、音乐、游戏、动漫、综艺等 IP 可以改编转化成影视作品，旅游、体育等产业也都开始有意识地通过影视进行宣传，进而以文创产品的形式持续与影视形成互动。

同时，影视产业新业态还具有新技术的诞生及应用时间界限模糊、旧技术的革新升级与新技术的发明应用并举、可穿戴设备智能化和虚拟娱乐体验真实化等特征，并逐渐改变了影视行业的发展模式。

二　影视产业生态新模式

影视内容的生产、交换、消费及反馈都与互联网紧密相关。传统的、单向的创意→生产→传播→展览/接受/传递→消费的影视产业链，被互联网变成了环环相扣的没有终点的圆形闭环产业链。如图 1 所示，以互联网开放平台为依托，影视作品从最初的内容开发、资金筹集、拍摄制作、营销发行到观众接受消费、评论反馈都可以通过互联网平台完成。

在互联网闭环的产业链之下，影视新生态模式主要有三个特征。一是由线性向非线性转变。互联网将独立、单一的产业链条组合成了闭环，实现了信息沟通和传播的无障碍化。二是影视产业由单一的产业转变为多元、生态的产业形态。借助互联网技术开启的万物互联，影视和出版、旅游、文创等融合产生的新兴业态也逐渐发展成熟，产业的边界越来越模糊，新的经济活力也不断被激发出来。三是影视产业不再是一种边缘化的产业，影视明星"品牌化"使得影视产业不仅成为大众观看和娱乐的中心，也成为时尚和消费的中心。具体来讲，有以下几个关键词。

（一）内容生产 IP 化

在内容开发阶段，依靠网络进行创作、出版和阅读的网络小说成为影视内容的主要来源。互联网公司通过授权、合作、独立开发等方式参与其

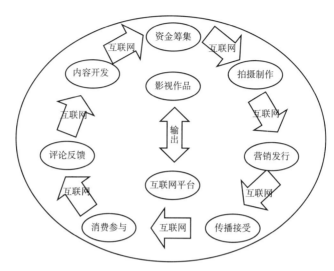

图1 圆形闭环产业链

中，如《鬼吹灯》《盗墓笔记》《失恋33天》《锦衣夜行》等小说一经改编就成为观众热议的话题。此外，网络音乐、网络游戏、网络漫画、网络综艺等互联网内容产品也可以进行影视化改编，如《同桌的你》《魁拔系列》《秦时明月》《爸爸去哪儿》等作品不仅进入了院线，也作为知名IP被不断地开发成文创衍生品，进一步延长了内容产品的价值链。

（二）融资方式多元化

在资金筹集阶段，除新闻出版、广播电影电视系统内融资和投资，国有资金以参股的形式对影视制作进行投资和非国有资本的参股及私企的直接投资外，互联网平台使个人也可以通过网络众筹、P2P等方式参与影视项目的投资，如百度推出的"百发有戏"、阿里巴巴推出"娱乐宝"等众筹平台以个人可以获得署名、直接与明星互动、免费得到观影权限和周边礼品等作为回报吸引大众参与影视项目的制作。网络众筹集资的方式不仅将影视投资的金融风险降到最低，更是提前为影视作品的上映/上线做了宣传推广。

（三） 制作方式私人化

在拍摄制作阶段，传统的影视制作方式主要根据主体分为大制片厂模式和独立制作模式。其中，大制片厂模式是由大公司完成剧本、选角、拍摄等一切电影流程，比如好莱坞历史上著名的八大公司、香港的邵氏兄弟电影公司等；而独立制作模式则是由小型的影视制作公司牵头，联合其他公司共同制作完成。但是随着互联网的介入，大制片厂模式或独立制作模式都不复存在，一种在充分研究观众观看需求的基础上，将观众意见考虑到影视创作中，甚至允许观众参与影视情节设计的"观众中心"制作模式开始出现，并形成了新的电影类型——"粉丝电影/视"，"流量"成为制约影视作品制作体量的重要因素。同时互联网技术也便利了影视创作者个人的创作，创作者可以直接在电脑上完成场景、道具、照明、色彩、人物、角度、运动、构图、画面效果等各个方面的设计，并在网络上实时发布，与观众实现一对一的随时互动。

（四） 发行营销全覆盖化

在营销发行阶段，互联网信息的流通性和即时性使影视成为大众触手可及的文化消费产品，从前期制作到中期调整再到后期上映，宣传公司都可以通过网络发布铺天盖地的影视作品信息以尽可能提高网民的关注度和消费兴趣度。同时，猫眼电影、淘票票、美团、豆瓣电影、Mtime 时光网等一批线上购票平台也配合宣传发行方为观众提供观影指南、在线选座、票价优惠、票面定制、票款退还、即时评论等服务，逐渐将私人化的影视娱乐变为全民化的狂欢。

（五） 传播接受立体化

在影视作品的传播接受阶段，互联网时代的观众获取相关信息的方式不只是报纸、广播电视、广告宣传板等传统渠道，还有手机、电脑、各种 LED 屏等立体化的传播媒介，天上地下、四面八方的信息轰炸让观众无时无刻不处在接收信息、准备消费的状态中。

（六）消费快速化、体验化

在观众消费参与阶段，由于互联网时代的影视作品逐渐成为"快速消费"的产品，相比于传统的在固定的场所、固定的频道及固定的时间放映/播放影视剧的消费模式，当下的观众似乎越来越没有耐心。利用碎片化的、移动的时间观看影视剧成为常态，影视剧逐渐成为日常生活间隙的背景音。另外，观众对消费体验的要求越来越高，弹幕等具有强烈参与感的观看形式流行开来。弹幕能够将分散在不同时空中的个体为同一个画面、同一段情节发表的评论集中在一起，有效地提升观众观看影视剧的娱乐性，也能够不断地增强用户黏度。

（七）评论大众化、碎片化

在评论反馈阶段，传统的衡量一部影视作品价值的方式是通过票房和收视率，影视评论只是一种小众的、知识水平要求较高的活动，对影视作品的价值影响有限。而互联网的介入则使得越来越多的普通观众获得话语权，他们可以借助智能手机、平板电脑等各种移动媒体在众多视频网站、微博、微信等交互软件上随时随地发表自己的观看感受及评论。碎片化的"一句话"短评逐渐取代长篇评论成为主流，甚至能直接影响影视作品的票房和收视率。比如青年导演毕赣的新作《地球最后的夜晚》，在 2019 年元旦上映时就因影片风格和宣传不符、对观众群的定位不准被狂打低分，导致影片口碑和排片率直线下降，上线不到一个月就撤档了。反之，《流浪地球》等电影没有将大量资金投到宣发上，却因在豆瓣网等评分飙升而票房大涨。这不仅意味着大众逐渐取代权威，也意味着网络带来的消费圈层和"鸿沟"也愈加明显，这是互联网时代值得关注的问题。

三　影视产业生态的新问题

"互联网＋"时代我国的影视产业发生了天翻地覆的变化，但表面繁荣的背后，各种相关问题也层出不穷，尤其是在技术、产业和政策等层面问题严重。

（一）技术问题

首先影视技术型企业规模与发展不足。目前，我国规模较大的数字电影制作公司只有华龙电影数字制作有限公司与上海上影数码传播有限公司两家，影视核心技术的研发和应用主要依赖发达国家成为阻挡我国影视行业继续向前发展的首要障碍。以影视作品拍摄最基础的器材摄影机为例，当下全球电影摄影机的生产基本由阿莱（德国）、潘纳维申（美国）、索尼（日本）、松下（日本）、佳能（日本）、红（美国）等企业垄断，数字摄影的核心处理技术也都掌握在上述公司手中。其次技术专业人才不足。目前我国影视剧中常见的 3D 拍摄、动作捕捉、微模型摄影等主要是通过以合拍的形式邀请国外团队参与制作或拍摄完成后拿到国外进行后期合成的方式完成的，本土的专业技术人员极度缺乏。最后是技术相关产业的政策支持不足。现行的影视技术标准出台于 20 世纪末，某些标准已经不符合互联网发展实际。

（二）产业问题

首先从数量上看，影视市场两极分化问题依然长期存在。有数据显示，2018 年我国全年生产的院线影片达 1082 部，其中故事片 902 部、动画电影 51 部、科教电影 61 部、纪录电影 57 部、特种电影 11 部[1]。同时全年的院线票房收入达 609.76 亿元（约合 89 亿美元），其中国产电影票房达到 378.97 亿元，占全国电影票房的 62.15%。但是，电影市场的两极化表现明显，在全年的票房收入中，有 30% 的票房收入是年度票房排名前六的影片带来的，同时有 0.9% 的收入是单片票房成绩低于 1000 万元的影片产生的，但这批影片共有 331 部。单部影视作品之间收入差距两极分化严重的问题并没有得到改善，大部分影片都因各种原因失去了存在感。网络大电影方面，仅 2018 年 1 月 1 日至 10 月 31 日，我国网络大电影的备案数量就有 2141 部，上线 1030 部，数量远超院线电影。但网络大电影与院线电影的问题类似，在已上线的作品中，大于 500 万播放量的影片有 278 部，

① 陆佳佳、刘汉文：《2018 年中国电影产业发展分析报告》，《当代电影》2019 年第 3 期。

其中 5000 万以上播放量的影片只有 16 部，播放量在 100 万～500 万的影片有 276 部，低于 100 万播放量的影片有 476 部（占比达 46%），在网络生态中，"炮灰"影片也不少。

其次，从质量上看，互联网平台的传播效果大于生产效益的"量大于质"问题比较突出。一方面，网络节目发展很快。例如电视剧方面，2018 年供电视台播放的国产电视剧仅有 194 部，其中有 82% 的电视剧收视率不足 0.5%。但网络电视剧仅前三个季度就上线了 214 部，远超电视台的产量，且网络播放量达 7.18 亿，质量中上的剧集数量逐渐增加。另一方面，网络影视内容制作质量亟须提高。根据《2018 中国网络视听发展研究报告》，网络用户更愿意为院线新片、电视台热播剧付费，其次才是网络大电影、综艺节目和网络平台自制剧。可见，网络播放平台在某种程度上依然被大部分用户视为传播和观看的工具，而不是创意生产内容的平台。综合来看，互联网时代影视产业的规模化、集约化、专业化水平有待提升。

（三）政策问题

改革开放以来，随着影视行业的发展，相关制度及政策越来越规范。2017 年《电影产业促进法》的出台弥补了我国影视产业相关法律的空白。但是目前我国影视管理政策和法律条文由于滞后性等原因，仍然存在缺陷，不能适应互联网飞速发展的需要。

首先，细分领域和新业态的管理仍存在盲区。以微电影为例，在《电影产业促进法》中并未提及微电影的制作、发行和放映是否属于电影行业活动，也未提及微电影的内容审查、法律责任追究以及知识产权的保护等问题。其他如对网络大电影、网络电视剧和 VR 电影等相关业态的管理也基本处于"一刀切"状态，不利于影视新业态的发展。

其次，知识产权保护和反盗版力度不足。当下信息流通越来越快，知识内容的价值越来越重要，知识产权被盗用的可能性也越来越大。《著作权法》《知识产权法》等保护的主体主要是文学等传统的文化产品，对影视、游戏、动漫等新兴的文化产品保护缺乏相关规定。尤其是影视产业，抄袭、盗版等问题越来越严重。自 1997 年我国出台第一部影视产业相关的法规至今，一共出台了60余部相关政策，但只有《信息网络传播权保护条例》提及了知识内容的传播权保护问题，影视行业的政策漏洞亟待填补。

（四）人才问题

与技术的进步和互联网信息的急速扩张相比，我国影视创作者陈旧的创作观念和不完善的人才培养体系成为阻碍影视行业持续发展的短板。首先是影视从业人员的创作观念问题。网络给广大的影视创作者提供了大量的可供改编的资源，因此创作者们一度依赖网络小说进行改编，甚至对抄袭的小说也照改不误，原创能力匮乏，更缺乏新思维、新观念和新美学。以科幻类型电影为例，作为科技和艺术融合程度最深的一种电影类型，美国的科幻电影新作层出不穷，而至今我国只有一部勉强合格的《流浪地球》来填补国产科幻电影的空白。其次是人才培养的问题。目前我国影视行业需要的艺术、科技思维兼具，综合专业能力强的人才极度缺乏。其原因，一方面固然是我国影视人才的培养、选拔体系尚存缺陷；另一方面也是影视从业人员自身缺乏钻研和不断学习的态度与意识，浮躁的创作心态使他们几乎没有时间探索更加专业和先进的影视技术。

综上，我国影视产业仍然存在不少问题，未来影视产业要健康发展，亟须在技术、产业和政策等方面，从构建产业生态的角度全方位加以提升。

四　影视产业生态的技术、产业、政策的融合路径

当下，影视产业亟须紧抓"互联网＋"的技术变革趋势，实现产业的规模化、集约化、专业化发展，实现政策的包容性治理保障，构建产业生态。

（一）技术路径

当前，新的技术变革正在进行，影视是以技术为基础的综合艺术，科技提升的作用日益重要。

1. 支持核心技术的研发和应用

首先，要实现影视关键技术的追赶和技术发展的生态环境建设，加快

3D 和高清数字电影电视获取、制作、传输、放映、安全、管理等方面关键技术和设备的国产化，尽快扭转影视核心技术需要从国外进口或利用国外公司完成的情况。其次，要大力支持和培育各类影视特效制作团队或公司，鼓励有条件的团队或公司自主研发特效新技术，并依托行业协会等组织构建信息交流顺畅的技术平台和快速应用的生态环境。支持如李安《少年派的奇幻漂流》《比利林恩的中场战事》等敢于实验新技术的影片。

2. 扩大技术的集成应用范围

当前，多媒体技术等信息技术集成是互联网时代最重要的特征之一。我们所熟知的影视技术很多都来源于其他领域，如虚拟现实（VR）技术最早用来模拟战斗、飞行等军事场面，之后由军事领域转向民用领域，逐渐成为大众所知的虚拟现实感知技术。其他如升降拍摄、利用小型飞行器进行航拍等技术最初都应用在航空等领域，之后才逐渐转用到影视拍摄领域。未来影视技术应积极吸收其他领域的高精尖技术，并提升转换应用能力，通过技术集成提升竞争力。

（二）产业路径

整体来看，影视产业需要从规模化、集约化和专业化三个方面加以提升。

1. 规模化

影视产业的发展离不开规模化生产。数量是质量的基础，近年来我国影视产品数量居于世界前列，反映了我国影视产业的繁荣。同时，"规模"是相对的，一方面要防止两极分化和多寡不均等问题，反对一味"跟风"等不良现象；另一方面要正确处理量和质的关系，支持优质作品生产和传播，抵制"三俗"产品的规模化。

2. 集约化

集约化发展是影视产业的重要推动力。首先，要科学统筹影视产业的各个方面，实行异地多地生产和直接的、简约的运作管理模式，形成文化资源—作品生产—再生产—传播—消费完整的产业链条，改变创作、生产与消费等产业环节分裂的、粗放式的产业模式。其次，要进一步强化多媒体技术的融合，打破舞台演艺、出版（数字、纸质）、广播影视、旅游等行业之间的技术、创作壁垒，在共享互联网技术的过程中带动传统文化相关行业升级换代。

3. 专业化

影视产业重点在于提升生产流程、人才和技术应用的专业化水平。首先，生产流程的专业化。建立影视业大规模生产流程，进行科学化管理和分工，提高效率。完善影视产业体系，使编剧、导演、演员、服装、化装、道具等工种处于科学的产业体系中，激发更多的原创能力。加快建立影视衍生品等文化产品消费体系，促进产业专业化分工。其次，人才培养的专业化。目前我国影视行业的从业者大多是在实践中获得经验的，接受专业系统培养不足，亟须建立一个从招生、教育、训练到就业的专业化人才培育体系。在专业化分工的同时也应有意识地培养影视类从业人员的跨专业、跨领域融合能力，实现一专多能，融会贯通。最后，技术应用的专业化。近两年常有影视作品因"五毛钱特效""抠图演员"等问题成为舆论中心，尽快提升技术、加强技术的专业化应用以及专业人才培养日益重要。

（三）政策路径

当前影视产业的发展与政策支持密不可分。同时"管得太严"和"该管的不管"等越位和缺位问题仍然存在，亟须在理念上从"管理"向"治理"转变，实现产业生态的包容性治理。

1. 立法部门要继续修改完善法律条文

在我国现行的法律体系中，针对影视产业的管理以行政命令为主，法律文件只有一部《电影产业促进法》，未来立法部门还应尽快制定"电视剧产业促进法""电视节目制作法"等相关的法律，以进一步缩小传统的影视剧作品和网络影视剧作品之间的质量差距，并规范演员片酬过高、电视节目模式抄袭、片面追求数量不求质量等问题。同时，要尽快制定微电影、网络电影等专门法律，规范细分行业职责和管理内容，逐步做到精准施策，有法可依。

2. 严厉打击盗版行为，切实保护知识产权

在信息流通越来越快的时代，知识内容的价值越来越重要。国家应出台严格的法律法规规范整治盗版市场，严厉处罚侵犯知识产权的行为，提高盗版成本，降低企业和个人的反盗版成本，在社会范围内树立良好的知识产权保护意识。同时应组建跨媒体、跨行业、跨地域的权威性行业协会来管理版权，最大限度地提高文化资源的利用率，走一条适合中国国情的影视产业发展之路[①]，为创作者保驾护航。

3. 加快制定合理的分级制度

随着互联网技术的普及和文化消费圈层的出现，"一刀切"的管理方式逐渐成为影视产业发展的镣铐，利用技术手段建立合理的分级制度成为促进行业有序竞争和健康发展的重要路径。首先，必须先从立法层面规定分级管理机构、管理权限、分级申请程序、分级执行情况、分级划定统一标准等细则。其次，分级标准应以文化价值导向性、感官接受度、传播范围等要素为基本评价指标；细分标准则应以基础架构、配音配乐、区域场景、视觉特效、文字互动、用户视角等板块为评价基点。再次，分级层次应综合考虑教育水平和年龄层，建议根据我国影视相关教育的现状分为适合全年龄段、6岁以上、12岁以上、18岁以上四个级别。最后，立法制定分级监督机制，影视制作公司、发行公司和播映单位应自觉进行分级申请，尽量避免因逃避分级带来的损失。同时，鼓励社会力量积极参与监督。

总之，"互联网＋"时代，应重新审视影视产业生态，关注产业模式的新变化，重新定位其在文化产业生态圈中的位置，抓住产业生态融合的机遇，同时应对新变局的挑战。

[①] 高宏存：《比较视野下网络新媒体管理机制探索》，《比较与研究：行政管理改革》2010年第12期。

数字创意产业知识产权证券化创新发展研究[*]

陈能军　王晓锐　史占中[**]

摘　要： 在文化产业领域中，数字创意产业具有高附加值、高风险以及高科技等特性，其知识产权证券化发展尤为重要。本文以数字创意产业为例，探索数字创意产业在知识产权证券化模式下的发展。在分析知识产权证券化发展的时代、政策以及行业背景的基础上，揭示知识产权证券化的内涵及模式，针对数字创意产业在知识产权证券化过程中存在的发展困境，提出数字创意企业的知识产权证券化的创新发展建议。

关键词： 数字产业　创意产业　知识产权　证券化

党的十九大报告提出，要加快创新型国家建设，提倡发展创新型文化，加强对知识产权的保护和运营[①]。国务院密集出台相关政策文件，积

* 基金项目：上海市社科规划一般项目"上海数字创意产业贸易潜力、技术效率及影响因素研究"（2019BJB013）；2019 年度上海市"科技创新行动计划"软科学研究重点项目"上海市文化创意产业金融支持研究"（19692109300）。
** 陈能军，经济学博士，深圳市文化金融服务中心理事，上海交通大学安泰经济与管理学院应用经济学博士后，国家金融与发展实验室文化金融研究中心特聘研究员，研究方向为文化创意经济与产业经济；王晓锐，博士，深圳文化产权交易所总经理助理，深圳市文化金融服务中心常务副主任，深圳前海股权交易中心监事，研究方向为文化产业与文化金融；史占中，博士，上海交通大学安泰经济与管理学院教授、博士生导师，研究方向为文化金融与产业经济。
① 《决胜全面建成小康社会　夺取新时代中国特色社会主义伟大胜利——在中国共产党第十九次全国代表大会上的报告》，2017 年 10 月 18 日。

极探索、推动知识产权证券化发展的相关事宜。在文化产业领域中，数字创意产业具有高附加值、高风险以及高科技等特性，其知识产权证券化发展有很大的操作空间，并对企业融资有较大的助力。数字创意产业证券化融资目前在法律环境、中介服务、评估定价等方面存在很大的问题和制约，数字创意企业的知识产权证券化的实现路径亟须进一步探索，从而解决数字创意企业融资难、融资贵等突出问题。

一 知识产权证券化发展背景

（一）时代发展背景——知识经济创新发展步伐加快

当前世界经济转型革新进程加快，知识经济时代的发展步伐加快。与此同时，企业在发展过程中，无形资产占比不断增加，知识产权等无形资产逐渐替代有形资产构成企业的核心竞争力。这就要求企业更加重视知识产权的创新发展，重视企业无形资产的价值评估并以此来支持企业进行外部融资。基于此，知识产权证券化模式应运而生，为数字创意企业提供了新型融资渠道。而推动知识产权证券化发展也是贯彻国家创新驱动发展战略，推动科技与金融有效对接，引导资本"脱虚入实"，推动经济增长方式转型的必要举措。

（二）政策支持背景——政府出台政策鼓励积极探索

近年来，国务院密集出台关于知识产权证券化的文件（见表1），不断提及、探索并开展相关工作，促进搭建并完善引导、规范知识产权在金融市场中运用的政策体系。值得指出的是，2019年8月，《中共中央国务院关于支持深圳建设中国特色社会主义先行示范区的意见》（下称《意见》）要求，加快实施创新驱动发展战略；探索知识产权证券化，规范有序建设知识产权和科技成果产权交易中心；同时支持深圳大力发展数字文化产业和创意文化产业，加强粤港澳数字创意产业合作；支持深圳建设创新创意设计学院，引进世界高端创意设计资源，设立面向全球的创意设计大奖，打造一批国际性的中国文化品牌①。在党中央、国务院做出关于先行示范区的重大战略部署后，深圳制定了《深圳市建设中国特色社会主义先行示范区的行动方案（2019~2025年）》，构建起知识产权证券化先行示范的"深圳模式"。

表1　国家出台的相关支持知识产权证券化政策

时间	名称	相关内容
2015年4月	《关于进一步推进知识产权金融服务工作的意见》[国知发管函字（2015）38号]	鼓励金融机构开展知识产权资产证券化，发行企业知识产权集合债券
2016年12月	《"十三五"国家知识产权保护和运用规划》[国发（2016）86号]	探索开展知识产权证券化和信托业务，支持以知识产权出资入股，在依法合规的前提下开展互联网知识产权金融服务，加强专利价值分析与应用效果评价工作，加快专利价值分析标准化建设
2017年9月	《国务院关于印发国家技术转移体系建设方案的通知》[国发（2017）44号]	开展知识产权证券化融资试点，鼓励商业银行开展知识产权质押贷款业务
2018年4月	《关于支持海南全面深化改革开放的指导意见》	鼓励探索知识产权证券化，完善知识产权信用担保机制
2019年2月	《粤港澳大湾区发展规划纲要》	开展知识产权证券化试点
2019年8月	《中共中央国务院关于支持深圳建设中国特色社会主义先行示范区的意见》	探索知识产权证券化，规范有序建设知识产权和科技成果产权交易中心

（三）行业发展背景——国内知识产权积累初具规模

近几年，国内知识产权确权数量逐年增长，从整体水平看，目前我国已经形成一定规模的知识产权数量积累。2020年国家知识产权局官网公布数据显示，2019年全年专利申请量超过400万件，截至2019年12月底，专利有效量累计超过750万件②。而轻资产企业由于其资产结构特征，在

---

① 《中共中央国务院关于支持深圳建设中国特色社会主义先行示范区的意见》，2019年8月20日。

② 数据依据国家知识产权局官网数据整理，具体见 http://www.sipo.gov.cn/docs/20200203123754249256.pdf。

传统融资渠道上不具备优势，如果可以通过证券化来盘活这些高质量的无形资产，让一张张知识产权证书变成一笔笔真金白银，再将这些资金投入文化企业的实际经营，将会大力助推我国文化产业特别是数字创意产业发展。

（四）市场技术背景——资产证券化已充分积累经验

我国有一定的资产证券化实践经验，并且资产证券化发展也取得了明显的成效，这为知识产权证券化的实施推行创造了有利的条件。目前，市面上已有许多成功上市的产品，可以论证资产证券化的机构设计是可行的。在资产证券化实践领域，现有的成功发行的产品既有金融类企业开展资产证券化业务，同时也有很多非金融企业积极参与。资产证券化的成功开展为其在国内继续发展推进的规模化和有序化提供了宝贵经验，同时也促进了相关机制、法律以及监管的完善，从而为知识产权证券化模式的发展奠定了良好的行业基础。

二 知识产权证券化的内涵、流程结构及发展意义

（一）知识产权证券化的内涵定义

企业发展知识产权证券化，其目的在于通过融资模式的创新实践，将企业自身的创新资产导入市场，让企业创新资产在交易市场中流动。与资产证券化相比而言，知识产权证券化产品是以知识产权作为产品内容的底层资产，其产品设计思路一般是先选择有潜力产生收益的知识产权（基本上该类知识产权都已经签订许可或授权的协议），将其今后可能产生的收益作为产品本身收益来源，再通过外部机构的多重信用增级，以知识产权的未来收益权作为基础发行证券产品以获得融资。

（二）知识产权证券化的流程结构

知识产权证券化的一般交易流程如图 1 所示。①转让。原始权利人或者打包整合知识产权的发起机构将知识产权转让给特殊目的机构 SPV。

②增信。对所执行项目进行初步风险评估，再根据风险大小在底层资产或SPV机构设置增信措施。③评级。引入专业评级机构，针对增信后的基础资产的未来收益和证券发行进行评估。④发行。由SPV向承销商发行该证券，承销商再向投资者分销，或者由SPV直接向投资者发行。⑤分配利益。对基础资产产生的收益进行分配，由知识产权的原始权利人或者发起机构将收益归拢至SPV，再由SPV管理人分配至投资者。

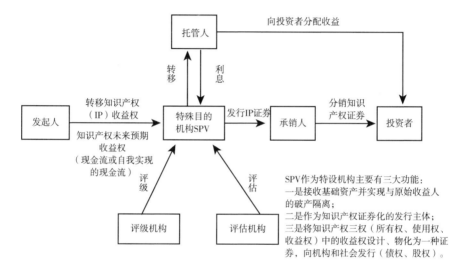

图1　知识产权证券化流程

（三）知识产权证券化发展的意义

1. 有利于提升企业的自主创新能力

对中小型数字创意企业而言，知识产权的证券化融资是一种利用可预期收入的导向型知识产权融资交易方式，主要基于企业自身知识产权，而不用投入所有资产。投资者在做投资决策时，考虑因素主要是数字创意企业知识产权的证券化预期交易现金流入的安全可靠性和交易稳定性，以及交易资金结构的严谨性，而中小企业自身的信用等级往往被认为是相对次要的考虑因素。知识产权的证券化融资能够有效破解中小企业通过知识产权融资的结构性问题，通过投资者资金的有力支持，中小企业能够将知识产权成果顺利转化为经济生产力。值得强调的是，知识产权证券化并不会使中小企业直接丧失对于企业知识产权的所有权，而只是使企业让渡未来一段时间内的许可使用权和收费权，这样一来既能使中小企业获取资金又能有效保护中小企业的权益。企业在证券化融资方式下，能够充分利用自身知识产权的价值并获得资金，同时也能持续进行新产品和技术的自主研究，这样一来就促进了企业创新成果的应用转化，提升企业核心竞争力，形成创新驱动发展的良性循环。

2. 有利于解决中小企业融资难问题

融资难、融资贵是制约众多数字创意企业生存和发展的难题。在知识产权证券化模式下，通常会由第三方的金融机构为待证券化融资的企业设立一个独立机构 SPV，并构建知识产权证券化的资产池，这个机构专门负责发行和销售知识产权证券。知识产权的证券化在中小企业获得表外融资并将其风险分散的同时，还可以直接保留并继续使用第三方的知识产权，产品的设计只是将企业知识产权的未来价值收益转移到特殊行业或项目的融资载体中。而且，知识产权证券化的表外融资金额一般较大，持续时间一般较长，可以有效帮助中小企业从资本方获得相对便宜且持久的流动性资金，有利于中小企业的业务生产和经营扩张，能有效缓解中小企业融资难的问题。此外，知识产权的证券化作为中小企业表外直接融资方式，实质上是预支了未来的现金流，因此，在企业的资产负债表中，资产证券化融资既不体现为资产的增加，也不体现为负债及所有者权益的增加，这优化了公司的财务状况。

3. 有利于充分发挥公司知识产权的融资杠杆作用

通过知识产权证券化所获得和发行的股权证券的知识产权票面抵押贷款利率，一般要比直接向商业银行等机构做知识产权抵押贷款的利率低25% 左右，这说明通过知识产权证券化融资，企业将很大程度降低杠杆融资的成本，这无形之中提高了公司实际融资中可用资金的数额。数字创意企业知识产权的证券化过程，因为要考察知识产权的长期收益能力，所以，SPV 机构能够充分找出公司知识产权的价值和潜力。然后，我们就可以最大限度地发挥杠杆贷款对知识产权的作用，使得知识产权所有者相应获得了更多资金。

4. 有利于分散知识产权所有者和投资者的经济风险

在知识经济的时代，知识产权所有者创造的经济收益可能是巨大的，伴随着经济收益也可能蕴藏着巨大的经济风险。科技的发展、国际市场的激烈竞争、知识产权侵权等诸多方面的因素，都有可能影响原本预期经济效益很好的知识产权，甚至可能导致实际价值变得一文不值。数字创意企业作为知识产权的持有者，常常无法提前取得许可使用费的实际收入，但通过知识产权证券化的方式，可以将原本全部由企业自身承担的风险，有效地分散给证券化产品的投资者，并提前将知识产权未来的许可使用费变现，因此企业能在这个证券化过程中获得一笔固定的收益。

三　数字创意产业知识产权证券化的问题探讨

（一）专项法律制度构建缺失

目前与发达国家相比，知识产权证券化在我国还属于一项比较新兴的融资方式，因此法律制度建设方面还存在较大进步空间。法律制度不健全，相关领域存在较多法律空白，未能形成一个利于其发展的法律政策环境。例如，《公司法》《破产法》等相关法律仅适用于一般金融产品的证券化，对于企业知识产权的投资证券化基本没有法律条文涉及，相关交易规则、信息披露、价值评估等方面都存在法律空白，因此在法律实践中缺乏可操作性。

（二）中介机构专业能力不足

随着知识产权证券化贷款管理制度的发展，市场对知识产权证券化价值评估机构的需求也越来越大。但是，目前我国市场上的一些专业知识产权证券化价值评估服务机构，缺乏丰富的实践经验和操作的专业性，无法满足市场要求，原因有两点。一是知识产权本身具有无形性和不确定性的特点，需要花较长的时间对价值评估做出准确的判断。二是每个投资者的知识产权都有自己的信用特征，要求投资者相对准确地评估它们的信用，这是一个高度复杂和高度技术化的信用评估过程，要求所有参与知识产权评估的机构和人员都具备较高的专业技术水平。

（三） 市场信用体系尚未搭建

我国的知识产权证券化发展过程中，独立、客观的信用和评级结果一直是知识产权投资者最为关注和看重的，这也直接影响他们最终的投资决策，因此市场信用体系搭建成为我国数字创意企业证券化过程中的关键。但是目前，在我国知识产权市场证券交易过程中，现有的知识产权信用评级机构还处在发展初期阶段，评级的操作方式不规范，市场上关于信用评级没有形成统一的标准体系，整体信用评级环境比较糟糕，通过综合各个方向的因素可以发现，信用评级机构的企业社会公信力在市场上不是很充足。甚至在知识产权市场证券交易中，为了成功实现证券化，知识产权所有人随意要求提高其信用评级的现象时有发生，导致信用评级结果往往失去客观性和准确性，难以被投资者认可。

总之，鉴于数字产业知识产权证券化面临的上述困境，一方面，数字创意企业必须关注自身建设，增强企业知识产权保护意识，提升企业科技创新硬实力；另一方面，政府需要完善政策，加快知识产权的发展，降低知识产权市场的成本。

四 数字创意产业知识产权证券化创新发展的建议

（一） 推动健全完善相关法律法规制度

知识产权是法律的产物，牵涉数量较多的行政性法律因素，相关法律认定处理过程不是那么直观明确。因此，知识产权证券化发展应该有完善的法律法规体系的保障：一是知识产权作为证券化的主要基础资产从数字创意企业转让给 SPV，从而承担知识产权风险和利益隔离的具体法律责任，这需要在国家相关法律中予以明确规定；二是我国目前关于知识产权的法律法规涉及知识产权证券化的内容较少，因此我们有必要进一步制定专门的法律对这一领域进行全面的管理规范；三是对知识产权的证券化登记管理制度除了一般的授权登记,还包括质押登记、信托登记等。目前,中国知识产权登记管理机构众多且分散,大大削弱了知识产权登记的有效性和合法性。为了更有效地推进知识产权证券化,尽快建立统一有效的知识产权登记转让公示制度,我国政府必须进一步完善和整合现有法律,逐步建立金融机构资产证券化的专项立法,解决法律冲突问题,填补法律的空白。将知识产权证券化的内容纳入《证券法》的适用范围,不仅承认了知识产权可持续的证券化操作可能性,还规范了知识产权证券化资产地的建设。同时进一步完善《破产法》,建立并实施金融机构破产隔离评估制度,认定合法销售的资产,这样不仅可以降低风险,还可以保护投资者的利益和投资热情。

(二) 充分发挥政府政策引导支持作用

任何市场证券化活动都离不开政府部门市场政策的支持和引导,知识产权证券化也不例外。我国的证券化发展阶段应充分参考美国和日本的模式,初期应由政府部门领导,等到市场成熟后,政府逐步退出,并由政府证券市场部门主导。政府有关部门成立专门从事知识产权证券化的金融机构,制定有关知识产权证券化的政策和可行性研究方案,要做好研究工作,做好资产证券化专门立法金融机构的进一步调查准备。同时,机构的职责是对知识产权证券化全过程进行严格的监管,规范市场交易行为,金融机构参与知识产权证券化过程必须做到有法可依。

(三) 加强企业知识产权的内生性建设

首先,数字创意企业在经营过程中,根据自身的经营特性,完善内部知识产权管理制度,不断调整和完善知识产权管理组织结构,对知识产权进行合理的资源分配,管理部门负责人和专业文件管理者必须填写所有的知识产权成果案例相关文件。

其次,企业应根据市场需求和变化进行动态调整,定期维护知识产权证券化文件,制订相应的发展战略和计划。那么,在规范企业知识产权管理的同时,可以减少盲目增加资本投入带来的风险,相对提高企业知识产权融资价值的市场稳定性。此外,通过完善企业知识产权制度,加强企业知识产权证券化管理也是可行的。数字创意企业的投资者在知识产权贷款中出现竞争或权利归属纠纷的概率大大降低，知识产权随着资产价值的增加而产生与知识产权证券化议价的能力。

最后，数字创意公司通过各种知识产权的组合，构建知识产权的"组合包"，有效构建低现金流、稳定现金流的证券化资产池，并在各自行业提高基本资产信用评级和投资者高贷款风险的组织管理机制意识，通过证券化贷款获得诸多贷款机会和收益，提高知识产权竞争力，获取知识产权。

（四） 发挥中介机构的专业性服务优势

知识产权证券化的过程中，需要大量中介服务和金融机构的共同参与，包括评级合格的知识产权评估机构、承销商、会计师事务所、律师事务所等。其中知识产权评估机构，对于判定数字文化创意等相关产业是否具有将持有知识产权进行证券化的资格，起到了基础性和决定性的作用。在知识产权证券化评估中，首先要评估和选择与知识产权融资限额范围相对应的现有知识产权证券化资产。证券化这个估价需要适当评估知识产权的机构，但我们发现，其评价服务能力远远低于专业评估要求。因此，在评估知识产权证券化的价值时，现有的评价机构需要提高其评价服务的能力，建立评估工作人员培训和评价制度，在理论和实践上不断加强和改进，在服务领域的专业精神和能力上不断提升，适时安排职业培训。基于知识产权交易所需评估证券的服务能力，建立专门知识产权证券化价值评估人才库，评估专门知识产权的价值，引进知识产权领域的最佳专业知识人才、评估价值技术人才，对知识产权证券化过程进行全面的管理。其次，为了促进知识产权证券化的发展和升级信贷机构，可以充分利用政府的支持与力量，提高信贷部门和机构服务的技术和专业化水平，增强信贷水平数据和结果的可靠性和说服力。最后，合格的知识产权评估机构从专业角度为企业信誉和债务偿还能力提供有保障的客观评价，从而有效提高信贷水平，增强投资者对投资的信心并提高投资率，帮助知识产权融资项目取得成功。

（五） 降低知识产权证券融资交易成本

政府可以对知识产权证券化交易的参与者实行优惠税收政策，减少知识产权证券化融资交易利害关系方的金融成本与风险，并减少知识产权证券化交易当事方的金融风险与成本。因为这些数字创意企业缺乏公共资金，按照一般的企业税收政策，对知识产权融资证券化的交易方进行征税，会大大降低企业利用知识产权证券化实现融资的意愿，不能进一步推进我国知识产权证券化，也不能为中国证券化市场发展做出贡献。国家税务和财政部门可以根据实际税收中性的征税原则，根据企业知识产权证券化融资带来的实际收益和交易方损失的实际情况进行征收，在实际税收方面为企业知识产权融资证券化的推行提供辅助。

综上所述，知识产权证券化融资作为数字创意企业融资的新途径，蕴藏了大量的盈利机会也暗含风险，而企业可以充分利用数字知识产权证券化获取资金扩大经营规模、增强创新能力，这也有利于数字创意企业在市场中持续、稳定、健康地经营和发展。另外，数字创意企业应积极地提高自身自主意识和企业创新能力，使数字创意知识产权证券化的融资方式成为一种可能。这种途径能有效地帮助企业获取足够资金，使数字创意企业更好地经营发展。

文旅融合

打造高品质城市文化综合体
推进文旅业内涵式发展

张　力*

摘　要：城市文化综合体作为文旅业的新兴支点，符合城市经济社会发展与人们追求精神文化生活的趋势要求。在疫情冲击下，城市文化综合体面临如何高质量发展和提升应对市场风险挑战能力的问题，应该认识到，只有以文旅融合思维打造高品质城市文化综合体，推动文旅业内涵式发展，才能使城市文化综合体具有应对市场风险挑战的韧性与实力，成为城市文旅业的亮点与热点。

关键词：城市文化综合体　城市文旅　内涵式发展

经历了新冠肺炎疫情冲击，在各行各业逐渐全面复工复产形势下，遭受重创的城市文旅业慢慢开始"回血"。据文旅部门估算，2020年文旅产业收入损失额度约为1万亿元，全年总收入同比降低15%。为对抗疫情带来的负面影响，城市文旅业一方面祭出"云游"大招，开发在线旅游服务、科技驱动型线上旅游产品等；另一方面沉静下来思考后疫情期城市文旅业如何精耕细作，走品质化发展路径。回望近几年，城市文旅业在我国经济社会快速发展中，乘势形成了规模化产业，但是粗放式发展繁荣的背后存在着同质化严重、文化体验差等诸多问题，在高速发展的快节奏中没

* 张力，博士，北京市社会科学院外国问题研究所副研究员，研究方向为文旅产业等。

69

有得到足够的审视与解决。疫情的突袭迫使城市文旅业放慢了脚步，回归理性自我审视，对城市文旅业来说反倒是于危机中酝酿了转机。比如，近年来随着国家文旅政策的出台而发展为文旅业新支点的城市文化综合体，由于具有典型的人群聚集型特点而成为疫情的重创区。在常态化疫情防控的背景下，城市文化综合体面临如何高质量发展和提升应对市场风险挑战能力的问题。

一 立足存量资源深挖文化内涵

从世界范围来看，城市文旅业发展往往与城市更新相辅相成，除了城市硬件设施的升级与改造，还要重视软实力内容的丰富与深挖。文化生产能力和文化服务水平成为城市文旅业的重要指标，城市文旅业越来越倚重文化内涵式发展。城市文化综合体作为一个综合性公共文化空间，被比喻为城市的公共客厅，为市民提供了休闲、社交、消费、购物的一体化功能空间，具有城市文化塑造和价值创造的双重意义。城市文化综合体承载了城市公共文化、时尚商业、艺术展演、休闲娱乐等多种城市文化，直观地呈现一座城市的现代文化生态，是现代城市文化消费生活的重要组成部分。在后疫情时期，以文旅融合思维打造高品质城市文化综合体，引领城市文化生活，促进城市文旅业内涵式发展，符合城市经济社会发展与人们追求精神文化生活的趋势要求。

据仲量联行对文旅消费市场的调研分析，文旅市场的主要客群是"都市休闲客群"，他们看重文旅产品的品质化、体验性和情感性，是城市文旅市场消费的中坚力量。数据分析显示，2020 年全国都市休闲客群的消费市场价值将达到 9.3 万亿元，长三角、京津冀、珠三角三大都市群将构成其中的 46.1%。预计到 2030 年，全国"都市休闲客群"的消费市场价值将达 22.2 万亿元。这群都市休闲客在工作之余，追求高品质城市生活，寻找城市文化的归属感，而城市文化综合体提供的公共文化空间和多元化服务功能，契合这些都市人生活方式的社群氛围，满足了他们文化消费的心理需求，往往成为城市中极具吸引力的文旅活动承载地。

从现实情况来看，城市空间资源增量有限，而城市文化生活需求越来越多元化，城市文化综合体这种高效集约的发展模式必将成为城市文旅产业发展的主流。深挖存量资源，实现内涵式发展，打造高品质城市文化综合体，会是城市开发文旅项目的重点选项。城市文化综合体的建设，主要是立足于既有地域资源，以一组相互关联的建筑空间作为主体进行打造，或将城市文脉融入其中，或创新发展新型文化业态，或综合多种商业文旅元素，实现在地资源效益的最大化发挥，重视提升人们在文化体验和精神获得方面的功能服务。世界上不乏城市文化综合体发展的典范，比如伦敦泰晤士南岸艺术区，用文旅融合思维将一片旧工业区更新改造为文化综合体，引入文化、旅游、博物馆、艺术剧院、教育、办公等各种功能要素，成为艺术文化聚集地的世界性标杆。像泰晤士南岸艺术区这样成功的城市文化综合体，不但具有文化的辐射性，还具有消费拉动作用和区域关联性，带来了多方面的社会协同效应。

经历疫情之后，文旅业的发展必然加速两极分化的趋势，文旅市场所存在的相当数量的同质化、空心化文旅项目势必遭到淘汰，而那些厚植文化内涵、重视内容建设、优化服务质量、创新运营机制的文旅项目势必成为市场角逐的最后赢家。目前在建和更新的城市文化综合体中，普遍重视场景的营造，注重体验性和公共性提升，通过提供空间和平台搭载各类文化艺术功能，创新举办市民喜闻乐见的文化艺术活动，成为市民业余时间文化休闲的绝佳场所，实现经济效益和社会效益双赢。此外，城市文化综合体也为社会力量参与公共文化服务提供了很好的平台，从这个意义上讲，城市文化综合体是政府、市场、社会共同塑造和建设城市公共文化服务体系的重要承载体，将逐渐发展成为城市公共文化服务场所的重要增长点。

二　发挥协同效应拉动多元消费

城市文化综合体是一个泛文旅产业聚集区，自身可以形成一个较为完整的区域经济系统，在这个系统中处于主导地位的核心元素是文化，文化旅游元素的导入是驱动文化综合体整体活力的主要手段，也是在城市更新中对片区进行改造利用，赋予全新价值的关键途径。由于城市文化综合体兼具文化和商业属性,往往能关联和聚集相关文化产业,形成以文化体验为基础的文旅产业链条,从而带动整个文旅产业发展。一个高品质的文化综合体往往会带动区域的文化聚拢和产业升级,例如,北京的后海文化综合体,是以北京传统文化为基因的集合胡同文化、皇家文化、餐饮文化、夜游文化的城市文化综合体;而三里屯城市文化综合体,则是具有国际特色、以酒吧文化闻名,以时尚、购物、图书、电影、娱乐等为主的城市文化综合体。这两个地方作为北京的新形态城市文化空间,不仅是城市文化展示的重要主体,也是城市文化创意的发源地。

对于一座城市而言,文化综合体常常是人们文化生活消费的热点场所,由于集文化体验、艺术展览、教育、观演、餐饮、商业等功能于一身,可以一站式地满足不同人群全时性的各种消费需求。城市文化综合体的这种功能多元性,相比于单一业态更具有抗风险能力,应该说是文旅消费较为稳定的增长点。艾媒咨询预计,2021年城市文化综合体带动的零售消费市场规模将突破47万亿元。此外,城市文化综合体的持续运营,能够聚拢人气,培育周边市场环境,促进交通环境和公共设施的优化,从而整体上提高所在区域的文化消费水平,乃至带动所辐射区域物业价值的提升。可以说,一个成功的城市文化综合体不仅是一座城市的文化地标,也是这座城市文化商业价值最大化的体现。

三 实践创意生活提升城市活力

文化创意是一种生活理念,也是关于生活方式的价值观。城市文化综合体以创意理念为先导,通过对城市生活的创造性想象与审美化设计,塑造了城市公共文化生活与商业休闲消费的城市空间,并在此基础上引领了城市创意生活方式的潮流。城市文化综合体深植于所在城市的文化资源和文化基因,是综合了城市文化生活、创意生产和商业消费的实践场所。最常见的形态主要有两种类型:一是以场馆建筑为主体的综合式创意空间,包括休闲购物中心、博物馆、剧场、演艺活动中心、展览馆等;二是以街区为主体的区域创意空间,多是由历史文化街区或者传统文化商业街区创意改造而成。不管是哪一个类型的城市文化综合体,必然都是对城市文化资源的综合性创意运用，既延续了城市的特有文脉，增强了市民的认同归属感，又打造出城市文化的集中展示平台，成为城市的地标甚至城市的IP，彰显了一个城市的独特文化气质。可以说，城市文化综合体将所在城市的文化以各种创意方式展现了出来，吸引了市民的关注度，增强了市民的接受度，是对城市优秀文化的弘扬和传播。

与此同时，城市文化综合体营造的公共空间重在吸引市民广泛参与、交流互动，通过策划组织休闲文化活动、商业文化活动等，营造了平等交流的公共空间氛围，使文化与创意渗透人们日常化的生活，成为市民日常生活的一部分，从而满足了人们对多元化精神文化生活的需求，激发了越来越多的市民参与城市文化生活，释放自我、提升自我，从而为城市文化带来源源不断的生机活力以及不断丰富发展的内生动力。

四　发展城市文化引领品质生活

城市文化综合体作为城市网络的空间节点连接起社区公共设施，成为人们城市生活的重要组成部分，是公共文化服务的承载地，是市民文化生活的公共空间。其中具有创意设计感的多元化场所、具有叙事感的公共文化空间，在为人们提供文化消费服务的同时，也将人们的生活融入城市文化活动当中，将城市文化浸入人们的生活，并以生活的活力来滋养城市文化。在城市高质量发展战略下，城市文化综合体将更加注重人们的文化体验，不断提升公共服务水平，通过举办各种文化活动，发挥文化艺术传播功能，成为人们工作之余的文化休闲好去处，让人们在消费过程中沉浸于文化艺术的氛围，真正让文化艺术走近大众。从这个角度来说，城市文化综合体的效益是双重的，既包括经济效益，也包括社会效益即公共文化服务功能，体现了市场力量在公共文化资源整合和服务创意等方面的优势。

城市文化综合体适应城市快速发展下市民的生活节奏，从交通出行到空间的综合性功能，都极大地方便和满足了市民城市生活的需要，可达性强、利用率高。而且，城市文化综合体的市场属性对社会需求变化很敏感，从提供的服务内容到配备的硬件设施都能很好地适应市民快速增长的文化需求，与市民日常生活融合度高，因而具有吸引力。打造高品质城市文化综合体与促进城市文旅内涵式发展、推动城市实施高质量发展战略是高度统一的，它在塑造城市文化形象、引领城市人文风尚、增强城市文化吸引力方面的作用不可低估。美好的生活场景、美好的城市生活是城市文化综合体的主要内容，它承载着城市记忆，展示着城市文化风貌，反映着城市文化追求。它是一座城市的文化 IP，为城市文旅产业融合发展打开了新空间。

目前，我国不断推进城市化进程，城市人口保持持续增长，城市用地资源有限、日渐紧张，而城市居民文化生活需求则会不断增长，在这样的城市发展背景下，城市空间集约化是城市将来发展的必然趋势。城市文化综合体这种高效集约的城市公共文化空间必将成为未来城市的"目的地中心、创新中心、价值观中心、生活方式中心"。当然在这个过程中，要统筹好城市文化资源与城市产业发展战略定位，扎实推进内涵式发展，使城市文化综合体具有应对市场风险挑战的韧性与实力，成为城市文旅业名副其实的亮点与热点。

新时代推进粤东地区全域旅游
建设的逻辑与路径[*]

周　洁[**]

摘　要： 当前粤东地区正迎来新一轮发展契机，需要以崭新的思维和眼光构建区域发展规划。大力推进粤东地区全域旅游建设，积极发展特色文化旅游产业，有助于促进广东省区域协调发展、带动粤东地区产业振兴，并将成为粤东城市群提振内部发展活力、积极融入粤港澳大湾区战略版图的重要路径。新时代推进粤东全域旅游建设，需要正确把握全域旅游的发展内涵，率先厘清四组关系，其发展思路或可从六个维度逐一展开。

关键词： 粤东地区　全域旅游　文旅产业　转型升级　区域协调发展

广东地处华南沿海，既享有毗邻港澳台的地理优势，更抢占改革开放的时代先机，经过四十多年的蓬勃发展，如今已成为成就辉煌、实力非凡的全国强省。但与此同时，广东全省经济发展不平衡不充分、珠三角与粤

---

* 基金来源：本文为汕头大学科研启动经费项目"'一带一路'视域下华侨经济与文化协同发展路径研究——以潮汕侨乡为重点"（STF19006）阶段性成果。

** 周洁，北京师范大学与美国圣路易斯华盛顿大学联合培养博士，中国传媒大学博士后，现为汕头大学文学院讲师，入选"汕头大学卓越人才计划"，主要研究方向为文化产业与区域经济、城市文学与城市文化。

东西北地区区域发展格局差距巨大的问题仍长期存在。为贯彻落实习近平总书记的重要指示，实现广东"四个走在全国前列"的重要使命，新时代广东省委、省政府高度重视全省区域协调发展，大力实施粤东西北振兴发展战略，高起点、高水平谋划广东发展新蓝图。位于广东东部的粤东四市要把握新一轮发展契机，需要以崭新的思维和眼光构建区域发展规划，在这其中，大力推进粤东地区全域旅游建设、积极发展特色文化旅游产业，或将成为粤东城市群提振内部发展活力、积极融入粤港澳大湾区战略版图的重要路径。

一 新机遇：粤东地区振兴发展的历史契机

广东省一直是全国改革开放的排头兵，当前更在建设社会主义现代化新征程上走在全国前列。作为广东的重要组成部分，新时代粤东四市也进入了难得的发展机遇期，党中央和广东省委、省政府一系列重要的战略布局，为粤东振兴发展提供了宝贵的历史契机。

（一）粤港澳大湾区城市群战略的时代机遇

粤港澳大湾区在国家发展大局中具有重要战略地位，其建设对标国际一流湾区和世界级城市群，将成为高质量发展的典范。辐射带动泛珠三角区域发展，促进要素流动，深化区域合作，是建设粤港澳大湾区的要义之一。粤东地区积极融入粤港澳大湾区，不仅要在资源配置与产业转移等"硬实力"上下功夫，同时也要在人文景观与文化消费等"软环境"上把握机遇。

在《粤港澳大湾区发展规划纲要》中，建成"充满活力的世界级城市群"、作为"'一带一路'建设的重要支撑"、打造"宜居宜业宜游的优质生活圈"是对未来大湾区建设的预期目标和发展愿景。对于毗邻大湾区的粤东四市而言，地理空间上100～300公里区间的中短途距离，为湾区的长远发展提供了广阔腹地；"海上丝路"桥头堡的重要节点位置和中国知名侨乡的历史人文背景，为与"一带一路"沿线国家的合作交流奠定了重要基础；而依山傍海、三江汇流、景观优美、生态怡人的地理自然优势，更为拓展湾区休闲生活半径、构筑优质生活圈提供了新的旅居目的地。挖掘自身资源优势，主动对接湾区需求，超前谋划未来蓝图，这既是粤东地区积极响应国家发展战略的时代使命，也是粤东四市提升自身发展水平的迫切任务。

（二）广东区域协调发展新格局的顶层设计

2019 年 7 月，广东省委、省政府在新出台的文件①中明确提出构建"一核一带一区"区域发展新格局，这是突破过去长期的地理区块分割，以系统思维对广东改革发展进行重新谋划的区域新战略。"一核一带一区"以功能区战略定位为引领，构建点线面结合的区域空间新体系。在新的规划蓝图中，沿海经济带强调"串珠成链"，汕头、湛江被确定为省域副中心城市，分别引领汕潮揭城市群与湛茂阳都市区。在区域协调发展的战略构想下，粤东、粤西地区的发展并非割裂式的各自为政，而需要依托自身区位优势和要素禀赋，积极打造沿海通道，合理布局临港产业，使"东西两翼"能与"中部核心"同频共振。

位于沿海经济带东翼的粤东四市被纳入新时代广东全省发展主战场，将迎来新一轮区域深度一体化建设的历史机遇。培育粤东地区新增长极，需要构建资源共享、优势互补、市场互动的区域协同发展新格局。以全域旅游为主导，有助于深入推进粤东城市群一体化建设，缩小粤东与珠三角地区的差距，进而提高全省发展的平衡性与协调性。

（三）华侨经济文化合作试验区的战略平台

粤东沿海的汕头及其所在的潮汕地区是中国著名的侨乡，海外潮汕籍侨胞人数达 1000 多万。凭借超脱的经商天赋，海外潮人在世界各地特别是东南亚地区建立起庞大的营商网络，潮汕大地也具备区域、海港、人脉、资本、海外市场渠道等综合优势。为更好地服务国家"一带一路"发展战略，2014 年 9 月，国务院正式批复同意在汕头经济特区设立华侨经济文化

---

① 《省委省政府印发意见　构建"一核一带一区"区域发展新格局　促进全省区域协调发展》，《南方日报》2019 年 7 月 19 日。

合作试验区，这是全国唯一一个兼具"华侨"和"文化"特色的国家级发展平台，旨在凝聚侨心侨智侨资侨力，推动汕头成为建设 21 世纪海上丝绸之路的重要门户。

作为国家级"双创"示范基地，华侨试验区的设立一方面为省域副中心城市汕头新一轮的经济腾飞带来希望，另一方面也为新时代侨乡发展释放创新活力、树立示范标杆。与此同时，如何做好华侨文化这篇大文章，也是"一带一路"背景下推动区域经济发展的一个重要命题。勾连古代海丝文化、潮汕下南洋历史与汕头开埠史，促进潮汕本土文化与东南亚异域文化的互动和关联，培育以潮文化为内核、以侨文化为纽带、以海丝文化为载体，能够传承历史文脉、展现时代色彩、富有创新内涵的文化旅游产业，既是符合当前汕头城市发展方向，带动相关产业转型升级、融合发展，培育新经济增长点的重要路径，也是以历史视野和全球眼光讲好故乡文化故事、寻找祖国文化认同、树立世界文化情怀，为海外华侨华人打造精神家园的率先实践。

（四）亚洲青年运动会承办城市的发展契机

承办国际性赛事是快速提升城市整体发展水平的重要契机，也是倒逼城市优化更新、补齐短板的巨大挑战。汕头市喜获 2021 年第三届亚洲青年运动会举办权，这对于释放城市发展活力、加速弯道超车、提升城市能级具有重大意义。因此，既要高水平、高规格、高质量地完成此次赛事的承办任务，又要有水准、有品位、有特色地立体展示城市发展面貌。这就要求汕头在短时间内提升城市治理水平和行业服务水平，美化城市公共空间，提高城市文化品质。

以赛迎客，以赛促旅，以赛彰文，以赛提质。汕头乃至粤东地区的文化旅游消费将是伴随体育赛事展开的一个重要领域，在备战亚青会的同时，推动文化旅游业快速发展应被纳入统筹考量，以旅游业带动和促进经济社会协调发展的思路应引起高度重视。作为一种新区域协调发展的理念和模式，全域旅游发展观为城市整合优势资源、促进区域协调共治、强化政府部门协同合作、推动相关产业转型升级提供了一种理论与实践范式。

二 新思路：发展粤东文旅产业的内涵和意义

（一）把握粤港澳大湾区建设的重大战略机遇，促进广东省区域协调发展

建设粤港澳大湾区，既是国家区域发展战略的重要构成和动力支撑，也是广东省全面打造创新开放新格局的重要举措和主力引擎。在改革开放四十多年的发展基础上，大湾区的建设不仅要在当前经济转型、产业升级和供给侧结构性改革的过程中努力探索创新型发展模式，同时也要在当前区域之间和区域内部发展不平衡不充分的问题上寻找协调发展的解决途径。

文化旅游产业与区域经济发展之间存在相互促进、相互影响的耦合协调关系①，一方面区域经济发展水平是文化旅游产业的基础，另一方面文化旅游产业的强关联带动性也不断助推区域产业结构的转型升级。粤东地区具备发展优质文旅产业的资源和条件，但长期以来既缺乏系统性、整体性的统筹规划，也缺乏示范性、带动性的项目引领。新时代粤东地区发展文化旅游产业，需要在粤港澳大湾区的强力带动下，发挥汕头省域副中心的担当和作为作用，既要把文旅产业看作对接湾区经济、服务湾区客源的现代服务业，更要把文旅产业看作促进粤东发展、振兴粤东经济的战略性产业。

（二）打造大湾区周边高品质旅游目的地，促进泛珠三角地区联动发展

根据中国旅游研究院与马蜂窝旅游网联合发布的中国省域自由行大数据报告，近年来华南五省区旅游热度持续增加，2017年广东更以204%的涨幅成为最多游客选择的南方省份②。但广东旅游业发展不平衡不充分的

---

① 刘金栋、郑向敏、谢朝武：《省域旅游产业与区域经济的耦合协调度研究》，《旅游论坛》2013年第1期。

② 自由行大数据联合实验室：《缤纷华南——中国省域自由行大数据系列报告之华南地区》，http://www.ctaweb.org/html/2018-7/2018-7-20-9-39-50211.html，2019年9月17日。

问题也是显而易见的，在广东 21 个地级市中，排名前 15 的热门景点悉数集中在穗深珠三市；截至 2018 年，全省 15 个 5A 级景区中，9 个位于珠三角地区（广州、深圳、佛山、惠州、中山），其余 4 个分别位于粤西（阳江）和粤北地区（梅州、清远、韶关），粤东地区目前尚无景区达标入选。[①] 环绕珠三角的粤东西北地区，在地理区位上有条件成为大湾区周边中短途休闲旅游目的地，而有着海滨邹鲁、历史名城、知名侨乡、美食之都等称谓的粤东四市，应深入挖掘其独特的历史文化资源和优良的自然生态资源，打造成高品质旅游目的地，成为粤港澳大湾区发展战略下值得重点关注的文旅板块。

（三）以供给侧结构性改革推进全域旅游建设，带动粤东地区产业振兴

发展粤东文旅产业，有助于分流珠三角客源，通过优质供给、弹性供给、有效供给、多元供给，缓解旅游产业的需求压力。但总体来看，当前粤东地区在旅游规划、交通接驳、景点建设、景区管理等方面还存在不少短板，在与文旅产业相关的体制机制、基础设施、公共服务和智能应用等方面也有很大提升空间，要成为有吸引力的高品质旅游目的地，还需更加努力。

随着 5G、人工智能、大数据等新一代技术的全面应用，各行各业将迎来新一轮的产业升级。旅游业是一种综合性产业，是拉动经济增长的重要动力之一，不仅对财税的贡献带动性强、乘数效应大，同时还能带动大量相关产业和配套服务跃升。面对当前消费升级的市场需求，旅游行业的供给市场需要在产品、业态、服务和综合环境上不断优化创新，各涉旅部门也应以更高站位、更加综合的协调管理体系通力合作，实现各产业、各部门之间的要素流通、效能升级和品质提升。

---

① 中华人民共和国文化和旅游部：《旅游名录－5A 级景区》，http：//zt. mct. gov. cn/was5/web/search？channelid＝211942，2019 年 9 月 16 日。

（四）依托侨乡资源与华侨合作试验区平台，打造面向世界的潮人之都

新时代的侨乡需要有新的文化作为。华侨试验区的设立，为探索华侨文化产业提出了一个新命题。目前，以华侨文化为主题的文化旅游项目在国内的发展几乎还处于空白状态，亟待认真规划和投入运营。

潮汕是广东的，是中国的，更是世界的，是旅居海内外数千万潮汕人的精神家园。立足于汕头华侨试验区建设，以知名侨乡为载体，以海丝文化为纽带，以潮汕本土文化为根基，以创意设计、特色旅游、文化科技等手段开发系列华侨文创产品和文旅项目，以故乡人文情怀、全域旅游思维和科技智能配套打造华侨文化特色小镇、产业园区或文化旅游综合体，既是当前布局粤东文旅产业的重点，也必将成为未来粤东文旅发展的亮点。

三　新要求：粤东全域旅游建设需要厘清的四组关系

以旅游业为优势产业，带动相关产业协同发展，提升区域整体水平，是全域旅游的总体思路。现阶段要推动粤东旅游业弯道超车，就要正确把握全域旅游的发展内涵，从观念上厘清以下四组关系。

（一）粤东地区全域旅游建设与全局联动统筹协调的逻辑关系

全域旅游强调对区域内旅游资源、相关产业、生态环境、公共服务、体制机制、政策法规、文明素质等进行全方位、系统化的优化提升，因此，它既要求相关产业深度融合，也要求相邻空间协调优化，需要将旅游产业的发展放到区域资源整合、空间协调发展的高度上，提升城市整体形象与综合治理水平。粤东四市地理相近、文化相通、山脉相依、海岸相连，每个城市也各具特色，且发展程度各有高低。推进粤东地区全域旅游建设，既要在要素资源优化整合的基础上打破城市之间的传统行政区划束缚，也要在构建现代旅游治理体系的基础上探索旅游相关职能部门的联动合作，创新全域旅游体制机制建设，构建区域共建共享发展格局。

（二） 粤东旅游产品优质供给与大湾区差异化互补的联动关系

加快粤东地区旅游产业发展，是推动粤东地区融入粤港澳大湾区、带动区域协调发展的重要途径之一。粤东地区的旅游产业规划、旅游项目开发、旅游路线设计、旅游设施改善、旅游产品优化，既要立足本地资源凸显粤东特色，又要跳出本地视野着眼域外游客。因此，需要重点考虑粤东地区与大湾区旅游产业的差异化互补，深挖潮汕文化特色，整合沿海优势资源，做精做强古城乡村旅游，完善交通设施配套建设，针对不同年龄、收入和偏好的群体，结合不同出行时限和节令气候，开发多样化的旅游精品路线和可供深度体验的旅游产品，以优质供给满足外来游客的多元需求。

（三） 粤东地区文旅产业发展与振兴汕潮揭城市群的动力关系

全域旅游的思维强调要在全要素、全行业、全过程、全方位、全时空、全社会、全部门、全游客等多个层面同时推进[①]，使旅游业成为带动城市转型升级的支柱性产业。当前提倡在粤东地区发展全域旅游，是以文化旅游为引擎，培植汕潮揭城市群发展内生动力，将旅游规划理念融入粤东区域经济发展全局，提升城际交通、市政建设、服务配套等软硬设施，引导餐饮业、海洋业、手工业、玩具业等地方传统优势产业与旅游业融合发展，同时带动工业设计、创意研发、非遗文博等周边产业，将沿海经济带东翼段打造成为省域经济新增长极。

（四） 粤东地区旅游资源活化与发展特色文旅产业的融合关系

发展特色文旅产业，在于深挖地方特色资源，开发深度体验项目，营造创意旅游场景，传承历史文化记忆，使独具特色的要素资源能够获得合理规划、有效开发和可持续发展。粤东地区坐拥优质秀丽的海湾海岛，古朴精致的古城村落散布乡野，精细鲜美的潮菜佳肴享誉海内外，独特精湛的非遗技艺薪火相传，闲适怡人的生活美学修身养性……粤东有着很多沉

---

① 厉新建、张凌云、崔莉：《全域旅游：建设世界一流旅游目的地的理念创新——以北京为例》，《人文地理》2013年第3期。

睡的文化资源等待被唤醒，也有很多未经创想的旅游资源亟待被活化。远洋邮轮、近海垂钓、海底潜水、海岛探秘、高空滑翔、乡居康养、农耕亲子、美食旅游、民俗体验、茶艺品茗……这些都是未来可能实现的特色精品文旅项目。建设高品质的滨海旅游产业带，是建设广东沿海经济带的题中之义；活化地方特色文化旅游资源，推动文化创意产业与旅游产业深度融合，是实现粤东文旅产业腾飞发展的必由之路。

四 新举措：推进粤东全域旅游建设的六个维度

（一）厘清思路，以"大文旅观"统筹规划

文化是旅游的灵魂，旅游是文化的载体。当前推进粤东全域旅游建设需要转变产业发展观念，突出旅游规划引导作用，高度重视文化旅游资源对于塑造城市文化名片的核心引领作用、文化旅游产业对于周边相关产业的融合带动作用、文化旅游消费对于其他业态经济的刺激提振作用，以"大文旅观"统筹规划新一轮的城市（群）发展战略，加快旅游业与一二三产业融合发展，以观念、环境、产品、服务、功能、营销、管理等全方位的发展提升粤东旅游产业的层级和品质，增强城市文化软实力和吸引力，全力打造粤港澳大湾区东部沿海旅游目的地。

（二）搭建框架，以跨界融合整合资源

产业融合是在当前传统产业效能低下、高新技术迭代面世的背景下，提升产业生产率和竞争力的一种发展模式和组织形式。旅游业具有较强的开放性、综合性和渗透性，因此，推动旅游业与其他相关产业融合发展既有先天优势，同时也是当前加快产业转型升级的重要途径。在粤东地区，农业种植、餐饮茶艺、玩具陶瓷、纺织服装、工艺美术、精细化工、深海产品及农副产品深加工等是传统优势产业，以"旅游+"搭建产业融合发展框架，以"创意+"培育旅游发展新业态，积极推动"吃、住、行、游、购、娱"旅游六大基本要素、"商、养、学、闲、情、奇"旅游六大拓展要素与各产业横向深度融合，优化地方产业结构，培育粤东新经济增长点。

（三）多元共治，以体制改革创新管理

探索建立与全域旅游发展相适应的旅游综合管理体制，是推动和深化全域旅游建设的关键。在新的发展理念下，汕头需要进一步发挥粤东中心城市的引领带动作用，合理规划粤东四市旅游发展蓝图，在城市之间和城市内部整合相关职能部门和工作机构，探索建立全域旅游大部门制，积极创新旅游市场综合协调管理机制，推动旅游部门与城工贸、农林水、科教文卫体等职能部门的联动协作，调动城乡居民和社会团体共建共治、共享共游的参与意识，使旅游管理与城市发展紧密结合，使旅游产业与区域振兴相互促进，实现多规合一、城旅融合。

（四）科技赋能，以转型升级提升品质

随着移动互联网、大数据、云计算、5G、人工智能等新一代信息技术在各领域的全面应用，以科技赋能文旅产业，将推动智慧旅游深入发展。智慧旅游一方面强调全域旅游的信息化建设和物联网建设，通过旅游大数据运营中心对景区通关、景点调度、实时监测、应急预警、舆情分析等进行数据化、智能化管理，提升旅游综合管理和服务水平；另一方面强调旅游产品的科技升级，以智能语音、虚拟现实、增强现实、全息投影等技术丰富旅游产品内涵、优化旅游场景效果，增强游客的互动体验。"旅游＋科技"代表了当前旅游业的发展趋势，粤东地区应把握技术革命带来的红利，以旅游平台的升级架构和旅游项目的迭代发展，推动旅游国际化、标准化、信息化和智能化建设，实现文旅产业的弯道超车。

（五）文化引领，以创新创意打造品牌

当前，旅游消费已经成为文化消费的重要方式，越是经济发达的地区，旅游消费能力和消费需求越强，消费者也更期待多元化和高品质的旅游产品。推动旅游业特色化、差异化发展，为游客提供个性化、多元化选择，是构建区域休闲旅游版图的内在要求。深挖地方特色资源，厚植历史文化底蕴，注入创新创意元素，是打造特色旅游目的地的重要手段。作为海上丝绸之路的重要节点城市，粤东四市具有独特的海洋文化资源和海洋

文明品格；作为华南沿海文脉深厚的潮汕文化群落，粤东四市完好保留着传统的方言、民俗、建筑和乡风。以文化为引领，以创意为驱动，挖掘"潮文化""侨文化""食文化""茶文化"等文化内涵，打造特色品牌项目，以文化新产品、旅游新形态，不断满足新时代的消费新需求。

（六）以人为本，以公共服务改善民生

全域旅游是带动城市转型升级的新发展思路，以旅游为导向整合多重资源，旨在全面优化基础设施，提高综合治理水平，美化市容乡貌，提升文明素质，为城乡居民提供宜居宜业宜游的生活环境。因此，改善民生、造福民众成为发展全域旅游的重要目的之一。当前粤东在积极发展旅游产业、培育壮大旅游市场的同时，需要围绕全域旅游建设和旅游业态发展，着力构建现代公共服务体系，坚持以人民为中心，美化城市公共空间，完善城乡安保系统，优化出行交通管理，提供便民服务设施，出台惠民旅游政策，创新悦民文化产品，不断提升人民群众的幸福感、获得感、安全感。

全域旅游建设与"创新、协调、绿色、开放、共享"五大发展理念高度契合，既是落实当前中央战略部署的现实要求，也是推动全面建成小康社会的有效途径。推进粤东地区全域旅游建设无法一蹴而就，需要有长远的谋划和系统的考量，既要做好顶层设计，统筹协调，又要做好分步规划，逐一落地。在这过程中，强化组织领导、转变发展观念、出台扶持政策、完善指标体系、落实保障措施尤为重要，将为粤东地区的全域旅游建设与粤东城市群的振兴发展保驾护航。

对后疫情时代旅游领域变革的探讨

侯满平　杨丽红　彭伟兰*

摘　要：本文依据笔者对旅游行业的深入观察，针对后疫情时代旅游领域的问题做了前沿性预判。主要从旅游形式、旅游方式的变革及旅游接待的限量转变、旅游企业的行业重建、旅游专业设置的调减等重要方面进行了解读，并提出了相应的建议。

关键词：后疫情时代　旅游行业　旅游发展

2020年全球突发新冠肺炎疫情，给许多行业带来了致命性的打击，属于服务行业的旅游业更是如此。这也引发了行业中许多人高度关注及思考，笔者从后疫情时代旅游业的变革出发，对旅游形式、旅游方式、旅游接待量、旅游企业前景、旅游专业设置等方面进行了一些探讨性的思考。

一　后疫情时代旅游形式面临重大变革

绿色生态与康养休闲度假游已成为现实需求，这一观念早几年前就开始引起业界及学界的关注，但疫情的发生确实更进一步促进了此趋势。休

* 侯满平，博士，合作博导，河北东方学院副教授，北京第二外国语学院中国文化和旅游产业研究院特聘研究员，主要研究方向为休闲旅游及乡村规划咨询及研究；杨丽红，硕士，河北东方学院讲师；彭伟兰，河北东方学院讲师。

闲康养及度假旅游已成为旅游行业的重要业态，当下人们对健康、愉快、长寿的欲望越来越强烈，康养度假旅游已迎来了重大发展机遇。据新华网2020年5月22日报道，我国有近3亿人领取养老金[①]。目前老龄人口以每年近800万人的速度增加，到2050年老龄人口将达到总人口的1/3，老龄人口更倾向于康养与度假旅游。现代社会的城市人由于工作及生活的独立化及休闲化，生活及工作更倾向于健康舒适的生态绿色场地，他们也是休闲与度假旅游新的主流群体。按国际旅游行业规律，人均GDP达到5000美元，旅游业就会从观光休闲旅游转变为度假旅游，我国已基本满足这一条件。截至2019年上半年，我国有30个国家级旅游度假区，相对来说还是非常少的。我国休闲度假占整个旅游产业的比重仅为20%左右，远低于旅游业发达国家50%左右的比重，唤醒中产以上阶层度假旅游需求，前景远大。特别是2020年的疫情更显示了发展康养休闲度假旅游产业的紧迫性，这也一定是未来大旅游业的新前景。许多对市场敏感的旅游企业早几年就在向这一趋势靠拢，近期更多的相关企业在向这一方向转变，特别是城市周边乡村休闲生活化场景受到青睐。

到乡村去度周末，去过乡村休闲生活，这是城市居民近期提升生活质量的重要方式。随着城市生活压力的加大，对环境优美的乡村生态生活的追求成为时尚。轻松、舒缓、生态、美丽的郊野风光及乡土民俗风情能给人们带来愉悦感、享受感及怀旧感。优美的乡村不仅风光旖旎，而且有"新鲜空气洗肺、山溪清泉洗血、有机食物洗胃、乡土文化洗心，以及慢食、慢城、慢生活"等诸多良好康养生活功能，是当前生活需求的真实指向标。乡村有诗意般的田园环境，城市人到乡村休闲旅游就是要感受乡村田园风光，体验乡村旷野，放松身心，回归生活本义。乡村美食一直是乡村生活吸引人的主打内容，吃上乡村美食也是人们获得幸福感的重要手段。人们希望住乡村生态民居，而非城市中拥挤的钢筋水泥笼。环境良好的乡村民居一般都是前园后院式建筑，房前屋后依山傍水伴有鸟语花香。乡村休闲还能让城市人参与体验乡村民俗生活。

[①] 《2020年我国上调退休人员基本养老金》，http://www.gov.cn/zhengce/2020-05/23/content_5514074.htm，2020年5与月23日。

二　后疫情时代旅游方式将面临变革

家庭自驾游近年来已成为主流，自驾游按游客出游方式类型来分属于散客游。据笔者近几年调研了解，一些景区（点）散客占总游客量比重差不多达到70%。主要原因是游客对出游提出更高的要求，自驾游方便随性，不受时间的限制，方便自带日常用品，旅游中可以享受到家庭生活化的情调。再就是现代化交通发展及小汽车进入千家万户，除非是大大超过1000公里的远途游及国外游不便自驾，数百公里甚至小1000公里人们都愿意自驾游，甚至有一部分游客爱上了自组小团队自驾远途游。传统的拉练行军式团队游已不再受人们的喜爱，愿意自驾的游客以中青年家庭为主，他们都会运用发达的网络预订系统提前订好门票及酒店等各种付费服务。中产阶层是社会消费主群体，在旅游消费群体中更是如此，中产阶层自驾游的意愿高于其他阶层。

自驾游时代已然来临，一些城市乡村休闲与度假地及一些景区（点）已开始注重自驾游的基础设施建设，如"最后一公里"的道路、停车场及食宿接待设施等都是需要着重考虑的项目。

三　未来旅游景区（点）须按容量
以健康舒适的方式接待

旅游景区（点）限量限时接待游客这一议题多年前就在行业中受到关注，但真正执行的少之又少。旅游行为系付费获得快乐，获得精神享受，获得心身健康，获得代劳服务，这也是发展旅游业带动经济发展的最基本内核。每到节假日各个旅游点都争相报道每一天接待了多少万人次，似乎这个接待量越大越好。若单纯从旅游企业追求经济效益的角度来说，这种海量的接待人次无可厚非，但从旅游业来说，这并不是应该追求的目标。旅游企业的服务宗旨是提升旅游服务质量，为游客提供美好的享受感才是旅游业应有的责任，一直以来少有旅游企业能践行之。但疫情期间文化和旅游部要求旅游景区按照不超过最大承载量的30%进行游客接待，且实行

"能约尽约"的制度。

依据景区（点）的承载量做旅游接待是基本的经营原则。只有提前预约，按容量适度接待，让游客有合适的自然及人文空间才能获得舒适感。只有回归旅游业服务宗旨，维护景区（点）生态环境平衡，做到可持续经营发展，旅游业才有希望。

本庚子年疫情突然给旅游业提出了这一看似普遍但又是顽疾难改的命题——限量接待。旅游企业要利用这一时段做好未来的发展安排，特别是旅游景区（点）要调整接待经营方式，保障游客拥有适度的活动空间，促进旅游服务质量的提升。

四　疫情之后旅游相关企业面临洗牌

有不少行业专家预计疫情可能会影响未来数年，旅游业难以回到从前，笔者也认同此看法。现在一些企业在积极自救，像一些中小旅行社由于多年利润微薄，难以大方向转型，选择启动成本低的微商卖货带货；大型旅行社如出境的两家龙头众信旅游、凯撒旅业有一定资金优势，基于"出境基因"，纷纷涉足免税行列。在竞争激烈的 OTA 领域，携程、去哪儿、飞猪、同程艺龙、马蜂窝等无一不直播卖货，"旅游＋社区生鲜＋直播"已成为旅游企业自救的流行模式，这实际上是在变相转行。而有不少旅游相关企业别无选择，只能选择倒闭，大量的旅游从业人员失业，被迫转行从事别的行业。从旅游实体企业到旅游咨询企业都在面临一场洗牌的变革，其实这一大变革迟早会来，只是疫情加快了这一变革的进程而已。

五　未来高校旅游专业设置面临调整

这一方面目前基本没有专业人员研究，或许身在其中之人不愿意面对，或许不便研究这个话题。旅游专业从前十几年开始非常红火，据不完全统计，全国有近千所高校开办了旅游专业，许多专业教师都是中途改行教相关课程，没有实践经验或专业研究经历。大家一窝蜂开办这个专业，但事实证明，这种做法并不成功。高校旅游专业人才培养模式存在不少问题：如专业设置与培养目标无特色，都是大众化的设置，没有本校的学科特色，全国仅有少数旅游专门院校有些特色。虽然全国有 1000 多所高校开办了旅游管理类相关专业，但大部分都是赶时髦紧跟流行而开办的，旅游人才培养与旅游企业需求脱节。现代旅游企业经营面临日新月异的变革，新业态、新知识、新技能、新设备及新手段等层出不穷，而旅游人才培养的思维还停留在原地，旅游人才与旅游企业的需求严重脱节。专业师资力量不足，教材落后，与行业发展差距大[①]。旅游行业是一个应用性及变革性较强的行业，需要有实战经验的导师型师资，而许多专业师资缺少实战经验，甚至是跨学科的对旅游专业基本不了解的教师应付着照本宣科地教学；教材也偏老，没有与变化的旅游行业同步，这就产生了明显的人才供应质量与市场期望的差距，教学实践薄弱，学生操作能力差。旅游专业是应用性较强的专业，需要教学及实践同步进行，绝大多数院校只重视理论教学，从而导致学生对行业不了解，更缺少实际操作能力。

这些原因导致旅游专业学生难以适应旅游企业需求，工作之后转行率大。许多学生毕业后转行或难以在旅游行业就业，其原因是多方面的。旅游行业是一个杂业，其需要的是实战经验，并非教学理论，且许多院校教的都是陈旧的理论，不符合变化着的企业及市场需求。旅游相关企业需要的是熟练工或高级管理人才，而绝大多数院校满足不了这方面的需求，只有极少数酒店专业的毕业生受欢迎。有少数院校已取消了旅游专业的招生。近几年的旅游专业毕业生就业已不乐观，随着旅游市场的变化，传统的旅游专业越来越跟不上时代的需求，学生就业差，报考的学生就会减少。鉴于疫情，一些院校的旅游专业缩减招生规模或停招的可能性较大。未来旅游专业须细化专业设置方向，需要针对现实人才需求去培养专业人才，如休闲旅游与度假管理人才、康养生活管理人才及旅游企业高级管理人才等。

---

① 李秀明、张启、白翠玲：《基于专业渗透的旅游地学人才培养模式研究——以河北地质大学为例》，《职业技术》2019 年第 2 期，第 80 ~ 83 页。

大数据在旅游行业四大创新性应用

张栋平*

摘　要：大数据应用，其真正的核心在于挖掘数据中蕴藏的情报价值，而不是简单的数据计算。那么，对于旅游行业来说，管理者应该如何借助大数据为旅游行业的运营管理服务呢？同时大数据应用又将如何突出其在旅游行业的情报价值呢？本文围绕这些方面进行了详细解读。

关键词：大数据　旅游管理　品牌运营

随着网络和信息技术的不断普及，人类产生的数据量正在呈指数级增长，而云计算的诞生，更是直接把我们送进了大数据时代。"大数据"作为时下最时髦的词汇，开始向各行业渗透辐射，颠覆着很多行业特别是传统行业的管理和运营思维。在这一大背景下，大数据也触动着旅游行业管理者的神经，搅动着旅游行业管理者的思维，大数据在旅游行业释放出的巨大价值吸引着诸多旅游行业人士的兴趣和关注。如何借助大数据为旅游行业经营管理服务也是当今该行业管理者面临的挑战。

大数据应用，其真正的核心在于挖掘数据中蕴藏的情报价值，而不是简单的数据计算。那么，对于旅游行业来说，管理者应该如何来借助大数

---

* 张栋平，毕业于中国传媒大学，拥有八年媒体工作经验和七年文旅产业规划、城市规划、乡村规划经验，拍摄了十几部纪录片，主要研究方向为大数据、景区管理、乡村规划等。

据为旅游行业的运营管理服务呢？大数据应用又将如何突出其在旅游行业的情报价值呢？对此，乐思大数据情报信息中心从以下四个方面整理总结了大数据在旅游行业的创新性应用。

一　大数据有助于精确旅游行业市场定位

成功的品牌离不开精准的市场定位，可以这样说，一个成功的市场定位，能够使一个企业的品牌加倍快速成长，而基于大数据的市场数据分析和调研是企业进行品牌定位的第一步。旅游行业企业要想在无硝烟的市场中分得一杯羹，需要构建大数据战略，拓展旅游行业调研数据的广度和深度，从大数据中了解旅游行业市场构成、细分市场特征、消费者需求和竞争者状况等众多因素。在科学系统的信息数据收集、管理、分析的基础上，提出更好的解决问题的方案和建议，保证企业品牌市场定位具有个性，提高企业品牌市场定位的行业接受度。

企业想进入或开拓某一区域旅游行业市场，首先要进行项目评估和可行性分析，只有通过项目评估和可行性分析才能最终决定是否适合进入或者开拓这块市场。如果适合，那么这个区域人口是多少？消费水平怎么样？客户的消费习惯是什么？市场对产品的认知度怎么样？当前的市场供需情况怎么样？公众的消费喜好是什么？这些问题背后包含的海量信息构成了旅游行业市场调研的大数据，对这些大数据的分析就是我们市场定位的过程。

企业开拓新市场，需要动用巨大的人力、物力和精力，如果市场定位不精准或者出现偏差，其给投资商和企业自身带来的后期损失将是巨大的甚至有时是毁灭性的，由此看出市场定位对旅游行业市场开拓的重要性。只有定位准确乃至精确，企业才能开发出满足市场需求的产品，使自己在竞争中立于不败之地。但是，要想做到这一点，就必须有足够量的信息数据来供旅游行业研究人员分析和判断。在传统情况下，分析数据主要来自统计年鉴、行业管理部门、相关行业报告、行业专家意见及属地市场调查等，这些数据多存在样本量不足、时间滞后和准确度低等缺陷，研究人员能够获得的信息量非常有限，使准确的市场定位存在数据瓶颈。随着大数据时代的来临，数据挖掘和信息采集技术不仅能给研究人员提供足够的样本量和数据信息，还能够基于大数据数学模型对未来市场进行预测。当然，依靠传统的人工数据收集和统计显然难以满足大数据环境下的数据需求，这就需要相关数据公司（如深圳乐思软件）自动化数据采集工具的帮助。

二　大数据成为旅游行业市场营销的利器

今天，从搜索引擎、社交网络的普及到"人手一机"，互联网上的信息总量正以极快的速度不断暴涨。每天在 Facebook、Twitter、微博、微信、论坛、新闻评论、电商平台上分享的各种文本、照片、视频、音频、数据等信息多达几百亿甚至几千亿条，这些信息包括商家信息、个人信息、行业资讯、产品使用体验、商品浏览记录、商品成交记录、产品价格动态等。这些信息通过聚类可以形成旅游行业大数据，其背后隐藏的是旅游行业的市场需求、竞争情报，闪现着巨大的财富价值。

在旅游行业市场营销工作中，无论是产品、渠道、价格还是顾客，可以说每一项工作都与大数据的采集和分析息息相关，而以下两个方面又是旅游行业市场营销工作的重中之重。一是通过获取数据并加以统计分析来充分了解市场信息，掌握竞争者的商情和动态，知晓产品在竞争群中所处的市场地位，来达到"知彼知己，百战不殆"的目的。二是企业通过积累和挖掘旅游行业消费者档案数据，分析顾客的消费行为和价值趋向，便于更好地为消费者服务和发展忠诚顾客。

以旅游行业对顾客的消费行为和趣向进行分析为例，如果企业平时善于积累、收集和整理消费者消费行为方面的信息数据，如消费者购买产品的花费、选择的产品渠道、偏好的产品类型、产品使用周期、购买产品的目的、家庭背景、工作和生活环境、个人消费观和价值观等，便可通过统计和分析这些数据来掌握消费者的消费行为、兴趣偏好和产品的市场口碑，再根据这些总结出来的行为、兴趣爱好和产品口碑制定有针对性的营销方案和营销战略，投消费者所好，那么其产生的营销效应是可想而知的。因此，可以说大数据中蕴含着出奇制胜的力量，如果企业管理者善于在市场营销中加以运用,将成为在旅游行业市场竞争中立于不败之地的利器。

大数据应用是一个非常热门的领域。目前来看,大数据的开放还是一个渐进的过程,很多景区面临数据量小、数据源单一的问题,大量与景区相关的数据分散在交通部门、公安部门、运营商、互联网企业以及其他相关企业,但是问题的存在并不影响对大数据利用的不断深入。即使在有限封闭的数据环境下,景区仍旧可以做很多事情。

在大数据时代,广告投放的质量不在于铺天盖地,而在于精准触达。在互联网环境下,消费者的每一次关键词搜索、每一次浏览行为都隐藏着潜在的消费需求,通过对消费者网络行为轨迹的综合分析,能够给消费者定义出相对合理的标签,不同角度的标签汇聚起来就形成消费者画像。这样一来,广告投放者就能够清晰地看到互联网另一端的消费者诉求,从而针对诉求进行精准的广告制作和投放。比如,一个消费者在互联网上对香蕉进行了搜索,那么,大数据分析系统就会给这个消费者贴上水果的标签,随后,在这个消费者的网络轨迹中就可以植入水果类的广告,从而引导消费者进入落地页面,并转化为真实的购买者。对于景区来说,在通过大数据洞察消费者需求之后,可以将景区的产品线路、门票种类、旅游商品、景区当前游客量、景区气候等信息精准地推送给消费者,便于消费者决策。

在购买行为产生之后,还会产生交易数据、点评数据,这些数据汇集起来,就构成了从售前到售后的完整的数据库。根据数据库可以绘制出完整的营销效果统计报告,这份报告可以呈现给广告投放者,继续指导其后续的广告投放,对于生产者来说,大数据报告也能够指导产品升级换代。

三　大数据支撑旅游行业收益管理

收益管理作为实现收益最大化的一门理论学科,近年来受到旅游行业人士的普遍关注和推广运用。收益管理意在把合适的产品或服务,在合适的时间,以合适的价格,通过合适的销售渠道,出售给合适的顾客,最终实现企业收益最大化目标。需求预测、细分市场和敏感度分析是达到收益管理目标的三个重要环节，而这三个环节推进的基础就是大数据。

需求预测是通过对建构的大数据进行统计与分析，采取科学的预测方法，建立数学模型，使企业管理者掌握和了解旅游行业潜在的市场需求、未来一段时间每个细分市场的产品销售量和产品价格走势等，从而使企业能够通过价格杠杆来调节市场的供需平衡，并针对不同的细分市场来实行动态定价和差别定价。需求预测的好处在于可提高企业管理者对旅游行业市场判断的前瞻性，并在不同的市场波动周期将合适的产品以合适的价格投放市场，获得潜在的收益。细分市场为企业预测销售量和实行差别定价提供了条件，其科学性体现在通过旅游行业市场需求预测来制定和更新价格，最大化各个细分市场的收益。敏感度分析是通过需求价格弹性分析技术，对不同细分市场的价格进行优化，最大限度地挖掘市场潜在的收入。

大数据时代的来临，为企业收益管理工作的开展提供了更加广阔的空间。需求预测、细分市场和敏感度分析对数据需求量很大，而传统的数据分析大多是采集企业自身的历史数据来进行预测和分析，容易忽视整个旅游行业信息数据，难免使预测结果存在偏差。企业在实施收益管理过程中如果能在自有数据的基础上，依靠一些自动化信息采集软件来收集更多的旅游行业数据，了解更多的旅游行业市场信息，将会对制订准确的收益策略、获得更高的收益起到推进作用。

四 大数据创新旅游行业需求开发

随着论坛、博客、微博、微信、电商平台、点评网等媒介在 PC 端和移动端的创新和发展，公众分享信息变得更加便捷自由，而公众分享信息的主动性促进了"网络评论"这一新型舆论形式的发展。微博、微信、大众点评网、评论版块上成千上万条网络评论形成了交互性大数据，其中蕴藏着巨大的旅游行业需求开发价值，值得企业管理者重视。

网络评论最早源自互联网论坛，是网友闲暇之余相互交流的内容。在微博、微信、论坛、评论版块等平台随处可见网友使用某款产品优点点评、缺点吐槽、功能需求点评、质量好坏与否点评、外形美观度点评、款式样式点评等信息，这些都构成了产品需求大数据。同时，消费者对企业服务及产品简单表扬与批评变得更加客观真实，消费者的评价内容也更趋于专业化和理性化，发布的渠道也更加广泛。作为旅游行业企业，如果能对网上旅游行业的评论数据进行收集，建立网评大数据库，然后再利用分词、聚类、情感分析了解消费者的消费行为、价值趣向、评论中体现的新消费需求和企业产品质量问题，以此来改进和创新产品、量化产品价值、制定合理的价格及提高服务质量，就能从中获取更大的收益。

五　大数据可以优化景区经营管理

每到节假日，景区总是为不可预料的人流量发愁，有了大数据工具之后，景区可以整合数据资源，采用大数据统计技术建立人流信息化监控系统，这样就实现了对重点场所的实时监控，从而有利于建立起事前预警机制、事中应急处置机制、事后改善提升机制。

以事前预警为例，针对容易形成大客流的景区，利用大数据技术进行区域洞察，在区域洞察中可以根据搜索词的热度分析来预测不同时间段不同区域的人流量，从而起到预警作用。

以事中应急处置为例，可以通过对通信运营商基站数据、电子门票数据、高清监控数据的综合分析，得出不同区域人流密度对比图和逗留时间对比图，从而及时做出应急决策，进行分流疏导。

再以事后改善提升为例，利用大数据可以实现淡旺季客流分析、消费水平分析、消费偏好洞察，这样的分析都有利于景区不断改善自身的服务和产品结构，帮助景区实现盈利能力的提升。

"大数据"并不是一个神秘的字眼，只要旅游行业企业平时善于积累和运用自动化工具收集、挖掘、统计和分析这些数据，为我所用，都会有效地帮助自己提高市场竞争力和收益能力，赢得良好的效益。

山西文旅的新价值时代

叶一剑*

摘　要：考虑到文旅产业与山西省整体转型发展尤其是经济转型发展的密切关系，在对山西文旅融合发展战略进行研究和分析的时候，应该更加充分地与山西省整体的发展命题和区域、产业发展进行互动性思考，这不但有利于准确把握山西省文旅融合的本质和核心诉求，也是推动山西文旅融合最重要的战略出发点之一。期待山西文旅能够在新一轮文旅产业变革的整体进程中获得超常规的发展，以推动山西省尽快实现从文旅资源大省向文旅产业强省的转型，进而推动山西省新一轮综合转型目标的实现。

关键词：山西转型　文旅融合　产业　投资

2019 年 8 月，在乔家大院被文旅部摘去 5A 级景区的招牌以后，针对乔家大院的各种指责和分析瞬间被引爆，大概总结一下，问题指向主要包括票价太高、商业氛围太浓且商铺档次普遍较低、管理混乱、服务意识不足、包括停车场在内的基础设施配套过于陈旧，等等。

很遗憾，乔家大院的问题在山西很多景区运营中很可能并非孤例，甚至是较为普遍的现象。

---

* 叶一剑，方塘智库创始人，21 世纪乡土中国研究中心主任，主要研究方向为文旅发展、智库建设等。

2019 年 6 月和 7 月，我们曾针对山西文旅产业转型发展做过一些专门的走访和调研，哪怕是从我们的直观印象来看，对山西很多景区的运营水平也实在不敢恭维。对门票过度依赖是很多景区运营中的普遍问题，而且，随着旅游越来越成为人们现代生活方式的刚需，有些景区甚至依仗稀缺的文旅资源不断涨价或变相涨价，坐收渔利，有些景区工作人员专业素养不高，态度傲慢。相对低劣的运营水平与丰富而厚重的文旅资源严重不匹配，有的是缺乏创新的意识和动力，有的则是心有余而力不足，比如，在全国已经很火爆的文创产品开发和销售，对很多景区而言可谓还没起步；至于现在全国很多景区早就普及的电子客票、电子商务以及无线网络等基本的智慧旅游服务，在我们走访的一些从文化价值看很重要的景区也没有应用，已经严重制约了这些景区的品牌营销和服务质量。

所以，在乔家大院被摘牌后，我们最关注的倒不是乔家大院经过所谓的全力整改，什么时候能够重新拿回 5A 级景区的招牌，而是经过这次事件，山西省方面是不是能够借此机会，来一场面向全省景区的巡检和整改，在大力解决存量问题的同时，结合中国新一轮文旅产业变革的现实和趋势，开放资源，以更加市场化和国际化的资源配置，开创山西文旅的新价值时代。

毕竟，在乔家大院摘牌事件发生之前，关于山西文旅融合和文旅产业转型发展的战略共识已经达成。比如，2017 年出台的《国务院关于支持山西省进一步深化改革促进资源型城市转型发展的意见》中就明确提出要积极推进全域旅游示范区建设，推动文化旅游融合发展，打造文化旅游支柱产业，支持有条件的市县创建国家级旅游业改革创新先行区，建设省域国家级文化生态保护实验区。

正是考虑到山西省丰富的文旅资源以及相对初级的市场开发阶段，越来越多的外部机构、团队和资本，开始瞄准山西文旅产业的发展，有的已经开始入场，山西文旅产业和投资的黄金时代已经来临。

官方统计数据显示，虽然山西文旅产业的绝对规模还不是很大，但绝对是山西省增长速度最快的产业之一，增速更是领先山西省整体经济增速 4 倍以上。与全国相比，山西省是旅游总人次和旅游总收入都增长较快的省，增速是全国的两倍以上。

这也说明，文旅产业作为山西省最具潜力的产业之一，已经并将继续成为推动山西省经济转型和复苏的重要力量。

一　山西文旅迎来价值重估时代

洞察和分析山西文旅产业转型的一个重要背景和价值维度是山西省在新时代背景下省域经济转型发展的战略选择、策略安排、产业重塑、品牌营销等。

这又牵涉对新的时代背景和区域经济的基本洞察。在互联网、大交通以及平台企业赋能等综合因素影响下，对区域经济的分析，传统的经济地理学解释框架正在被打破，中心地区和边缘地区迎来新的全球化再表达。尤其是对山西这样的内陆省份来讲，其城市、乡村以及大量的自然和文化资源迎来了一个新的价值重估时代，无论是内部的决策者还是外部的投资人，都需要对此有足够的敏感性。

这在省域经济转型中的战略认知表现就是，如果说以前可以认为山西作为传统的资源型地区，新一轮的转型发展带有被动式转型色彩的话，那么，在新的时代变革和产业经济发展环境下，应该更加充分地认识到，包括新能源在内的更加多元化的新兴产业的集聚和发展，将在更深层次上更加创造性和创新性地激活山西这片土地。

所以，我们正在看到和即将进一步看到的是，山西的非煤产业以及非能源产业开始经历快速的发展，并将逐步代表山西经济的整体增长。外部机构和投资人也开始尝试从这些新兴产业领域中寻找机会。

而文旅产业就是典型的新兴产业代表。按照官方的统计数据，山西有国家级重点文物保护单位452处，位居全国之首。保存完好的宋、金以前的地面古建筑物达106处，占全国的70%以上。我国仅存的四处唐代建筑，全部位于山西境内。此外，山西还有地面不可移动文物3.5万余处、历代古塔300余座、规模较大的石窟近50处。其中，云冈石窟、平遥古城、五台山已被列入世界文化遗产名录。所以，山西虽然算不上文旅产业大省，但绝对是文旅资源大省。在文旅新价值时代，和中国文旅产业发展的阶段一样，山西文旅产业发展的春天已经来临。

不仅如此，通过文旅产业激活的资源和地区，较多分布于传统认知中最为边缘、最为遥远甚至是最为贫穷的地区。文旅产业的发展，不仅为这些地区找到了新时代可持续发展的产业路径和模式，而且为山西省的扶贫攻坚、乡村振兴、绿色发展等战略实践提供了抓手和载体。

所以说，文旅产业的发展，对于山西省来讲，在有些地区所发挥的公共价值甚至超过纯粹的经济价值，虽然经济价值也很明显。比如，在吕梁地区以及太行山沿线的贫困地区，文旅产业的发展对脱贫的贡献是非常直接的，还可以有效避免脱贫后返贫现象的发生，为这些地区的可持续发展提供保障。

还有就是，我们在调研中发现，作为中国文物资源和古建筑资源第一大省，很多精美的文物和古建筑都散布于村落，虽然免遭上一轮快速城市化过程中的破坏性开发，但是因为投入不足以及当地文保单位文保意识的欠缺，很多文物和古建筑也面临过快的自然性损坏。如何通过文旅产业的发展，推动这些文物和古建筑在保护中创新，在创新中保护，对山西来说，无疑具有很大的意义，同时，为山西的乡村振兴提供文旅化的独特实践，也是很值得期待的。

文旅发展对一个地区发挥综合价值的作用值得进一步思考。比如，山西经济转型的战略共识已经非常明确，关于转型的方向也已经建立基本的共识，但无论是传统优势产业能源领域的转型，还是非煤产业的集聚和发展，尤其是一些新兴产业的发展，以及文旅产业的发展，决定成败的根本因素之一是人才，而这也是山西的短板之一。

对人才问题的解决，可以通过招商引资和项目落地推动项目化的人才落地；还可以通过与国内的科研机构和大学建立战略合作关系，以订单式或者碎片化的人力资源合作来满足山西经济转型的人才需求；还有就是充分激活并发挥本地高校和科研机构的人力资源沉淀，并通过这些平台连接到更广泛的人才；等等。事实上，这些方式山西都已经开始在做。除此之外，我们还应该看到一个地区的文旅发展对当地人力资源优化所可能带来的正向效果。山西，表里山河，文化厚重，且多能体现华夏文明的主脉，在新的发展阶段，山西省完全可以从优化地区人力资源结构的角度来思考和布局山西的文旅产业发展，这也是更加根本性的思考。

总之，正是考虑到文旅产业与山西省整体转型发展尤其是经济转型发展的密切关系，在对山西文旅融合发展战略进行研究和分析的时候，应该更加充分地将其与山西省整体的发展命题和区域、产业发展进行互动性思考，这不但有利于准确把握山西省文旅融合的本质和核心诉求，而且也是推动山西文旅融合最重要的战略出发点之一。

二　山西文旅需要"换道超车"思维

山西文旅产业转型发展与其他省份相比，既有相同的地方，也有不同的地方。不过，就我们的专题调研和整体判断而言，从2018年开始的五到十年内，中国文旅产业转型发展中的共性问题和普遍性问题将是影响甚至决定省域文旅产业发展的最主要问题。比如，智慧旅游和智慧城市体系的构建问题、文旅产业和投资的问题、乡村旅游和乡村振兴互动逻辑和互动模式的问题、景城互动的问题，等等。

另外，变革是如此剧烈和具有冲击力，而且如此之快，这就使得传统分析改革的增量和存量的框架有些边界模糊，因为，几乎所有的改革本质上都是增量改革，增量改革不仅影响新一轮的发展成果，也是决定存量问题化解的根本因素，拥抱变化、适应变化将成为包括山西在内的中国省域文旅产业变革的新常态。所以，几乎可以这样断定，虽然每个省基于自身独特的资源禀赋和发展阶段，面对文旅融合和文旅产业高质量发展都有其独特的一面，但是，在剧烈的变革和主流的变化面前，大家转型的起点和门槛都已经变得很高，无论你之前的发展基础如何，都必须在最短的时间内，通过市场化的、系统性的解决方案来推动高起点和高质量发展。

文旅市场已经不存在绝对的区域市场的概念，已经不存在单一的旅游化开发或者文创化开发的问题。对任何一个区域的价值变现而言，从一开始就应该综合考虑到不仅要吸引游客来到当地消费，并通过文创产品开发以及发达的电子商务和现代物流获取更大半径的消费市场，还要在这"一进一出"之间建立良好的互动，从产品、服务以及消费场景上打通来考虑，全域、全时和无边界思考区域文旅产业的创新、转型和发展。

对于山西省这样文旅产业相对处于后发位置的省域而言，其文旅产业转型发展应该将"一出生就风华正茂"作为转型发展和文旅产品与服务供给的基本出发点,以开放的姿态,面向全球进行市场化资源整合,充分利用外部的团队、资本、品牌和人才,只有这样才可能做到一步到位,不断通过"弯道超车"甚至"换道超车"实现山西文旅的华丽转型,以适应新一轮文旅产业的变革和竞争。

在此背景和逻辑之下,基于2019年6月和7月期间的专题调研,我们课题组尝试针对山西文旅新一轮转型发展提出六点意见。

其一,山西文旅转型发展的根本是要面向全国和全球的投资者和运营管理团队开放资源和IP,只有这样才能在最短的时间内,充分激活本地厚重的文旅资源,才能快速达到全国和全球水平,这也是确保山西文旅在一个较高的起点上分享这一轮文旅产业爆发式增长红利的前提和基础。开放思维和意识是决定山西文旅融合和转型发展的根本。

其二,专业度的提升,尤其是文旅领域的管理者和决策者,以及文旅市场的参与者和运营者,要对全球和中国的文旅产业现状和趋势有真实的认识,知道这个世界在发生什么,知道文旅市场在发生什么,敬畏市场,敬畏规律,去政治化,让市场的归市场,政府的归政府。虽然中国文旅产业是一个政策性比较强的产业,但毫无疑问,目前这个阶段,山西文旅发展显然更迫切地需要市场化和专业化程度的提升。

其三,要立足具体的产品和服务创新,立足具体的项目和城市旅游发展来进行创新。对山西文旅融合、文旅产业发展而言,比务虚更重要的是务实,要联合一切可以联合的力量,利用一切可以利用的资源,抢占新一轮文旅产品和服务创新的先机。

其四,要加强有效的品牌营销,尽快建立起山西作为具有中国文化底蕴和特色的文旅目的地的形象和标签,尽快扩大山西旅游的基础规模和流量并进入第一梯队,更加快速地集聚来自外部的市场化力量,更加有效地激活本地文旅市场的创新创业者。直到目前,山西文旅还处于流量增长时代,解决旅游人次较少、流量不足问题是山西文旅营销的核心任务和目标。

其五,要从一开始就与智慧旅游和智慧城市结合,用数字和科技来提升和重塑山西文旅融合和文旅产业发展的品质。比如,我们在山西临汾博物馆调研中看到，数字科技在博物馆展示中的应用就很厉害。对一个 GDP 只有 1000 多亿元的地级市而言，可以一次性拿出 5 亿元建设一个现代化的博物馆是需要战略眼光的。该馆无论是藏品的质量、展陈的方式，还是策展的叙事逻辑和技术化的互动设计，都是比较领先的。

其六，切实推进文化创意产业的发展，这是激活和开发山西丰富的文化资源的必然选择，也是目前制约山西文旅融合和文旅产业转型发展最明显的短板之一。大量的文物和文化资源没有体现出应有的价值，"守着金饭碗没饭吃"，长期下去不仅不利于文旅产业发展，还不利于这些文物的保护。很多散布于山西大地的重要的文物保护单位，明显存在经费投入不足和保护意识淡薄的问题，这些厚重的文化遗产，也没有激发当地人的文化自信，非常可惜。

纲举则目张，目张则事业顺。在山西新一轮的文旅产业转型发展中，文旅融合将是贯穿始终的战略思维，是这一轮山西文旅产业转型中最具有想象空间、最具有市场空间、最具有创意空间的战略变量，当然也是最具有挑战性的一个方面。

我们期待，山西文旅能够在新一轮文旅产业变革的整体进程中获得超常规发展，以推动山西省尽快实现从文旅资源大省向文旅产业强省的转型，进而推动山西省新一轮综合转型目标的实现。

文化金融

关于文化金融研究的几点思考

金 巍[*]

摘 要：文化产业的重要性凸显，基于文化产业的文化金融研究受到越来越多学者的关注。文化金融研究涉及范围较广、交叉性强，目前还存在研究范畴不清晰、重点不突出等问题。本文提出，文化金融研究要坚持规范性和科学性，包括处理好文化和金融的关系，明确文化金融研究范畴，主张金融工具和文化产业两个视角的研究路径并行；要坚持文化金融研究创新，并密切关注产业实践；要坚持文化金融研究与国家战略相结合，兼具国际视野，应重点关注供给侧结构性改革、"一带一路"等战略性问题。

关键词：文化金融 文化产业 国家战略

自 2010 年以来，尤其是自 2014 年以来，文化金融不仅成为产业界"热词"，也开始成为前沿性的研究领域。我们为什么如此关注文化金融？我想主要是因为这样几个原因：一是国家文化发展在综合国力建设中越来越重要；二是文化产业规模越来越大；三是文化与其他产业的相关性越来越强。下面我想谈几点关于文化金融研究的看法，请大家指正。

---

* 金巍，博士，产业金融与文化经济观察者、国家金融与文化经济观察者、国家金融与发展实验室文化金融研究中心副主任、北京立言金融与发展研究院文化金融研究所所长、文化金融 50 人论坛秘书长、社会科学文献出版社"文化金融蓝皮书"主编。

一 坚持文化金融研究的科学性与规范性

虽然学界对文化金融这一领域有了一定共识，但共同的话语体系仍有待建立。坚持文化金融研究的科学性，应主要包括处理好文化和金融的关系。文化金融基于文化生产领域的金融服务和资本市场体系，服务文化生产（与再生产）是文化金融研究的基础。从这个角度来说，我们对文化金融领域中的虚拟经济部分一直保持审慎的态度。在文化与金融的关系中，文化是特性，金融是根本。忽视了文化或文化产业的特性，文化金融就失去了灵魂；忽视了金融的共性，文化金融就失去了基本规则。文化金融本质上还是金融服务业，而不是文化行业，如果文化金融可以作为统一的产业来进行统计，全部或者绝大部分应计入金融业。明确文化金融研究范畴，在文化产业金融的基础上适度扩展边界。文化金融作为一个交叉研究领域，涉及的学科比较多，涉及的要素和因素比较多，做个可能不恰当的类比，这不是一个层次分明而稳态的系统，而是一个耗散结构的开放系统。但是作为一种研究，我们还是要有边界、要有前提、要有假定、要有共同的语境。我们比较倾向于以文化产业金融为基点进行分层，向内为内容产业金融，向外包括文化事业部分的金融服务。在文化产业界定上，由于有统计意义的文化产业、大文化产业（文体旅）、泛文化产业等，在文化金融的研究中都需要明确界定。金融工具和文化产业两个视角的研究路径并行。从当前看，"从金融到文化产业"和"从文化产业到金融"是最现实的两个研究路径，应并行不悖。不论哪一种路径，当前比较紧要的是需要经济学家和金融学者的积极参与。在以往，由于历史和现实的原因，经济学界参与文化金融研究的学者一直比较少，这对于这一交叉性极强的研究领域来说是不正常的，好在这种状况正在发生令人欣喜的变化。

二 坚持文化金融研究创新，关注产业实践

文化金融本就是中国独创，文化金融研究是一项开创性工作。文化金

融研究是随着我国文化产业发展和相关政策推动而兴起的，具有极其鲜明的中国特色，我们用 Culture Finance 作为英文术语。国际上有很多文化金融方面的成功经验，但多分属于个别领域，如电影金融、艺术品金融等。从这点上看，我们要构建文化金融这个高位的研究体系，几乎没有更多经验可以借鉴。因此，文化金融研究必须结合我们的实际，积极探索，勇于创新。作为学者的一个研究领域，还有大量的创新性工作要做，如果作为一个大学教学体系中的专业方向或专业课程呢？那可能更需要严谨扎实的工作。我们正在做这方面的工作，着手编写供大学文化产业管理专业学生使用的文化金融教材。文化金融研究应紧密与产业实践相结合。研究往往是落实于产业实践的，这一点在创新加速时期尤其明显。在 2019 年，我们关注了众筹、IP 和区块链三个前沿性的现象级课题。区块链 2020 年有所扩展，包括区块链的金融科技成为热点问题。金融科技对金融与资本市场体系必将产生深远的影响，也势必对文化金融发展产生巨大的促进作用，所以我们需要时刻关注这些产业实践。另外，我们还需要关注如下几个前沿问题和基础性工作：文化产业资产证券化、资产管理与文化产业、文化金融体系风险管理、文化资产评估、文化企业征信、文化金融信息与市场指标体系等。

三　坚持文化金融研究与国家战略
相结合，兼具国际视野

文化金融研究应放在国家大战略环境中，也要具有国际视野。推动文化产业成为国民经济支柱性产业。2016 年，我国的文化产业增加值为30254 亿元，占 GDP 的比重为 4.07%。从统计上看，"十三五"末期文化产业一定能成为国民经济支柱性产业，即占 GDP 的比重达到或超过 5%。但是这个支柱地位能不能站稳，是个问题。如果不能和国民经济体系融合、不能和资本市场融合、不能和国际文化产业市场融合，我认为这个支柱地位是站不稳的。这其中，推动文化产业和资本市场的高度融合更为紧迫。推动文化产业供给侧改革，一方面要关注战略性产业和文化科技创新。文化产业供给侧改革是不是伪命题？如果不是，我觉得不能仅仅关注

文化产品本身，还要关注制度供给。文化金融研究能做什么呢？就是通过文化金融推动中观层面的文化市场规则的进化，推动产业精神的培育。我们观察到，与资本市场融合度较高的行业，大多行业自律性与市场规则都比较成熟。文化产业供给侧改革的另一方面，文化金融要关注战略性产业和文化科技创新。根据《十三五时期国家战略性新兴产业发展规划》，数字创意产业成为五大战略性新兴产业。2020年文旅部据此又出台《关于推动数字文化产业高质量发展的意见》，强调以供给侧结构性改革为主线，加强原创能力建设，推进文化创业创新，促进产业融合发展，培育新型文化业态。这方面我们应投入更多的关注。文化金融实践中，各类资本对文化科技类企业和项目的投入在总投入中的占比预计超过60％，文化金融研究在这方面也要下功夫。发挥文化金融在推动"一带一路"愿景和国际文化合作中的作用。法国学者马特尔将《主流：谁将打赢全球文化战争》一书的研究重点放在娱乐行业，延续了《文明的冲突》思维，但提出了全球视野下文化主题必须面对的命题：谁将成为文化主流？显然，我们在"一带一路"愿景与规划中采取了与《文明的冲突》不同的另一种文化思维。不过，我们也看到，在我们周边，西方文化的传播都是由强大的资本长期支撑的，而且几乎已成铜墙铁壁，所以"一带一路"中的文化传播也不能缺少资本的力量。这其中，仅仅依靠国家资本显然是不够的，而且效率也不足。文化产业是文化软实力中的硬实力，"一带一路"愿景中，如何通过文化金融让我们的文化产品真正走出去，值得我们高度重视。

北京市文化产业投融资分析

刘德良[*]

摘　要： 近年来，随着文化产业在国民经济中的重要性日益凸显，文化与金融产业联系日趋紧密。2018～2020年（3月），北京市文化产业社会融资规模达1596.15亿元（不含银行贷款），其中私募股权渠道融资规模占59.42%，其他融资渠道亦有不同表现。预计未来，北京市文化产业社会融资市场将出现市场主体流动性加强、股权融资市场竞争加剧、债券融资规模扩大、多个文化领域因现金流承压融资需求上升等趋势。建议通过进一步建立健全文化产业资本市场主体培育机制，从资本供给入手激发股权融资市场活力，利用大数据等技术提高债权融资服务针对性，创新文化金融服务缓解疫情下文化企业现金流压力等促进文化产业融资发展。

关键词： 文化产业　社会融资　北京市

近年来，北京着力发挥全国文化中心作用，积极做好首都文化这篇大文章，不断推动文化产业高质量发展，促进产业提质增效、转型升级。同时，随着文化产业在国民经济中的地位不断加强、重要性日益凸显，北京市文化与金融产业联系日趋紧密，2019年文化产业投融资均取得一定的发

* 刘德良，博士，北京新元文智咨询服务有限公司董事长兼总经理，研究方向为文化产业、新媒体等。

展成效。如 2019 年北京文化产业资本市场融资规模占全国文化产业融资总规模的比重由上年的 22.88% 增长至 25.41%，北京新三板挂牌文化企业投资案例数量及投资资金规模双居全国首位等。

一 北京市文化产业发展分析

近年来，北京市文化产业发展迅速，竞争力和实力不断提升，文化产业已成为北京市经济发展的支柱性产业之一。2019 年，在"一带一路"倡议和"双创""媒体融合"等国家战略助推下，北京市文化产业呈现良好运行态势。北京市统计局数据显示，2019 年，全市规模以上文化产业法人单位实现收入 12849.7 亿元，同比增长 8.2%；文化核心领域收入占比近九成，为 11448.2 亿元。其中，新闻信息服务、创意设计服务、文化传播渠道、内容创作生产四个行业收入占全产业的比重分别为 28.74%、22.20%、22.39%、14.78%，发展优势明显。

表1 2019 年北京市规模以上文化及相关产业企业收入情况

	领域	收入合计（亿元）	同比增长（%）	从业人员人数（万人）	同比增长（%）
文化核心领域	新闻信息服务	3692.7	25.8	14.5	-2.6
	内容创作生产	1899.4	2.5	14.1	1.0
	创意设计服务	2852.8	0.0	10.0	-6.1
	文化传播渠道	2876.8	8.3	7.5	-10.9
	文化投资运营	19.8	-4.8	0.2	28.1
	文化娱乐休闲服务	106.7	2.7	2.5	-3.5
文化相关领域	文化辅助生产和中介服务	737.9	2.4	8.8	1.9
	文化装备生产	121.9	-26.9	0.9	-16.8
	文化消费终端生产	541.8	-4.6	1.0	-5.7
合计		12849.7	8.2	59.4	-3.1

资料来源：北京市统计局。

二 北京市文化产业流入资金分析

文化产业发展资金的主要来源，除了相关企业积累外，还有政府财政支持、银行贷款以及资本渠道融资等。北京作为全国文化中心，文化要素资源富集，金融资本、社会资本与文化资源的对接渠道不断拓宽。中国人民银行北京营业管理部的数据显示，2019 年北京市中资银行文化创意产业新发放人民币贷款 2017.6 亿元，同比增长 29.3%。根据新元文智 - 文化产业投融资大数据系统（文融通）统计，2019 年，北京文化产业通过私募股权融资、上市融资、债券融资等社会资本渠道吸收资金 725.51 亿元，融资能力居于全国前列。

（一）财政投入：文化旅游体育与传媒支出 117.47 亿元，执行数与调整预算数基本持平

2019 年文化旅游体育与传媒支出预算执行数为 1174653 万元，与 2019 年调整预算数基本持平。其中：文化和旅游执行数为 500289 万元，与 2019 年调整预算数基本持平；文物执行数为 135293 万元，比 2019 年调整预算数减少 28566 万元，下降 17.4%，主要是部分文物腾退项目方案确定较晚，暂缓执行；新闻出版电影执行数为 39243 万元，与 2019 年调整预算数基本持平；广播电视执行数为 229951 万元，比 2019 年调整预算数增加 11791 万元，增长 5.4%，主要是用于广播电视台电视剧购置等支出；其他文化体育与传媒支出执行数为 98791 万元，比 2019 年调整预算数减少 39363 万元，下降 28.5%，主要是调整用于保障本市重大活动支出。

（二）银行：新发放贷款 2017.6 亿元，同比增长 29.3%

近年来，针对文化企业普遍具有轻资产、规模小、高风险、抵质押难的特点，北京银行业积极作为，创新信贷产品和服务模式，为文化产业发展提供了强有力的信贷资金支持。数据显示，2019 年北京市中资银行文化创意产业新发放人民币贷款 2017.6 亿元，同比增长 29.3%。其中，文化艺术、广播电视电影、艺术品交易、旅游休闲娱乐等子行业贷款余额同比增速分别为 37.8%、47.9%、62.7%、13.8%。

（三）资本市场：资金流入规模全国占比增长，私募股权渠道募集超五成资金

文化产业资金流入全国占比实现增长，区域领先优势明显。新元文

智－文化产业投融资大数据系统（文融通）数据显示，2019 年，北京市文化产业通过私募股权、新三板、上市首次募资、上市再融资、信托、债券、众筹等渠道共计发生融资案例 472 起（同比下降 29.24%），涉及资金规模为 725.51 亿元，虽然同比下降 12.33%，但在全国文化产业资金流入总规模中的比重却由上年的 22.88% 增长至 25.41%，依旧居全国第二名，仅次于广东，并且与其他地区拉开了较大差距，领先优势明显。

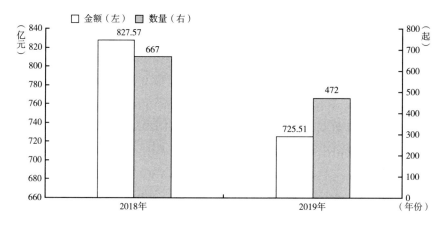

图 1　2018～2019 年北京市文化产业资金流入情况

注：①计算资金流入时，为避免重复计算，上市再融资、新三板融资中不计相应的债券、信托融资；②因数据四舍五入的原因，本文中可能存在总计（或差值）与各项求和（或相减）不等的情况。

资料来源：新元文智－文化产业投融资大数据系统（文融通）。

　　一方面，私募股权融资为资金流入主渠道，募集资金超五成。数据显示，2019 年，北京市文化产业通过私募股权融资渠道募集资金规模高达 389.10 亿元，占 53.63%，私募股权融资为资金流入主渠道；其次是债券融资、上市再融资两个渠道，涉及资金规模分别为 177.87 亿元、105.99 亿元，分别占 24.52%、14.61%。与上年同期相比，仅债券融资、上市再融资两个渠道融资规模实现增长，分别增长 1.65 倍、2.82 倍。另一方面，受资本寒冬及日益趋严的监管环境等因素影响，金融机构的投资行为越发谨慎，文化产业资本市场的资金流减少，私募股权融资、上市首次募资、新三板融资、众筹融资四个渠道融资规模均呈下滑走势，分别同比下滑 28.79%、72.41%、63.85%、40.81%。

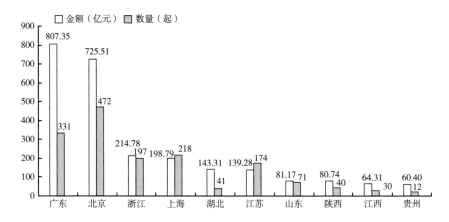

图 2　2019 年我国各省市文化产业资金流入情况（TOP10）

资料来源：新元文智 – 文化产业投融资大数据系统（文融通）

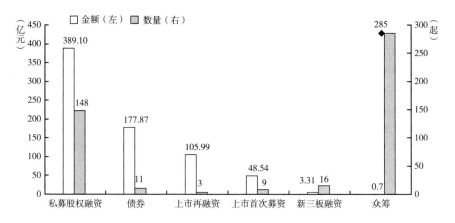

图 3　2019 年北京市文化产业各融资渠道资金流入分布

资料来源：新元文智 – 文化产业投融资大数据系统（文融通）

　　互联网文化娱乐平台领域融资额最高，流入超四成资金。从募集资金规模来看，2019 年，北京市互联网文化娱乐平台领域融资规模最大，为 314.85 亿元（占 43.40%）；其次为互联网信息服务业，募集资金 130.66 亿元（占 18.01%）；再次为广播影视发行放映业，涉及资金 105.39 亿元（占 14.53%）。从融资案例数量来看，设计服务业融资最为活跃，发生事件 102 起，占 21.61%；出版服务业排名第二，涉及融资事件 68 起，占

14.41%；互联网信息服务业的案例数量排在第三位，涉及 45 起融资事件，占 9.53%。

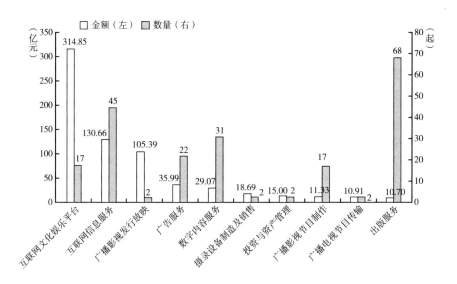

图 4　2019 年北京市文化产业各细分领域资金流入分布（TOP10）

资料来源：新元文智－文化产业投融资大数据系统（文融通）。

2019 年，北京市文化产业资金主要流入海淀区及朝阳区，规模占比合计达 94.83%，区域集中度相对较高。其中，海淀区文化产业资金流入规模高居首位，以 99 起融资案例吸纳资金 459.19 亿元，占资金流入总规模的 63.29%，领先优势明显。朝阳区流入资金略少于海淀区，但融资活跃度最高，共计发生融资案例 200 起，占案例总数的 42.37%。

表 2　2019 年北京市文化产业资金流入城区分布（TOP10）

序号	市/区	数量（起）	金额（亿元）	金额占比（%）
1	海淀区	99	459.19	63.29
2	朝阳区	200	228.81	31.54
3	西城区	20	20.78	2.86
4	东城区	54	5.62	0.77
5	丰台区	10	3.99	0.55
6	昌平区	9	3.93	0.54

序号	市/区	数量（起）	金额（亿元）	金额占比（%）
7	石景山区	7	2.31	0.32
8	房山区	4	0.30	0.04
9	密云区	2	0.20	0.03
10	大兴区	14	0.11	0.02

资料来源：新元文智－文化产业投融资大数据系统（文融通）。

三 北京市文化产业投资情况分析

处于不同成长阶段、不同资本市场环境的文化企业投资具有不同特点，本部分内容分别对北京上市文化企业、新三板挂牌文化企业的投资情况进行分析，为深入研究北京市文化企业投资情况提供直观、科学的参考依据。

（一）上市文化企业投资：涉及资金 242.19 亿元，并购投资额最高

上市文化企业投资规模达 242.19 亿元。新元文智－文化产业投融资大数据系统（文融通）数据显示，2019 年，北京市文化企业投资市场呈现小幅下滑走势，共计发生投资案例 69 起，涉及资金规模 242.19 亿元，分别同比下降 12.66%、14.86%。

并购投资规模最高，股权投资最活跃。并购是上市文化企业快速实现业务扩张和战略布局的重要途径。2019 年，北京市上市文化企业投资主要涉及并购、新设子公司、股权投资、投资基金四种方式。其中，并购涉及资金规模领先，达到 177.77 亿元，占上市文化企业总投资规模的 73.40%；股权投资最为频繁，案例达 33 起，占上市文化企业投资案例总数的比重为 47.83%。

（二）新三板挂牌文化企业投资：扩张力度全国最强，新设子公司为主要方式

扩张力度全国领先。2019 年，北京市新三板挂牌文化企业投资越发谨

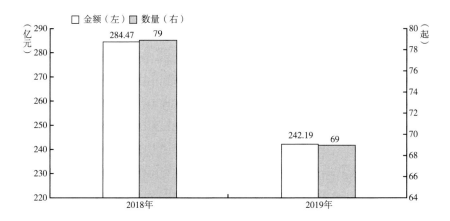

图5　2018～2019年北京市上市文化企业投资情况

资料来源：新元文智－文化产业投融资大数据系统（文融通）。

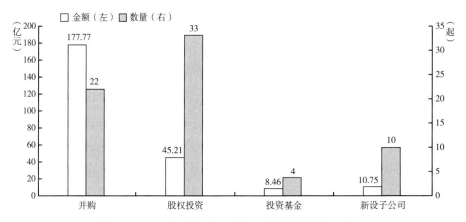

图6　2019年北京市上市文化企业投资类型分布情况

资料来源：新元文智－文化产业投融资大数据系统（文融通）。

慎。根据新元文智－文化产业投融资大数据系统（文融通）统计，北京市新三板挂牌文化企业全年共发生投资案例142起，虽较2018年同期减少44.75%，但事件总量远高于排名第二的广东；涉及资金规模达13.68亿元，同比减少28.98%，投资总量远高于排名第二的上海。

新设子公司为主要投资方式，占据近七成资金。从挂牌新三板文化企业的投资方式来看，新设子公司为主要方式，共发生案例92起，规模达9.38亿元，各自占比为64.79%、68.53%；其次为并购、股权投资，分别

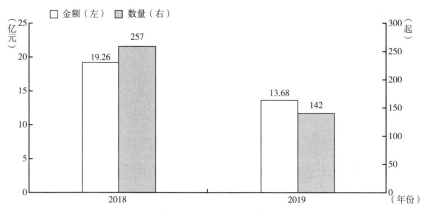

图7　2018～2019 年北京市新三板挂牌文化企业投资情况

资料来源：新元文智－文化产业投融资大数据系统（文融通）。

发生案例 23 起、25 起，规模分别为 2.45 亿元、1.35 亿元；此外，投资基金涉及案例数量、融资规模均较少，2 起事件涉及资金 0.50 亿元。

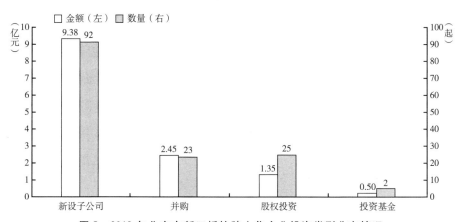

图8　2019 年北京市新三板挂牌文化企业投资类型分布情况

资料来源：新元文智－文化产业投融资大数据系统（文融通）。

四　北京市文化产业投融资发展展望

（一）打造"3＋3＋X"文创体系，重点领域发展迎更显著机会

北京市文化产业对首都经济发展的带动引领作用日益凸显，丰富的文

化资源要素促进多个文化细分领域竞相发展，不断壮大。传统文化领域、优势文化领域、文化融合业态将是北京文化产业进一步加快发展的方向。根据《北京市文化创意产业提升规划（2014～2020 年）》，到 2020 年，北京将搭建起具有特色的"3 + 3 + X"文创产业体系，文化产业增加值占GDP 的比重将上升到 15% 以上，将进一步聚焦推动文化艺术、广播影视、新闻出版三大传统领域，广告会展、艺术品交易、设计服务三大优势领域，文化科技、文化金融、文化与其他产业融合三大文化融合业态发展。对于三大传统领域，促进体制机制创新，激发国企事业单位主体活力，加快促进非公有制及混合所有制企业发展壮大，加快培育市场主体多元化发展；提高生产供给质量，积极鼓励支持文化产品和服务供给，重点扶持高质量的生产创作。对于三大优势领域，积极促进营销和商业模式的创新，集聚创新要素，推进规模加速壮大。对于三大文化融合业态，加快文化资源要素与产业各环节的融合，提升产业链整体创新能力与发展水平，促进文化与其他产业融合、共赢发展。

（二）文化金融不断突破创新，产业投融资潜力持续释放

为加大对文化产业的资金支持，推动文化产业快速、高质量发展，北京市不断尝试探索文化金融创新，北京文化产业、文化投融资市场潜力不断释放，更为全国文化产业发展起到了积极影响与强大的带动作用。如文化金融服务创新方面，北京市文化创意产业促进中心连续主办北京文化创意大赛，聚合并引领金融资本发现创意、鼓励创新、支持创业；北京市国有文化资产管理中心与上海证券交易所共同挂牌成立北京文化企业上市培育基地，促进文化企业与资本市场对接。文化金融产品创新方面，华夏银行、中国邮政储蓄银行等机构推出"龙盈·知识产权通""小企业知识产权质押贷""无形资产融资租赁"等新产品，为轻资产的文化企业提供无抵押银行授信及资本支持。未来北京将继续引领文化金融创新，持续释放发展潜力。

（三）京津冀联动日益加强，文化协同呈扩大之势

随着京津冀协同发展战略的不断深入，三地联动日益加强，三地文化产业协同发展的对接机制不断完善，民间组织踊跃组织各类联动活动促进三地深层次合作，企业间也积极发挥优势，进行合作洽谈，文化产业协同发展呈现不断扩大之势。三地已经签署了"京津冀三地文化人才交流与合作框架协议"、"京津冀三地文化产业协会框架合作协议"、"京津冀动漫游戏产业'一带一路'国际合作平台框架协议"、"北京市文化局、河北省文化厅、张家口市人民政府文化合作框架协议"、"京津冀文化文物单位文化创意产品开发合作框架协议"、"京津冀演艺领域深化合作协议"、"京津冀文化产业协同发展行动计划"等多项方案，强化三地文化产业协同发展。

供应链金融对文化企业融资
约束的缓解效应研究

摘　要：文化金融创新有助于缓解企业融资约束。本文在对融资约束成因、供应链金融与融资约束的关系进行理论分析的基础上，以我国沪深 A 股上市的文化企业为研究样本，从现金 - 现金流敏感性出发，利用 2012～2018 年面板数据验证供应链金融是否能够缓解文化企业融资约束。结果表明：我国文化企业普遍存在融资约束问题，供应链金融的发展能够有效缓解文化企业融资约束。本文在此基础上提出政策性建议，以期为中小文化企业提供决策参考。

关键词：供应链金融　文化企业　融资约束　现金 - 现金流敏感性

一　引言

党的十九大报告指出："中国特色社会主义进入新时代，我国社会主要矛盾已经转化为人民日益增长的美好生活需要和不平衡不充分的发展之间的矛盾。"消费者越来越注重对精神生活的追求。文化产业的快速发

---

* 魏文雅，北京联合大学商务学院硕士研究生，研究领域为文化产业投融资管理。

122

展，为消费者提供了高体验感、多元、绿色的文创产品，消费升级优化了我国经济结构。未来十年文化产业将进入快速发展通道，文化企业轻资产、重无形资产、资源消耗低、环境污染少、科技含量高、绿色经济、高知识性等特征为国民经济提质、转型、增效提供有效支撑。5G 网络的发展、科学技术的创新、消费者的个性需求等把文化产业再次推上新的高度。

2018 年，我国文化产业实现增加值 38737 亿元，高于同期 GDP 增速，其占 GDP 的比重为 4.30%，在国民经济中的占比也逐年提高。总而言之，2018 年文化及相关产业增加值保持平稳快速增长，占 GDP 的比重稳步上升，在加快新旧动能转换、推动经济高质量发展、优化经济结构升级中发挥了积极作用。但是与美国、英国这样的发达国家相比，我国文化产业的发展较落后，原因主要为文化体制改革相对滞后和文化企业融资困难。其中企业资金困难是制约其稳定发展的主要桎梏。目前，文化企业获得资金支持的方式有政府投融资、银行信贷、企业债券、风险投资（VC，Venture Capital）、私募股权投资（PE，Private Equity）、首次公开募股（IPO，Initial Public Offerings）、设立专项基金等。但由于我国大部分文化企业自身规模小、可用于抵押的固定资产少、财务信息不透明、相关产品创作周期长、产品价值难以度量、文化产品具有时效性、消费者需求不确定带来的高风险等特征，很多商业银行（金融机构）对文化企业存在惜贷现象。

实际上，中小企业存在融资约束是普遍性问题，其解决方法也有很多。近年来，供应链金融（SCF，Supply Chain Finance）这一融资方式的发展为中小企业获得资金支持提供了可行渠道，很多学者认为 SCF 对于缓解企业所面临的资金困难程度发挥了积极作用。当前关于实体经济企业依靠供应链金融这一融资方式能有效降低融资困难程度的研究成果，为缓解文化企业融资约束提供了一个可行方式。在此背景下，本文探讨供应链金融对文化企业的缓解效应，以期为我国文化企业成长和文化产业可持续发展提供一些决策参考。

二　文献回顾

（一）融资约束

以信息完全为基础，Modigliani 和 Miller 提出在一个完全有效（没有任何市场摩擦）的金融市场中，企业内部融资成本和外部融资成本是相同的，此时目标企业对外进行投资决策只会受自身投资需求的影响，与企业自身的财务状况无关。但在现实的金融市场中，没有任何摩擦的金融市场是不存在的。金融市场中存在的信息不对称和代理成本等问题，导致企业从外部获取资金成本要高于从企业内部获得资金成本，进而产生融资约束。

以信息不对称理论为基础，并考虑到交易成本的存在，Myers 和 Majluf 提出优序融资理论（啄食顺序理论），即依照先内后外的顺序来获取资金支持，该理论为下文定性分析提供依据。Gertler 和 Bernanke 提出：代理问题也是形成融资约束的原因之一，受托方在信息不对称的情况下，为了追求自身目标利益最大化可能会做出损害委托方利益的行为，委托方为维护自身利益会增加资金成本，增加了从外部获取资金支持的成本。除了信息不对称和代理成本问题，企业从外部获取资金支持也会发生事前咨询、事后监督等成本，该成本的发生也会使企业面临融资约束。

（二）文化产业融资约束问题研究

在国家政策红利的引导下，当前的文化产业，不论是在影视、广告，还是在网络新媒体、融资渠道及投资效率等方面均取得了质与量的提升，但融资约束仍然是阻碍我国文化产业可持续高质量发展的主要因素。文化企业从外部获取资金支持困难的原因有两点：一是企业自身因素，如可抵押的固定资产少、无形资产占总资产的比重高、融资规模小、未建立规范的财务管理体系、盈利模式不清晰等因素；二是宏观环境因素，例如政府制定的政策引导性较低、社会性融资作用不强以及政府对中小文化企业支持力度不够等。

如何缓解文化产业融资难困境呢？卜凡婕提出 IPO 是处于成熟期的文化企业缓解其融资难的主要途径。辛阳提出企业应发挥社会性融资的作用。除了政府财政拨款、金融机构信贷融资之外，可实现融资的途径还有风险投资、私募股权投资、资本市场上市融资等。褚杉尔则提出文化企业应加强对知识产权的保护，这在一定程度上能够缓解文化企业融资约束。综上，已有研究文化企业资金支持的文献仅基于传统融资模式的视角，缺少对供应链金融的关注。

（三）供应链金融相关文献研究

"供应链金融"这一术语发端于 20 世纪末。当时一些寡头企业为了达到成本最小化的目的，普遍开展涉及全球范围的外包业务，由此才有了供应链管理这一概念。供应链管理发展前期主要集中于物流、信息流方面，随着供应链管理的发展，供应链趋于复杂，交易费用的增加逐渐部分抵消分工合作带来的"成本洼地"，由此供应链上的核心企业开始了对财务供应链管理的价值发掘过程。而仅通过供应链节点企业间的协作来缓解资金压力，维持供应链的稳定性与持续性，很难取得突破性进展，因此，需借助商业银行等金融机构提供的金融服务，由此，"供应链金融"应运而生。

讨论中小企业供应链金融运作模式的文献较多，比较典型的成果如下。闫俊宏和许祥秦结合中小企业固定资产少、流动资产较多的特点，并依据供应链金融业务开展背景，将其划分为应收账款、保兑仓和融通仓模式，并根据其特点做出对比，然后在不同的供应链节点上选择与之相对应的融资模式。谢世清以作为第三方的物流公司、商业银行以及与企业合作的二家外国公司为代表，分析了供应链金融在不同运作模式下的适用特征，并以此为基础，为我国供应链金融的稳定发展提出建议。张强在其他学者提出的三种运作模式的基础上，结合"互联网＋"的特点，又补充一个运作模式——"互联网＋供应链金融"。

（四）供应链金融与融资约束相关文献研究

供应链金融这一融资方式出现后，业界学者开始关注不同行业供应链金融的运作模式及其对融资约束的影响，并基于不同方法和视角进行了探讨和研究。

首先，Allen 和 Gregory 采用定性分析的方法阐述了供应链金融这一融资方式对中小企业资金约束的作用机制。"供应链金融"课题组阐述了供应链金融的运作模式，提出该模式不同于传统信贷模式，资金困难的企业可以借助供应链上核心企业的信用辐射，来缓和自身信用缺失和信息透明度较低的问题，进而提升融资企业的信贷水平，为突破中小企业融资瓶颈提供了新方式、新思路。

其次，基于供应链金融的作用机理，供应链金融这一融资方式可以把金融与技术进行融合，有助于提高资金流通速度，减少企业获取资金的成本。李国青基于金融机构视角，发现供应链金融能有效减少商业银行与企业间的交易费用，进而降低企业的资金困难水平。严广乐基于博弈模型发现，在银行与企业博弈过程中，通过供应链金融这一方式获得银行资金支持的企业，与银行建立了长期稳定的合作关系，从而降低了信息不对称程度，从理论上阐述了供应链融资这一方式具有缓解效应。陈平等则从同一视角论证了供应链金融这一方式通过提高银企间信息透明度来缓解企业的资金约束问题。

而顾群基于投资－现金流敏感性模型，发现供应链金融能够降低科技型中小企业的资金约束水平。张伟斌和刘可则通过建立现金－现金流敏感性模型，发现供应链金融能够降低我国中小企业面临的资金约束水平。学者李金、连玉君、姚王信、夏娟、司新宇、李婷婷、诸葛秀子、乌云等通过实证研究，得到的结论与张伟斌等学者高度一致。综上所述，供应链金融的出现，为企业缓解融资约束提供了可行性方式。随着大数据、云计算和5G网络的快速发展，一些学者认为供应链金融的发展趋势是将区块链技术应用到供应链金融业务中。

（五）文献评述

国内外学者关于文化企业融资约束的研究主要有四个方面。一是基于理论层面的研究，例如定性分析融资约束形成的原因；二是已有研究大多基于传统融资模式的视角，并未从供应链金融的角度展开；三是供应链金融的已有文献仅着眼于传统企业，比如制造型企业、科技型企业、高新技术企业等，当前尚未发现有针对文化企业供应链金融的实证研究；四是由于文化产业自身特征的差异性，供应链金融的已有研究成果未必适用于文化企业。因此，有必要把供应链金融和文化企业结合起来，探讨供应链金融对文化企业融资约束的缓解效应。

三 研究假设与模型选择

（一）研究假设

企业融资分为内源融资和外源融资两种。内源融资是企业依靠自身的资本积累，外源融资主要是向银行等金融机构贷款。当内部资金不能满足企业资金需要时，企业会从外部筹集资金，但市场摩擦、信息不对称等问题的存在，使得融资企业具有较高的信用风险，导致企业外源融资成本高于内源融资成本，从而形成融资约束，严重影响企业可持续经营及健康发展。供应链金融的发展，为文化企业缓解资金困难提供了可行渠道。该模式通过资金流、信息流、物流把产业链上所有企业联系起来，使得产业链上有融资需求的文化企业借助核心企业的信用辐射，降低自身的授信风险等级，缓解其融资约束问题。

在上文分析及讨论的基础上，提出如下假设：

H1：文化企业存在融资约束问题；

H2：供应链金融对文化企业融资约束具有缓解效应。

之后建立模型，对上述两个假设进行验证，讨论其结果及意义。

（二）模型选择

当前，学术界关于衡量企业是否存在融资约束的实证模型主要有四类：一是 Tobin 基于托宾 Q 理论提出的托宾 Q 投资模型，二是 Fazzari 基于融资优序理论提出的投资 - 现金流模型（FHP 模型），三是 Laeven 依据信息不对称理论提出的欧拉方程投资模型，四是 Almeida 基于现金持有理论提出的现金 - 现金流敏感性模型。在以上计量模型中使用次数比较高的是 Fazzari 提出的投资 - 现金流模型和 Almeida 提出的现金 - 现金流敏感性模型。

FHP 模型最早是由 Fazzari 基于 Myers 与 Majluf 的融资优序理论提出的，能够用来测量样本企业所面临的融资约束程度，通常内部现金流的变动对样本企业投资行为影响越大，说明样本企业面临的融资约束程度越高。当企业从外部获取资金支持受到信息不对称、市场摩擦等问题的阻碍时，企业通常会选择自身的资本积累做出投资行为。因此，FHP 模型被很多学者引用，应用广泛。但随着学术研究的深入，学者们发现影响企业投资 - 现金流敏感性的原因并非只有融资约束，其内生问题、托宾 Q 测量误差、代理问题等也会对其产生影响。

由于 FHP 模型存在众多不足，Almeida 提出另外一种测度方式，即现金 - 现金流敏感性模型，用来验证样本企业是否存在融资约束问题。随着现金 - 现金流敏感性模型的提出，学界对其展开研究，得出的实证结果验证了这一计量模型在测量企业融资约束程度方面的可行性。国外学者也运用同样的测度模型进行检验，得到的测度结果与 Almeida 等人保持高度一致。国内学者通过实证检验，得出的测量结果与国外学者保持一致性，即该模型可以验证样本企业是否存在融资约束。

目前现金 - 现金流模型已成为验证企业外部融资约束存在性的主要方式，正因为如此，本文运用现金 - 现金流敏感性模型来验证 H1 能否得到支持，在 H1 成立的基础上加入 SCF 量化指标，再检验 H2 是否成立。

四　实证研究

（一）样本选择和数据说明

为了样本数据的可得性及研究内容的可行性，本文以我国上市的文化企业为主要研究对象，选取沪深 A 股上市的文化企业 2012 ~ 1018 年的企业财务数据为研究样本。由于本文主要研究供应链金融的影响，所以把供应链金融量化指标数据有缺失的企业全部剔除，同时为确保样本数据完整可靠，按如下原则对样本数据进行筛选：①剔除 2012 ~ 2018 年处于被特殊处理/特别转让状态（ST/PT）的企业，②剔除数据缺失、异常的公司，③剔除 2012 年之后上市的公司。按上述所列情况对样本进行筛选，最终获得

184 家沪深 A 股上市的文化企业 6 年的样本数据（数据来自 wind 资讯金融终端），共 1104 个样本观测值。

（二）模型建立

首先对 H1 进行假设检验，即验证我国文化企业是否存在融资约束问题，本文拟借鉴 Almeida 提出的测度模型，即现金 – 现金流敏感性模型的拓展模型。其拓展模型在基准模型考虑的企业成长性、经营现金流、公司规模等三个影响变量的基础上，又把销售收入（sale）、非现金净营运资本变动（nwc）、短期债务变动（sad）三个因素考虑在内，得到模型（4 – 1）如下所示：

$$\Delta CASH_{i,t} = \alpha_0 + \alpha_1 CF_{i,t} + \alpha_2 GROWTH_{i,t} + \alpha_3 SIZE_{i,t} + \alpha_4 NWC_{i,t} +$$
$$\alpha_5 SALES_{i,t} + \alpha_6 SAD_{i,t} + \alpha_7 DEBT_{i,t} + \mu_i + \varepsilon_{i,t} \qquad (4-1)$$

μ_i 为企业个体效应，$\varepsilon_{i,t}$ 为残差项，i 表示公司，t 表示年。

为了检验 H2 是否成立，本文在模型 4 – 1 的基础上，加入 SCF 量化指标得到模型（4 – 2），利用 SCF 与现金流（cash）的交乘项系数的正负来说明 SCF 这一变量对敏感性系数的影响，进而说明 SCF 对企业融资约束的缓解作用。

$$\Delta CASH_{i,t} = \alpha_0 + \alpha_1 CF_{i,t} + \alpha_2 CF_{i,t} * SCF_t + \alpha_3 GROWTH_{i,t} + \alpha_4 SIZE_{i,t} +$$
$$\alpha_5 NWC_{i,t} + \alpha_6 SALES_{i,t} + \alpha_7 SAD_{i,t} + \alpha_8 DEBT_{i,t} + \mu_i + \varepsilon_{i,t} \qquad (4-2)$$

（三）变量定义

1. 供应链金融的度量

本模型中，最核心的指标是供应链金融 SCF。目前，如何度量供应链金融尚未有统一标准。这一是因为财务数据中没有能直接测量它的数据指标；二是因为已有的研究基于不同的研究对象对供应链金融替代指标的选取也不一致。在已有研究中，蒋靖梅选取企业接受关联企业的担保次数作为 SCF 的量化指标，而国内大部分学者使用全国短期贷款发生额、全国商业汇票发生额及全国贴现发生额或者其标准化值作为 SCF 的量化指标。

　　笔者认为，使用宏观数据作为SCF的量化指标不合适。原因如下：一是模型中其他变量的大小都是通过微观数据来衡量的；二是按照张伟斌等学者的观点，全国短期贷款、商业汇票及贴现的发生额能够反映整体经济对SCF的使用情况，并不能反映单个企业的运用效果。基于此，本文拟借鉴学者姚王信对SCF的量化方法，即利用文化企业发生的短期借款和应付票据之和来量化SCF的大小。

　　2. 被解释变量及解释变量

　　$\Delta CASH_{i,t}$表示企业当期现金及现金等价物持有量的变动，以其作为衡量企业融资约束的量化指标。基于现金持有量视角，我们会发现：一般情况下，从外部获取资金困难的企业，为了能及时处理和解决日常交易的资金需要、临时投资需求等问题，通常会在企业内部储备较多的现金；从外部获取资金快速的企业，通常会在企业内部储备较少现金，可以减少现金及等价物的持有成本，即使出现资金危机，企业也能够较快地从外部获得资金支持。所以企业内部现金持有量的变动能够用来说明样本企业是否存在融资约束。解释变量定义及预期符号见表1。

表1　解释变量名称、预期符号及其定义

变量	预期符号	定义及描述
被解释变量 $\Delta CASH_{i,t}$		现金及其等价物变动
$\Delta CASH_{i,t}$		现金持有量的变化 = t年现金及现金等价物 - $(t-1)$年现金及现金等价物
解释变量 $CF_{i,t}$	+	企业当期经营活动现金流净额 = 当期经营活动产生的现金流量净额
SCF_t		供应链金融 = 样本企业短期借款 + 应付票据
$CF_{i,t} * SCF_t$	-	供应链金融与现金流的交乘项
$SALES_{i,t}$	+	销售收入 = 企业当期营业收入
控制变量 $SIZE_{i,t}$	-	企业规模 = 企业本期总资产的对数值
$GROWTH_{i,t}$	+	总资产的增长率、营业收入增长率
$DEBT_{i,t}$	-	资产负债率 = 负债合计/期初资产总额
$\Delta NWC_{i,t}$	+	企业非现金营运资本 = 流动资产 - 流动负债 - 货币资金，在模型中为变动额
$\Delta SAD_{i,t}$	+	企业短期借款 = 本期流动负债，在模型中为短期借款变动额

(四) 实证分析

1. 描述性统计分析

表 2　各变量描述性统计分析

变量	Max	Min	Mean	Median	SD	Skewness	Kurtosis
cash	1425644	− 329959.3	12551.03	1955.135	83173.54	7.544562	110.5456
cf	1409970	− 972136.3	37732.4	13894.37	103441.9	4.167423	59.49931
scf	4444692	0	97094.44	14408.03	321556.3	7.383866	71.24852
gro	71.23435	− 1	0.4337438	0.1091898	3.226424	16.05362	298.8987
sal	11300000	0	426935.8	154428.5	1041439	6.691578	57.75966
size	19300000	308.37	695802.9	316277.7	1377748	6.880942	67.97312
nwc	1032571	− 1245347	− 2343.143	1666.485	106913	− 2.656525	45.24299
debt	168.69	0.8	37.24613	34.525	21.3008	0.8718409	4.559409
sad	2908849	− 809588.4	36309.05	6206.395	162865	8.694889	124.3177

表 2 列示了筛选后取得 184 家沪深上市文化企业样本中变量的描述性统计量, 反映了沪深上市文化企业在现金持有水平、资本结构、经营性现金流量水平等方面的差异, 结果分析如下。

企业的现金及现金等价物的均值 12551.03 大于中位数 1955.135, 说明大部分企业现金及现金等价物持有量在 1955.135 以上; 同时最小值与最大值的差额较高, 由此可见各个企业的现金持有行为是不同的, 也就是说样本企业的融资约束程度也是不一样的。主要解释变量: 经营活动产生现金流量净额 CF 的最大值与最小值的差额较大, 且均值高于中位数, 说明企业的经营性现金流量存在差异性, 波动较大。供应链金融的量化指标 SCF 的最大值为 4444692, 最小值为 0, 两者之间存在大且明显的差异性, 说明不同企业对供应链金融的应用存在显著差异。其他控制变量的最大值 (Max) 和最小值 (Min) 的差额较高, 表明企业间的经营状况、资本结构均存在显著差异。所有变量的标准差都处于较为合理范围, 说明不存在极端值。

2. 相关性分析

相关性分析可检验两两变量之间是否有相关关系。检验结果如表 3 所示。

表 3　各变量相关性检验

变量	cash	cf	scf	gro	sal	size	nwc	debt	sad
cash	1.000								
cf	0.296 ***	1.000							
scf	0.127 ***	0.425 ***	1.000						
gro	0.081 ***	-0.020	-0.024	1.000					
sal	0.288 ***	0.613 ***	0.694 ***	-0.024	1.000				
size	0.337 ***	0.668 ***	0.775 ***	-0.015	0.870 ***	1.000			
nwc	-0.049	-0.149 ***	-0.450 ***	0.026	-0.245 ***	-0.335 ***	1.000		
debt	0.035	0.097 ***	0.340 ***	-0.013	0.288 ***	0.281 ***	-0.192 ***	1.000	
sad	0.483 ***	0.213 ***	0.476 ***	0.035	0.413 ***	0.563 ***	-0.491 ***	0.213 ***	1.000

注：在 10% 的显著性下做的相关检验。

模型所涉及的变量相关系数矩阵如表 3 所示。结果显示：sal 和 size 的相关系数较大，可能存在多重共线性问题，需要对各变量做进一步验证；其他自变量之间的相关系数都低于 0.5，表明自变量间不存在显著多重共线性。为了证明各变量之间不存在多重共线性问题，运用方差膨胀因子（VIF）方法做进一步的验证，结果如表 4 所示。

表 4　VIF 检验

Variable	VIF	1/VIF
Cash	1.55	0.6452
cf	2.12	0.4717
scf	3.11	0.3215
gro	1.01	0.9901
sal	4.38	0.2283
size	7.89	0.1267
nwc	1.55	0.6452
debt	1.16	0.8621
sad	2.45	0.4082
Mean VIF	2.8	0.3571

由表 4 可知：各变量的 VIF 值均处于 1 到 10 区间，且 VIF 的平均值为 2.8，远小于 10，故变量之间不存在多重共线性问题。

3. 回归结果分析

（1）文化企业融资约束的回归分析。利用 stata15，对模型（4 - 1）做回归分析，验证 H1：文化企业存在融资约束问题。回归结果如表 5 所示。

表 5　文化企业融资约束回归结果

变量	Cofe	Z	Prob
cf	0.2101	7.55	0.000
gro	1466.7070	2.30	0.021
sal	0.0084	2.05	0.040
size	− 0.0106	− 2.84	0.004
nwc	0.1920	8.66	0.000
debt	− 209.7034	− 2.05	0.040
sad	0.3136	18.17	0.000
cons	4668.5220	1.10	0.273

根据回归结果得出以下结论。

我国文化企业存在融资约束问题。企业经营性现金流的系数为 0.2101，在 1% 的水平上统计显著，表明企业现金持有量与企业经营性现金流呈正相关关系，意味着企业会从经营性活动现金流中留存部分资金预备企业未来交易、投资需要，说明我国文化企业普遍存在现金 - 现金流敏感性，即融资约束问题，验证了本文的第一个假设。

企业规模越大，留存现金越少。文化企业规模系数为 − 0.0106，在 1% 的水平上统计显著，说明企业的规模越大，企业留存经营活动产生的现金流越少，这与现实的情况十分符合，因为规模较大的企业融资能力也较强，不需要留存太多的现金，减少现金持有成本。

企业负债能力与现金持有量之间呈负相关关系。企业资产负债率（debt）的系数为负数，且在 5% 的水平上统计显著，表明企业的负债能力与现金持有量的关系呈反向变动。也就是说企业负债能力越高，从外部获取资金支持的能力越强。因此负债能力强的企业，不需要持有太多现金。

企业的 sal、nwc、sad 的回归系数都大于 0，说明在我国文化企业营业收入增长率的变动、企业非现金营运资本的变动和企业短期借款的变动同企业现金持有量变动值之间存在正相关关系。

（2）供应链金融对融资约束影响的回归分析。在 H1 得到支持的情况下，对模型（4 - 2）进行回归分析，对 H2 进行验证。回归结果如表 6 所示。

表 6　加入供应链金融指标的模型回归结果

变量	Cofe	Z	Prob
cf	0.2888	8.03	0.000
cf * scf	− 4.75e − 08	− 3.42	0.001
gro	1535.8240	2.42	0.015
sal	0.0070	1.72	0.085
size	− 0.0093	0.012	0.012
nwc	0.1687	0.000	0.000
debt	− 194.2184	0.056	0.056
sad	0.2974	0.000	0.000
cons	2162.827	0.5	0.615

根据表 6 可知：供应链金融的发展对文化企业融资约束具有缓解作用。企业经营性活动产生现金流的系数为正值，且在 1% 的水平上统计显著，即在添加了供应链金融量化指标之后，文化企业仍存在融资约束问题。企业经营活动产生的现金流与供应链金融量化指标交乘项的系数为负数，在 1% 的水平上统计显著，即该项指标与企业现金持有量的变动呈反向变动关系，说明供应链金融有助于降低企业现金 - 现金流敏感性，验证了本文 H2，即供应链金融的发展对文化企业融资约束具有缓解作用。

五　结论与建议

笔者选取沪深 A 股上市的文化企业 2012 ~ 2018 年的企业财务数据构造平衡面板数据，利用现金 - 现金流敏感性随机效应模型进行实证研究。研究发现：一是文化企业普遍存在融资约束；二是供应链金融对文化企业融资约束有显著的缓解作用。在此基础上提出促进供应链金融在文化创意产业的发展,以助力我国文化产业可持续、高质量发展的政策建议。

首先,政府应充分发挥引导和支持作用。优化文化产业发展环境,促进文化产业稳步发展,政府出台有关文化产业的扶持和引导政策,比如对文化园区、平台、品牌及文化设施进行补贴或奖励。但这些政策如何落地?如何发挥产业政策的作用?一是政府应加大对供应链金融优势及相关政策的宣传力度,例如可以在文化产业园区举办一些政策宣导会,借助政府的公信力,宣传供应链金融的优势,增强文化企业对供应链这一融资模式的关注,鼓励商业银行等金融机构积极提供供应链金融服务,引导供应链上下游企业借助核心企业的信用辐射进行供应链金融业务。让有关文化产业、供应链金融发展的政策能够落地,以更好地缓解融资约束。二是鼓励和支持核心企业的发展。政府可以对一些核心企业出台一些优惠政策,这样会引导一些有实力的大企业愿意成为供应链上的核心企业,为供应链金融的应用奠定基础。三是产业政策的制定要更加细化和有针对性。针对不同产业类型的文化企业制定相应的政策,便于有需要的企业成功匹配。

其次,金融机构应完善供应链金融服务体系。由于供应链金融在我国的发展和应用起步较晚,其发展还未成熟。我国商业银行推出的供应链金融产品相对比较单一,例如仓单质押、保兑仓融资、应收账款融资等。商业银行等金融机构可以通过以下方式改进服务。

一是可以借鉴国外供应链金融发展的经验,并结合文化产业的自身特点推出差异化、多样化的供应链金融产品(比如北京银行为文化企业提供个性化的金融服务,来满足其融资需求);为处于发展初期的文化企业开发创业贷、普惠贷等金融产品;为处于成长期的文化企业开发软件贷、应收账款质押、智权贷等金融产品。

二是成立专门的供应链金融服务部门,设计出一套标准化、规范化的供应链金融运作流程,提高供应链金融服务效率。例如北京银行结合供应链金融这一融资方式的特点开发了"文化IP通",这一金融产品不同于传统的银行信贷,该产品强调供应链上下游各方利益主体的经营状况和信用水平,不再仅仅依靠单个企业的财务及信用状况来做决策,从而降低了中小微文化企业的资金约束水平。

三是设立针对供应链金融业务的信用评估体系。区别于传统的信用评估系统，针对供应链金融注重的整条供应链的信用水平、贸易关系的真实性、核心企业的信用水平，来设计信用评估系统的流程，使其标准化、规范化，提高供应链金融服务效率。

媒体传播

中国新闻出版业跨国经营省际
分布特征与影响因素

——基于泊松面板数据实证分析*

吴承忠　唐孝文　陈　晨　牛舒晨**

摘　要：通过利用31个省级行政区划单位2010～2014年新闻出版企业对外投资数目的面板数据，建立泊松回归模型，实证分析结果得出新闻出版单位每增加1万个，对外投资企业的数目是原来的8.876倍；同理，对外直接投资每增加1亿美元，高等学校在校生比例每增加1%，对外投资企业数目分别是原来的1.016倍和1.92倍。对外开放程度高、教育水平高、出版业发达可显著推动中国新闻出版业跨国经营业务。划区位统计分析表示出版业对外投资企业由中央企业带头，集中在沿海沿边城市。中国新闻出版业对外投资数量少，分布不均，但是存在上升趋势，表现出初级发展阶段特征。

关键词：新闻出版业　对外投资　跨国经营　泊松回归

* 基金项目：国家社科基金项目（13BGL160）"促进我国文化企业海外投资经营的政策措施研究"阶段性成果。

** 吴承忠，博士，教授，博士生导师，对外经济贸易大学文化与休闲产业研究中心主任，文化和旅游部文化和旅游研究基地主任，主要研究方向为国际文化产业规划与政策；唐孝文，北京工业大学经管学院副教授；陈晨，对外经济贸易大学统计学院毕业生；牛舒晨，对外经济贸易大学文化产业管理专业硕士生。

国家"十三五"规划明确提出,要全方位构建开放新格局,全面推进双向开放,促进国内国际要素有序流动、资源高效配置、市场深度融合,加快培育国际竞争新优势;支持企业扩大对外投资,深度融入全球产业链、价值链、物流链。为了更好地促进中国图书、中国文化走向世界,在"走出去"政策的推动下,中国新闻出版企业积极开拓海外市场,在对外传播方面态势越来越明显。跨国经营是我国新闻出版业响应"走出去"政策的重要举措,合理的海外投资布局与策略有助于我国出版业参与国际出版业分工与国际出版业市场竞争,同时提升中国文化的国际影响力。本文利用 2005～2014 年我国新闻出版企业对外投资数量面板数据对新闻出版业对外投资的省际分布规律进行讨论,同时选取合适的指标,建立混合泊松面板数据模型,对新闻出版业对外投资数的省际分布影响因素进行探究。

一　国内相关研究综述

经典对外投资理论中对外投资的影响因素可以分为母国因素(经济发展水平、地理区位、制度等)、东道国因素(市场规模、准入门槛、税率等)、宏观因素(文化差异、政治稳定性等)和相互因素(贸易水平、生产要素相对价格、汇率等)四个方面。

在母国因素层面,杨建全、杨晓武、王洁对我国对外直接投资进行了 IDP 检验和趋势分析,结果表明国内经济发展水平是我国对外投资发展的主要决定因素①。项本武运用面板数据通过引力模型对我国对外直接投资的地区差异进行检验,研究表明中国对外投资与对外出口具有互补关系②。樊大江验证了经济发展水平、对外直接投资存量、土地价格以及对外贸易量是决定中国不同地区对外投资流量水平的主要因素③。马巍以省市为单

---

① 杨健全、杨晓武、王洁:《我国对外直接投资的实证研究:IDP 检验与趋势分析》《国际贸易问题》2006 年第 8 期,第 76～81 页。
② 项本武:《中国对外直接投资的贸易效应研究——基于 Panel Data 的地区差异检验》《统计与决策》2007 年第 24 期,第 99～102 页。
③ 樊大江:《中国对外直接投资:现状、动因及地区差异分析》,南京农业大学硕士学位论文,2007。

位对国内对外投资进行实证分析，发现国内生产总值、对外投资存量、出口倾向和全员劳动生产率与对外直接投资之间是显著的正向相关关系，而劳动力成本与对外直接投资之间是一种显著的负向相关关系，科技研发成本与对外投资之间存在较弱的正向相关关系[①]。郑展鹏从《中国对外直接投资统计公报》中选取 2003～2011 年对外直接投资存量作为因变量，验证市场化水平、政府治理对对外直接投资起到了促进作用，而对知识产权保护起到了抑制作用[②]。杨校美以投资发展周期（IDP）理论为基础，运用14 个新兴经济体的面板数据进行检验，验证了吸引外资可以显著促进对外投资，并且这种促进效果与国家特征密切相关，人力资本存量越高、市场规模越大、市场关联程度越高，越有利于发挥外资对对外投资的促进作用[③]。

在新闻出版业方面，路小静通过案例分析法和比较分析法总结指出中国出版企业"走出去"的主要方式已由原先的实物输出、版权输出开始逐渐向对外直接投资这一更高的层次迈进，但是出版业"走出去"战略对于大多数国内出版企业来说还是新事物，应当对其风险有理性认识，权衡利弊，在积极推进"走出去"战略的同时谨慎决策[④]。姚永春、万才兰从企业角度指出出版企业规模、企业战略、企业国际化程度等是出版业进行跨国经营决策的影响因素[⑤]。

由此可以看出，对于新闻出版业对外投资的母国因素研究还处于起步阶段，学者们主要从案例和理论角度定性分析国内出版业对外投资的现状。因此本文以省份为研究单位，用定量分析的方法讨论出版业对外投资的现状和国内影响因素，能够丰富出版业对外投资理论，为中国新闻出版业"走出去"提供理论和实践指导。

---

① 马巍：《中国对外直接投资影响因素分析》，山东大学硕士学位论文，2010。
② 郑展鹏：《中国对外直接投资的地区差异、影响因素及溢出效应研究》，华中科技大学博士学位论文，2013。
③ 杨校美：《吸引外资能促进对外投资吗——基于新兴经济体的面板数据分析》，《南方经济》2015 年第 8 期，第 63～76 页。
④ 路小静：《中国出版业"走出去"战略研究》，武汉大学硕士学位论文，2010。
⑤ 姚永春、万才兰：《跨国出版企业海外分支机构区位布局分析》，《出版科学》2014 年第 5期，第 61～65 页。

二 实证分析

（一）变量选择

经济发展水平。邓宁的投资发展阶段（IDP）理论认为一国的净对外直接投资存量是该国经济发展阶段和经济发展水平的函数。经济发展水平对对外投资具有正向影响。对国内新闻出版业而言，经济发展水平意味着新闻出版业投资主体的对外投资实力。本文采用各省份人均 GDP 表示地区经济发展水平。

教育水平。教育水平反映了母国的人力资本情况，与新闻出版业的发展息息相关。2015 年全国图书出版总印数达 86.62 亿册，其中 38.3% 是课程用书，教育水平高可以拉动出版业的发展。同时教育投资的长期效应也是文化与经济发达的重要影响因素，进而影响出版业的发展水平。本文采用各省份每十万人高等学校在校生数表示教育水平情况。

地理区位。地理区位是企业进行跨国经营决策的重要因素。在经典对外投资理论中，企业进行对外投资的动机之一是成本，如果跨国经营成本低于国内经营成本，企业进行投资的意向就高，优越的地理位置可降低交通成本与途中损耗成本，同时相近的地域其文化习惯也有相近之处，更易于管理。将地理区位量化为区位值，首都及沿海沿边省份为 1，其余为 0。

制度。新制度经济学派认为制度是经济发展的内生变量，对经济发展有着重要影响。市场化指数是中国经济改革研究基金会国民经济研究所编制的，通常用于反映制度的量化指标，综合反映政府与市场环境的关系，市场化指数越高，政府对市场的建设越成熟、完善，同时在市场化程度高的环境中成长的企业更容易适应海外环境，其进行对外投资的积极性也越高。

对外交流程度。贸易额、实际利用外资和对外直接投资可以反映出地区对外交流的程度，对外贸易投资往来越频繁，企业越能接触到国际竞争市场。一方面，在国际环境下成长的企业更具有国际视野和对外交流的经验，更能够寻找合适的合作伙伴和投资目标；另一方面，国际交流也带来了巨大的商机，使企业有动机有渠道去进行对外投资。

出版业发达程度。出版物发行机构越多、出版业产值越高，该地区的出版企业越繁荣，竞争力强。加强海外投资是出版企业减少成本，扩大海外市场，增强国际竞争力的重要手段。

（二）数据描述

基于数据可得性，取 2010～2014 年五年 31 个省级行政区划单位数据，组成面板数据。

被解释变量为整理自商务部的新闻出版业对外投资数，是本文的关键变量。由于国内还没有完整的关于新闻出版业对外投资企业的数据库，通过商务部有关中国（大陆）境外投资企业或机构的统计，以"新闻""出版""图书""报刊""书籍""音像"等关键词对原始数据进行筛选处理，形成了新闻出版业境外投资企业名录数据库，该数据库包含投资证书号、投资目标国/地区、境内投资主体名称、境外投资企业（机构）名称、境内投资主体所在省份、境外投资企业（机构）经营范围等信息。

解释变量有来自国家统计局的人均生产总值（pgdp）、每十万人高等学校在校生数（pkno）、出版物发行机构数（pub）、贸易额（tra），地理区位（dis），来自《中国市场化指数》的市场化指数（mar），来自各省份统计年鉴的实际利用外资（aufdi）和对外直接投资（ofdi），来自国家统计年鉴的出版业工业总产值（pro）。具体模型变量名及单位见表 1。

表 1 变量名称与单位

变量	描述	单位
y	新闻出版业对外投资企业数目	个
pgdp	人均生产总值	万元
pub	出版物发行机构数	万个
tra	贸易额	亿美元
aufdi	实际利用外资	亿美元
ofdi	对外直接投资	亿美元
pro	出版业工业总产值	十亿元
pkno	每十万人高等学校在校生数	千人

变量	描述	单位
mar	市场化指数	
mar2	市场化指数平方项	
dis	地理区位	

资料来源：商务部、国家统计局、《中国市场化指数》、各省级行政单位统计年鉴。

表 2 列出各变量的描述性统计特征。

表 2　主要变量的描述统计量

variable	obs	Mean	std. Dev.	Min	Max
id	155	16	8.973265	1	31
year	155	3	1.418798	1	5
y	155	0.5096774	1.383426	0	11
dis	155	0.6129032	0.488665	0	1
pgdp	155	4.286352	2.049379	1.3119	10.5231
pub	155	0.5486942	0.3680637	0.0131	1.4497
tra	155	1222.161	2088.347	7.88961	10915.81
aufdi	155	74.0233	80.16742	0.243448	357.5956
pro	155	4.486591	5.405801	0.07738	30.64707
mar	155	5.948516	2.054988	-0.3	9.95
pkno	155	2.426394	0.8997286	1.082	6.196
ofdi	155	9.202345	12.63175	0	96.0066
mar2	155	39.58057	23.47217	0	99.0025

注：地理区位变量 dis 属于沿海沿边及首都城市时取 1，否则取 0，y 为被解释变量。

（三）模型说明

对于计数数据来说，建立经典线性回归方程 E（y | x）＝xβ 时会面临估计值小于 0 的情况，许多学者在解决计数数据模型的处理方法上做出了贡献，Gilbert 提出了泊松回归模型，Hausman、Hall 和 Griliches 提出了负二项回归模型和 Panel 方法，Gourier、Monfort 和 Trogonon 提出了仿最大似然法。其中，最先提出的泊松方法在研究计数数据模型问题中应用得非常广泛。被解释变量 Y^i 服从参数为 λ_i 的泊松分布，其中 λ_i 与解释变量 X_i 存

在某种关系，$\lambda_i > 0$。模型的初始方程为 $P(Y_i = y_i \mid x_i) = \dfrac{e^{-\lambda i} \lambda_i^{y i}}{y_i!}$（$y_i = 0$，1，2，…），$Y_i$ 的条件期望函数为 $E(Y_i \mid X_i) = \mathrm{Var}(Y_i \mid X_i) = \lambda_i = e^{x\beta}$。

此模型得到的系数 β 不再代表边际效应，$\dfrac{\partial ln\lambda}{\partial x} = \dfrac{\partial ln E(y \mid x)}{\partial x} = \beta$，$\beta_k$ 可以解释为半弹性，即当解释变量 X_k 变动一个单位，事件平均发生次数变动多少个百分点。也可以计算发生比 $IRR = e^{\beta_k} = \dfrac{\exp[(x_k + 1)\beta_k]}{\exp(x_k\beta_k)}$，表示其他变量不变，$X_k$ 变动一个单位，新的泊松到达率 λ_{k+1} 与原泊松到达率 λ_k 的比值，也就是变量 X_K 增加一个单位，事件的平均发生次数是原来发生次数的多少倍[1]。

（四）结果分析

由于被解释变量是计数面板数据，经过对比混合泊松估计量、固定效应估计量和随机效应估计量，采用混合泊松估计量。为方便解读，报告值为发生比 IRR。回归结果见表 3。

表 3　混合泊松回归方程发生比

	（1）	（2）	（3）	（4）	（5）	（6）	（7）
pgdp	1.127 (0.204)						
pub	29.453*** (13.663)	11.844*** (3.933)	7.060*** (2.290)	8.876*** (3.185)	18.575*** (7.916)	26.909*** (10.093)	25.066*** (9.199)
tra	1.000 (0.01)						
aufdi	0.996 (0.003)					0.994*** (0.001)	0.995*** (0.001)
ofdi	1.021*** (0.008)		1.021*** (0.008)	1.016*** (0.004)	1.023*** (0.004)	1.021*** (0.004)	1.020*** (0.003)

① Cameron A. Colin, Trivedi Pravin - K., *Microeconometrics: Methods and Applications*, Cambridge University Press, 2005.

续表

	(1)	(2)	(3)	(4)	(5)	(6)	(7)
pro	1.027 (0.021)						1.010 (0.008)
pkno	1.714 *** (0.355)			1.920 *** (0.118)	2.120 *** (0.132)	1.808 *** (0.104)	1.819 *** (0.113)
mar	0.666 ** (0.130)				0.764 ** (0.971)	0.640 ** (0.133)	0.630 ** (0.127)
mar2	1.014 (0.021)					1.030 * (0.017)	1.030 * (0.016)
dis	1.022 (0.408)						
cons	0.038 *** (0.022)	0.083 *** (0.036)	0.089 *** (0.038)	0.012 *** (0.006)	0.029 *** (0.018)	0.047 *** (0.029)	0.050 *** (0.029)
R^2	0.4314	0.2036	0.2378	0.4019	0.4138	0.4288	0.4292
N	155	155	155	155	155	155	155

注：括号中的值为标准差。*、**、*** 分别表示 10%、5%、1% 水平上显著。

　　加入所有变量进行回归时，人均生产总值、贸易额、实际利用外资、出版业工业总产值、市场化指数及地理区位变量不显著。利用逐步回归思想逐个加入自变量得到模型（2）～（7）。综合 R^2 及系数显著性来看，模型（6）描述的效果最好。但是观察到市场化指数与预期不符合，通常市场化指数被作为制度的量化指标，市场化指数越高，企业创新能力的释放越强，对外投资的态度越开放，在一个市场化程度高的环境中经营的企业，一般也具有适应国际环境的能力。因此市场化指数每增加一个单位，对外投资企业数应比原来高，即发生比要大于 1，但是表中市场化指数不仅一次项的发生比小于 1，而且需要代入二次项才能显著，可能是因为数据本身较少，不具备普遍性，且加入市场化指数之后，模型解释能力仅上升了 3%，可以删去，采用模型（4）。

　　模型（4）能够解释 40.19% 的新闻出版业对外投资数目。具体来看，新闻出版单位每增加 1 万个，对外投资企业的数目是原来的 8.876 倍；同理对外直接投资每增加 1 亿美元，高等学校在校生比例每增加 1%，对外投资企业数目分别是原来的 1.016 倍和 1.92 倍。这与预期相符，反映出该地区出版业发达、对外开放程度高、教育水平高，可以共同推动新闻出版业的跨国经营业务。

三　新闻出版对外投资企业的空间分布规律

2005 年仅有辽宁和山东两个省级行政单位有对外新闻出版业投资企业，到 2014 年，中国有 10 个省级行政单位共计 25 家新闻出版业对外投资企业。这个数字与其他产业相比非常少，还没有形成集团化、网络化特征，但对于发展中的中国新闻出版业是一个向好趋势，也反映了我国新闻出版业对外投资发展道路的初级阶段特征。

从 2014 年的投资地域分布来看，新闻出版业对外投资企业主要分布在首都北京和沿海沿边城市。中央企业是新闻出版业跨国经营企业的主力军，也是领头羊。北京作为首都，是中央企业的聚集地，无论在经济上、对外交流渠道上还是在政策支持上都具有独到的优势，因此 2014 年有高达 44% 的企业集中在北京。根据经典对外投资理论中对于企业对外投资动力的阐述，优越的地理位置降低了企业投资成本、提高了经济效益，所以除央企外其余企业多分布在沿海沿边城市。

为进一步分析对外投资的时空分布特征，将 31 个省级行政区划单位分为八大经济区域（见图 1），可以看到对外投资企业集中在北部沿海地区和东部沿海地区，总体来看投资企业数呈增长趋势。

四　结语

利用省级面板数据对我国新闻出版业对外投资数目的实证分析显示，出版业发达程度、对外直接投资和教育水平可显著促进新闻出版业对外投资。分析结果显示：新闻出版单位每增加 1 万个，对外投资企业的数目是原来的 8.876 倍；对外直接投资每增加 1 亿美元，高等学校在校生比例每增加 1%，对外投资企业数目分别是原来的 1.016 倍和 1.92 倍。分析表明出版业越发达、对外直接投资越高、教育水平越高，越能带动新闻出版业的资本输出，参与国际竞争。

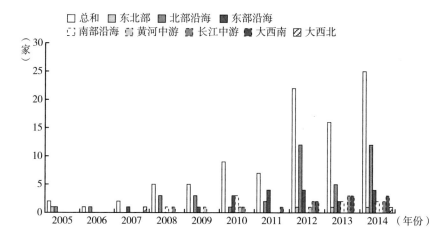

图1　2005～2014年对外新闻出版投资企业总和及各区域变动

我国新闻出版业跨国经营尚处在初级发展尝试阶段，在"走出去"的道路上成熟的企业还比较少，主要由央企带头。同时，进行海外投资的企业分布不均，集中在具有地理优势的沿海沿边地区，在八大经济区域中，主要分布在北部沿海地区和东部沿海地区。

由于缺乏行业细分数据和更有时效力的数据，并且新闻出版业的对外投资还处在发展探索阶段，数据本身欠缺一定的普适性，还有许多因素未能讨论到，这是本文的不足，还有待深入研究。

张力与魅力：影视中的城市形象传播

慕　玲[*]

摘　要： 影视作为城市形象构建的重要维度，在城市现代化进程中发挥着不可替代的价值，日益成为城市软实力的有机构成以及倚重力量。近些年，影视以其传播特点、张力与势能，在城市空间呈现、文化嵌入以及城市品牌塑造层面进行了深耕细掘，拓展了城市形象传播传统半径，并赋予城市形象新内涵、新意蕴以及新魅力。

关键词： 城市形象　影视传播　城市魅力

古典进化论认为城市是人类社会发展到一定阶段的产物，是人口、经济资源集中的区域。现代城市承载了主要的社会生产力，是国民经济活动的中心。城市因此需要不同的联系方式来沟通意义、实现共通和形成价值认同。21 世纪是城市的世纪，各地区之间的竞争是以城市为单位的综合实力的竞争。而城市长期以来被当作金融经济交流中心，城市社会学、城市文化学、城市管理学等交叉学科的发展为认识城市提供了不同的视角。近年来，伴随着转型期中国城市化步伐的加快，学界对城市的认识和研究也开辟了传播学新视角，尤其是以影视为载体的软性传播为城市形象的塑造以及城市魅力的彰显提供了新的路径。

---

* 慕玲，北京大学博士，清华大学博士后，现任北京电影学院国家电影智库研究员，研究方向为影视文化、影视传播、城市传播等。

一 城市形象传播：城市现代化进程中的逻辑选择

城市是一个多维的概念，它聚合了文化习俗、历史传统、自然景观等要素①，涉及包括政府、企业、媒体、市民、旅居者在内的不同利益相关者②。城市作为人类生产生活的集聚地，不仅在文化创新和文明孕育中承担着重要角色，而且在现代化进程中发挥着物质承载和人的精神建构作用。在全球化的背景下，城市之间的竞争与合作更加紧密，城市发展的机遇、资源和动力不再局限于有形的物的形态。作为城市无形资产的城市形象产生的品牌价值和传播影响，对城市有着极其重要的意义。它有利于提升城市软实力进而实现城市多功能立体化发展。从这个意义上来说，塑造与提升城市品牌形象属于城市发展战略范畴。

信息时代的城市发展面临着整个现代化进程中最激烈也最严峻的挑战。对于每一座城市个体而言，现代化的过程本质上来说是一系列个体与集体的矛盾。现代化的过程就是个体在融入集体中，重新发现自我、定义自我的过程。对城市而言，这必然涉及两个难点：一个是突破传统形象、走向现代城市叙事的过程很艰难；另一个则是在区域城市竞争中把握优势、建构自我形象，从而由竞争转向合作的过程很艰难。城市传播，恰好可以通过城市形象的重塑与改造提升城市软实力，帮助城市在现代化转型的过程中把握难得的战略机遇。

城市传播的理念与边界在城市交往与沟通中发生着嬗变。"媒介的杂交和化合，如同原子的聚变和裂变一样，能释放出新的巨大能量"，"媒介的融合，使我们从迷醒和知觉麻木中解放出来"③。今天，城市形象的传播正在打破传统意义上的以新闻报道为主的媒体传播，由虚拟传播向空间传播转变，由单维传播向多维传播转变，凡是能够对城市形象传播产生助力的传播方式均进入城市管理者的视野。

---

① 孙逊、陈恒：《刘易斯·芒福德的城市观念》，上海三联书店，2014。
② Molotch, H. , "The City as a Growth Machine: Toward a Political Economy of Place", *American Journal of Sociology*, 2015: 309 – 332.
③ 马歇尔·麦克卢汉：《理解媒介：论人的延伸》，何道宽译，译林出版社，2019。

二　影视传播：城市形象软传播的建构力量

在城市多维传播体系中，影视传播作为典型的软性传播媒介，具有其他媒介无可比拟的传播势能。提及影视传播，自然无法避开好莱坞，而多数人对于这个名字的联想应该来自电影而非一座城市，它已经作为美国影视产业和世界影视中心的代名词同电影一道被载入史册。以好莱坞为代表的影视传播，透视了影视传播与城市发展的内在逻辑，也建构起影视兴城的传播路径。在今天的城市传播中，利用影视传播城市已经不再鲜见，传播方式也由主动传播取代了被动传播，城市在影视故事的讲述中从荧屏走向现实，从区域走向世界。

影视传播，是指以画面、声音、蒙太奇、故事情节等语言传达与表现的视听传播形式，涵盖了电影、微电影、电视剧、短视频等多个类型，其中又以电影与电视剧两大艺术形式为核心。两者都属于大众传媒，在传播属性上虽然有一定差异，但从对于城市形象传播的效果看，两者则存在异曲同工之处。一是影视受众规模可观，为城市传播活动提供了良好的受众基础。从数据看，2019年全国电影总票房为642亿元，院线观影人次为17.27亿；电视产业收入已突破千亿元，综合人口覆盖率也已经达到99.39%。这些数字说明中国影视市场的受众活跃度高、消费能力强，以影视讲述城市故事在效果层面已经具备了受众保障。二是影视传播具有软传播生动具体易接收的特征，比大众传媒中的纸媒、广播、楼宇广告、户外广告等传播载体形式活泼，且在所有的电视节目类型中，影视剧比新闻报道、宣传片等其他节目类型更具有传播张力。三是影视传播具有累积效应，影视文化反复传播以及多维度的传播路径可以叠加与强化信息，韩剧之所以成为韩国文化最有效的输出载体，主要在于韩剧连续性地对受众施加影响，在潜移默化中输出了韩国文化与价值观念。四是聚众效应，影视剧衍生活动较多，电影节、电视节、开机仪式、发布仪式、首映典礼等都大有文章可做，利用影视传播城市抓手较多。

三　从生态到精神：影视诠释多维城市形象

城市是资源的集合体，影视作品在呈现城市形象时，可从三个维度挖掘城市的内涵并基于此搭建起城市与影视的关联,在影视叙事中展示城市生态、塑造城市形象、传播城市精神。

(一) 影视取景,彰显城市空间魅力

以城市作为影视取景地是影视传播城市的最常见形式。城市元素的加入使得影视叙事更为饱满,而影视热播也在塑造甚至深化城市景观形象。提及杭州旅游,自然会联想到西湖这一形象标签,影片《非诚勿扰》通过巧妙的剧情设计,开发了杭州旅游新目的地西溪湿地;而影片将男女主人公蜜月游安排在三亚、北海道,也催生了这两个地区新的旅游热潮。影片《碟中谍》中男主角在全世界最高建筑迪拜塔上演的惊险镜头,使地标建筑的旅游也辐射到帆船酒店等其他景点。文艺电影《海角七号》上映后,影片取景地恒春这座不知名的小城镇瞬间成为文艺青年"朝圣"之地,男主角的家也是很多影迷打卡拍照地。

从实操层面看,影视取景传播较为简单,城市景观植入影视在传播学理上还属于浅层次的告知与宣传,但反观传播效果,很多城市借助影视传播的确取得了不错的成绩,政府比较愿意埋单,适合急于打开市场的城市,或者本身有一定知名度,需要通过空间景观传播加深受众印象的城市。

(二) 影视内嵌城市文化,折射城市精神

相较于在某个城市的取景拍摄,在影视中融入地方特有文化,使文化的独特性天然地赋予影片与城市较高的识别度,实现影视与文化的水乳交融,对于城市潜移默化的传播显然比景观传播更为水到渠成。而影视则通过文化叙事的张力赋予城市新的生命。《火锅英雄》《老炮儿》这种以地域文化为主题的电影,精准地把握了城市的文化特质,对城市的传播到位、有效。电视剧文化叙事的功能也很强大,电视剧《北上广不相信眼泪》描绘了北京白领的生存状态,折射出的也是北京这座城市的奋斗精神;《北上广依然相信爱情》则是通过对在北京生活的年轻人情感生活的透视,表达了北京有血有肉、有情有义的人际文化。实际上,一流的导演对城市文化的传播是自然的、内敛的,这在台湾地区电影中表现得尤为突出,无论是《饮

食男女》还是《海角七号》，这些影片拍摄于不同时期，题材也不尽相同，它们的共同特征在于导演对本土文化的熟稔以及在表达层面的挥墨铺陈，这些笔墨丝毫没有导致剧情拖沓拉慢影片节奏，反而增强了影片的文化张力。虽然导演没有刻意观照台北、垦丁的自然环境，但是影片中所渗透的文化力量驱动观众在潜意识里想要对台湾的文化、人伦与风俗一探究竟。

以文化融入为主的影片，对导演的文化驾驭能力有较高要求，剧本的设计、情节的推进都需要对城市文化的熟悉和掌控，影片传播的主题应该与城市文化定位高度吻合。比如《火锅英雄》《老炮儿》若是重庆、北京作为故事发生地被替换，估计就会贻笑大方。中国版《深夜食堂》之所以拿到豆瓣 2.8 分的差评，主要还在于简单粗暴地复制日剧饮食文化，试想在大连这样的中国城市中，日式居酒屋文化怎能代表生生不息的市民生活？以致不少网友呼吁导演植入大排档文化。可见，与城市脱节的影视文化植入不仅不能传播城市，还会引发受众的抵触情绪。

（三）影视书写城市历史，雕刻城市品牌

每一个城市都拥有或长或短的历史。相较于自然景观与文化品格，与城市关联的重大历史事件因资源的稀缺性而具有较高的识别度，并能够形成城市与其他城市的区隔。因此，关注城市重大历史事件和社会变迁的影视主题，极易调动起观众的历史知识从而带给观众更为深刻的印象。2017年 7 月，由中影集团、博纳影业投资的《建军大业》上映，再现了南昌起义这一段革命光辉历史，影片明星云集，各种营销方式使影片未映先火。值得注意的是，南昌广播电视台也是出品方之一，影片在南昌等多地取景，电影首映式也在南昌举行，将南昌这座历史名城带到观众，尤其是"90 后""00 后"年轻观众面前。制片人博纳总裁于冬表示，电影起用大量青年演员带动了年轻人重温历史，必将直抵年轻观众内心。可以说，这部影片为年轻人认识历史、认识南昌起到了很关键的作用。除了重大历史事件，根据历史故事改编的影视剧对于城市品牌打造也产生极大价值。今天，很多城市在争夺城市历史事件、城市名人作为主打城市品牌的武器，城市传播意识相较于前些年已经很强了，但也有很多城市错失机会，失去了以影视撬动城市传播的最佳时机。

从实操和传播效果看，历史事件嵌入，可遇不可求。把城市历史嵌入宏大影视主题表现，除了对导演、编剧的功力挑战，城市必须具备历史史实与叙事能力，这也是三种影视传播城市维度中最难驾驭的。对于城市传播而言，这类影视主题比较适合面向年轻群体设计传播，提升历史与城市在年轻观众中的认知度。

四　张力与魅力：影视传播塑造城市形象的现实路径

我国每年产出大量的影视作品，从浅层次地告知到深层次地吸引观众前往，实际上需要的是城市管理者考量影视传播的顶层设计，以顶层传播、主动传播的意识针对城市资源设计传播方案，方能以影视传播之张力，塑造城市形象之魅力。

（一）主动融入影视制作

鉴于影视传播的良好效果，很多城市主动寻找机会搭影视传播的顺风车。中国周边城市洞察到中国市场的巨大商机，传播意识甚至比我们自己更超前，尤其是商业影视作品在剧本阶段就会有城市来"敲门"。小成本喜剧电影《泰囧》收获票房 12.67 亿元，影片对于泰国曼谷、清迈等城市的传统与非传统旅游起到极大的拉动作用，并呈现辐射整个泰国旅游的趋势。这与影片拍摄之前泰国国家旅游局的提前介入密不可分。《泰囧》制片方在取景时，泰国国家旅游局就根据市场数据给出建议，也为影片提供了经济资助。影片成功的关键在于将观众观影兴趣与当地文化巧妙融合，泰式建筑、泰式美食、泰式按摩、人妖文化等元素构成了丰富多彩的泰国文化，这也是吸引观众走进影院和前往国外的动因。

（二）城市电影定制＋全国公映

城市定制电影会成为未来城市传播的一种趋势。在今天的城市传播规划中，"一首歌＋一本书＋一部影片"往往成为城市传播标配。歌曲与书籍的制作相对较为容易，而依托城市文化量身打造能产生深远影响力的影片则需要天时地利人和。早在 2007 年，唐山市政府就联手华谊兄弟拍摄了一部纪念唐山大地震以及反映震后新貌的影片。整部影片双方采取联合投资、票房分账的模式，影片最终以 6.73 亿元的票房成绩成为年度国产片票房冠军。唐山市政府以定制影片的模式打造了一部城市形象宣传大片，在经济上又获得了影视产业红利，可谓一举两得。城市影片定制需要有很高的操控性，操控得当将会为很多城市营销开辟一条很好的路径。

（三）影视城镇：以影片为支点的整合营销

影视城镇是集影视、旅游、文化等多重功能于一体的城镇，也是以影视为载体传播城市的高级形式。以好莱坞为典型代表，在国内也有影视兴城的案例，比如中国的"好莱坞"浙江横店，依托影视拍摄基地的天然优势形成了特色旅游产业。青岛东方影都、廊坊大厂等影视小镇以影视拍摄、制作为主向上下游延伸产业链，有一定特色但品牌还不够突出，对于城市的传播有一定效果。也有依托一两部影视作品打造的影视小镇，比如陕西蓝田是《白鹿原》故事的发生地与拍摄地，但除了影视概念外，这种方式对城市的传播效果未及预期。

成熟的影视小镇应该是影视产业与城市发展相互促进的关系，更准确地说，是影视为城市服务，正如早些年在台湾地区举办的"电影·城市营销的最佳推手"电影研讨会上，时任台中市市长胡志强表示，电影应该迁就城市，而不是城市迁就电影。电影的确是营销城市的最佳推手，而城市对电影资源的利用也不应局限于影片播出，或者说影片播出仅是城市传播的起点，真正能够盘活城市的影视元素来自影视产业的下游环节。

位于西班牙偏远山区的胡斯卡蓝精灵小镇在影视元素的运用方面，可以称得上影视传播的典范。小镇对影视元素的挖掘与使用可以说发挥到了极致，从小镇 logo 设计到主题酒店、节庆活动、衍生产品开发等，无一创意不取自影视，小镇在以影视为支点撬动城市传播方面做足了文章。第一，电影映前活动营销。2011 年，索尼公司推出 3D 动画片《蓝精灵》，索尼公司选择了这座因生产蘑菇而闻名的山林小镇作为影片推广地。电影上映前夕，油漆工用 4000 升蓝色油漆把整个地区 175 座雪白房屋外墙全部涂成蓝色，打造成蓝精灵的家。电影宣传期间，胡斯卡声名远扬，成为安达卢西亚地区当季最热门的旅游目的地，蓝精灵粉丝纷至沓来。第二，电影元素提取设计城市导视系统。小镇以电影元素"蘑菇"为灵感设计了新的logo，并在街道路牌、公交车站、报刊亭等公共城市家具的指示系统，都添加了不同形象的蓝精灵，精准地传递出小镇的影视旅游主题以及蘑菇等特色资源。第三，影视主题乐园生活化。为了增加小镇的可玩性、延长游客停留时间，把消费留下来，小镇通过开发蓝精灵主题酒店、蓝精灵集市以及家庭活动，以更深入、生活化的体验经济将自己打造成一个生活着的主题乐园。第四，"影视＋节庆"融合传播。除了不定期举办"蓝精灵花车游行"与"蓝精灵嘉年华"，小镇还将本地传统节庆蘑菇节进行童话包装，活动设计向儿童与家庭倾斜，蓝精灵小镇的影响力和传播力逐步增强。

毋庸置疑，影视传播是城市文化传播与城市形象塑造最鲜活、最有效的形式之一，影视在视觉层面保留了现代人曾经的精神家园，它所衍生出的文化意象赋予城市新的生命力。今天，中国城市的影视传播仍是片蓝海，城市对于影视资源的价值发掘还有很广阔的空间。未来，如何利用影视讲好城市故事，彰显城市形象之魅力应是更多城市思考的问题。城市，才是最佳的编剧与导演。

中介矛盾与加速转码：
新媒介重构下的嘻哈文化被收编模式

陈涵宇*

摘　要：伯明翰学派的"收编"（incorporation）是解读青年亚文化与主导文化、商业力量之间关系的惯用概念，但随着信息传播技术的变迁，青年亚文化生存空间的技术背景已经发生改变，因此也需要重构收编模式。本文以国内两档热度最高的嘻哈综艺节目《中国有嘻哈》《中国新说唱》为例，在传统"意识形态"和"商品"二元收编模式的基础之上，借鉴后亚文化理论中的媒介分析视角探讨了新媒介在嘻哈文化被收编过程中的功能，发现其同时发挥着区隔与置换文化矛盾、加速风格意义转码的双重作用，从而形成了新媒介中介的收编模式。

关键词：亚文化　新媒介　收编模式　嘻哈综艺节目

一　引言

青年亚文化在经历了芝加哥学派、伯明翰学派、后伯明翰时期的持续关注后，已经成为文化研究中的显学。但如果综合亚文化的研究成果，则会发现不同时期所形成的独特理论视角造就了极为不同的现象解

---

* 陈涵宇，博士，四川大学文学与新闻学院教授，研究方向为新媒体与社会文化。

读。简单来说，由芝加哥学派和伯明翰学派发展而来的青年亚文化理论偏向于结构化的阶级视角，而后伯明翰时期所形成的后亚文化理论则倾向于解构之后的消费及媒介视角。例如伯明翰学派的代表人物迪克·赫伯迪格（Dick Hebdige）通过对多种亚文化群体的考察，发现阶级、种族、代际等带有社会阶层冲突张力的维度都融合到了"风格"这一概念之中①，但具有抵抗性的意义终将被意识形态和商业"中性化"，即所谓的收编。而后亚文化理论者则更多地从消费主义和技术视角出发，认为亚文化的抵抗意义以及基于阶级形成的单一认同已不复存在，并且 20 世纪晚期青年风格中真实的"原创性"与商业的"剥削"已经难以区分②。总体而言，后亚文化理论是基于后现代思潮发展而来的新型亚文化理论，代表了对伯明翰学派亚文化研究盲点的批判与反思。但如今人们对两种理论孰优孰劣的争论依然莫衷一是，因此需要在全球各地的亚文化案例中采取多种方式进行理论的验证与融合，开展富有成效的项目合作③。

　　在当今中国，物质生产的富足和技术渠道的丰富促使各种文化的大发展，其中各种基于网络环境诞生的新兴亚文化现象层出不穷。在国内的青年亚文化领域中，2017 年由综艺形式舶来的嘻哈文化迅速占领了一席之地，成为近年来亚文化本土化的典型案例。"嘻哈文化包含四大要素：MC（随节奏说唱）、DJ（转动唱片及混音）、街舞（break dancing）和涂鸦艺术。MC 在派对中以人声制造节奏以及模仿机器所发出声音（如鼓声或刮擦声），后来演变为说唱乐（rap），也是嘻哈文化的核心。在后来的发展中又出现了与街头元素相关的极限运动、街头篮球、街头足球、时尚服饰等。"④ 从 2017 年开始，《中国有嘻哈》《热血街舞团》《这就是街舞》《中国新说唱》《这就是灌篮》《即刻电音》陆续开播，以嘻哈文化为代表的

---

① 〔英〕斯图亚特·霍尔、托尼·杰斐逊编《通过仪式抵抗：战后英国的青年亚文化》，孟登迎、胡疆锋、王蕙译，中国青年出版社，2015，第 15 页。

② 杨晶：《"先锋"的远去——中国摇滚文化精神的衰微》，《第八届中国青少年发展论坛暨中国青少年研究会优秀论文集》，2012。

③ 〔英〕安迪·贝内特、胡疆锋：《后亚文化转向：十年后的一些反思》，《文化研究》2018年第 1 期。

④ 陈敏：《中国嘻哈文化的本土化及其启示》，《中华文化论坛》2013 年第 7 期。

亚文化综艺节目呈现井喷现象。其中，由爱奇艺自制的网络综艺——《中国有嘻哈》总播放量超过 27 亿次，网络平台点击量超 7 亿人次，在微博和短视频平台上的总播放量达到 80 亿次，社交媒体上的阅读量超过 71 亿次，登上微博热搜榜 479 次[①]，从而成为一档现象级的网络综艺节目。一年后，同样由爱奇艺推出的《中国有嘻哈》第二季——《中国新说唱》在经历了风口浪尖之后依然延续了中文说唱的热度。在短短两年时间里，微博中《中国有嘻哈》与《中国新说唱》的"超话"总阅读量均突破 70 亿次，粉丝数量均突破 10 万人，由综艺形式加持的嘻哈音乐从小众音乐成功进军流行市场，受到了众多青年人的追捧。

但是，这些综艺节目中的"嘻哈"是真正的嘻哈文化吗？嘻哈文化诞生于 19 世纪 60 年代的纽约布朗克斯区，由于受到了当时美国的种族歧视及黑人文化的影响，其歌词中带有大量黑人的俚语与脏话，具有强烈的阶级抵抗性质。例如活跃于 20 世纪 80 年代的"黑人说唱先知"克里斯（Kris）就意识到是白人控制下的政府有意制造了黑人社区的贫困[②]，因此他在唱片中激烈抨击资本主义社会与白人世界，并认为嘻哈音乐不能为了利益向主流靠拢。

由此可见，原产于布朗克斯区的嘻哈文化与当下中国的嘻哈文化大相径庭，可原本带有强烈抵抗风格的嘻哈文化为什么能够摇身一变成为大众文化的宠儿呢？再从媒介的角度追问，在亚文化改造的过程中，作为新媒介组织的爱奇艺以及媒介技术又如何影响了主导文化和亚文化之间的关系？本研究将采用伯明翰学派的青年亚文化理论，分析嘻哈文化是如何被收编成为大众文化的一部分的，并借鉴后亚文化理论当中对于新媒介研究的成果，探究媒介在当今时代的收编过程中所扮演的角色，从而尝试对赫伯迪格提出的收编模式进行重构，实现亚文化研究领域两种理论视角的结合。

---

① 张宁、唐嘉仪：《商业逻辑与青年亚文化生产：网综节目的批判话语分析》，《现代传播》（中国传媒大学学报）2019 年第 2 期。

② 袁越：《20 世纪最后的草根艺术：嘻哈文化发展史》，上海人民出版社，2008，第 142 页。

二 文献综述

（一）亚文化与收编

在文化活动中，社会主流标出"异项风格"，让自己成为稳固主流的同时将异项边缘化①，因此亚文化（subculture）被认为是通过风格化的和另类的符号对主导文化进行挑战从而建立认同的附属性文化②，即一种区别于主流文化的文化。在青年亚文化学术领域中，尤以伯明翰学派的研究成果最为丰硕，其建立在阶级及结构因素基础上的分析视角为后人提供了诸多解读亚文化现象的理论武器。其中，"抵抗"、"风格"与"收编"可谓伯明翰学派亚文化理论中的三个关键词③，而收编则是支配文化对体制外的文化进行再次界定和控制，即支配阶级放弃武力和暴力镇压的方式，转而对亚文化进行柔性遏制、招安、整合、消毒和化解的过程④，它发生于亚文化的抵抗风格形成之后，也关系着亚文化最终的走向。

"收编"的英文为"incorporation"，从单词的组成结构来看，其词根为"corpor"，来自拉丁语的"corpus"，意同英文中的"body"一词；其前缀为"in"，与名词组合有"进入"之意，因此可以发现"incorporation"就有一种客体进入主体并与主体融合成一体的含义。作为伯明翰学派亚文化体系中的重要概念，"收编"得到了诸多学者的重视和研究。格雷厄姆·默多克（Graham Murdock）认为各种收编策略主要通过诱导和说服，而不是通过强制和暴力来施行，其重要的原因就在于牵制政策的轴心已经由强制转向意识形态⑤，由此揭示出了收编实质上是一种意

---

① 赵毅衡：《符号学：原理与推演（修订本）》，南京大学出版社，2016，第282页。
② 陶东风、胡疆锋编《亚文化读本》，北京大学出版社，2011，第3页。
③ 胡疆锋、陆道夫：《抵抗·风格·收编——英国伯明翰学派亚文化理论关键词解读》，《南京社会科学》2006年第4期。
④ 胡疆锋：《伯明翰学派青年亚文化理论研究》，中国社会科学出版社，2012，第218页。
⑤ 〔英〕斯图亚特·霍尔、托尼·杰斐逊《通过仪式抵抗：战后英国的青年亚文化》，孟登迎、胡疆锋、王蕙译，中国青年出版社，2015，第324页。

识形态国家机器运作的方式，体现了权力主体在治理国家中的重要特点。另外，约翰·克拉克（John Clarke）在揭示了媒体与意识形态形成"同谋"关系的同时，也注意到了商业力量在亚文化风格"扩散"与"拆解"过程中所起到的重要作用①。媒体和市场在大量产出关于亚文化的报道和产品时，一方面扩散了亚文化符号，从而促使更多符号的挪用及传播；另一方面，也会重新界定亚文化现象，并在大规模的商品售卖中将亚文化"整体的生活风格"拆解为"新奇的消费风格"，从而消解亚文化风格所彰显的抵抗意义。赫伯迪格在前人研究成果的基础上，将亚文化的收编总结为两种形式：亚文化符号（服装、音乐等）转化为大量生产的物品（即商品的形式），统治集团（如警方、媒体、司法系统）对越轨行为进行"贴标签"和重新界定（即意识形态的形式）②。他通过对朋克文化的解读，描述了媒体与意识形态的互动"重新安置"亚文化问题以及商业收编将反叛风格向消费风格的转化，从而形成了意识形态与商业的二元联动收编模式。

随着伯明翰学派著作的引入，"收编"在国内产生了巨大的影响，被频繁用于商业现象、微视频传播、网络社区等领域的研究中。但在这一时期，"阶级结构""仪式抵抗""风格"等关键词大行其道，甚至成为国内研究青年亚文化的单一理论话语③。虽然伯明翰学派的亚文化理论在脱离了具体的时代和背景之后依然呈现自身的活力，但近年来赫伯迪格在对传统亚文化理论的反思中认为"抵抗与收编"等关键理念需要限定环境和更新④。因此直接将伯明翰学派的亚文化理论照搬到文化与时代背景都有差异的当下中国是不妥当的，而要依照当下的技术背景对收编进行合理的本土化改造。

---

① 〔英〕斯图亚特·霍尔、托尼·杰斐逊编《通过仪式抵抗：战后英国的青年亚文化》，孟登迎、胡疆锋、王蕙译，中国青年出版社，2015，第314~319页。
② 〔美〕迪克·赫伯迪格：《亚文化：风格的意义》，陆道夫、胡疆锋译，北京大学出版社，2009，第117页。
③ 马中红：《国内网络青年亚文化研究现状及反思》，《青年探索》2011年第4期。
④ Hebdige, D., "Contemporizing 'Subculture': 30 Years to Life," *European Journal of Cultural Studies*, Vol. 15, No. 3, 2012, pp. 399-424.

（二） 新媒介与亚文化研究

新媒介总是一个相对的概念，对于当今时代，新媒介显然是以网络和移动终端为基础设施的各种层出不穷的交往手段和平台①。从网络技术来看，任何文本内容都可数字化为二进制代码，通过服务器和浏览器的交互实现人类拥有无限信息的梦想。但是互联网的超链接结构也导向了内容的无限分割，链接、跳跃和联想的集合对传统技术语境下连续有序的线性信息处理方式构成了极大挑战，从而加速了媒介内容的碎片化趋势②，缩短了意义消费与转化的进程。与此同时，信息量的过载也促使传播内容从大众化走向专业化，算法的应用推动了用户的个性化分流，将个人镶嵌在所属的圈层之内，从而形成了具有一定认同标准的网络虚拟社区。值得注意的是，媒介技术在递嬗更迭总是作用于社会整体文化面貌的构成③。例如在当今社会，长篇大论的文字内容远不如一张图片或一段视频更容易让人接受，电子媒介带来的图像引导模式使过往的审美文化转变为消费文化④，媒介中的文化逐渐在快餐式的消费中加速解构与重构。而内容分流的专业化不仅会导致信息茧房的出现，由此聚集起来的网络族群汇集了一些网民的"共性"，这恰恰是形成文化区隔的重要条件⑤。由此可见，新媒介在文化发展中扮演了传输工具的角色，更值得关注的是文化在技术"雨露"中滋养出的新形态。

同样，媒介在青年亚文化的研究当中也备受重视。传统的新闻媒体早已受到伯明翰学派的关注，当代文化研究中心（The Centre for Contemporary Cultural Studies，CCCS）的"抢劫研究小组"在研究笔记中论

---

① 马中红、陈霖：《无法忽视的另一种力量——新媒介与青年亚文化研究》，清华大学出版社，2015，第15页。

② 石义彬、熊慧：《从几个不同向度看媒介新技术的文化影响》，《湘潭大学学报》（哲学社会科学版）2010年第1期。

③ 马中红、陈霖：《无法忽视的另一种力量——新媒介与青年亚文化研究》，清华大学出版社，2015，第100页。

④ 赵勇：《从审美文化到消费文化——论大众媒介在文化转型中的作用》，《探索与争鸣》2008年第10期。

⑤ 蒋建国：《网络族群：自我认同、身份区隔与亚文化传播》，《南京社会科学》2013年第2期。

述了媒体与控制文化是一种共生关系，在对待亚文化的反应机制中，二者形成了一种"循环的闭合"，即"越轨事件→控制文化作为最初界定者→媒体作为生产者→控制文化作为复制者→媒体作为复制者"①，但他们忽略了媒体对亚文化并不是一味地打压。对此，克拉克注意到新闻媒体在拆解亚文化风格的同时，实际上也可能拓宽了"文化空间"②，但他仅仅做出了猜想，没有再对媒体的多重作用进行深入的考察。而对互联网和新媒介在亚文化传播中的功能补充研究多集中在后亚文化理论，例如萨拉·桑顿（Sarah Thornton）认为在亚文化的资本体系中，媒介是一个对定义文化和传播文化知识至关重要的网络，年轻人对不同媒介的消费形成了亚文化认知的区隔③，从而决定了他们的亚文化实践方式；安迪·贝内特（Andy Bennett）也认为在当下的青年亚文化发展过程中，互联网作为一种互动中介在文化融合中发挥了尤其显著的作用④，已经成为亚文化跨地域传播中至关重要的一环。同样，在当今中国，以互联网技术为依托的新媒介已经为亚文化群体提供了集聚与流动、参与和分享、区隔与融合的线上空间⑤，从而形成了媒介化、社群化的生存状态。除了积极参与亚文化实践的群体，媒介同样也对亚文化的观众有重要的意义。托德·戴德曼（Todd Dedman）在对英国嘻哈文化进行考察时，发现处于嘻哈文化外围的、参与度较低的群体更倾向于选择主流媒介来了解嘻哈文化，这实质上只是一种对形式和风格的消费⑥。而结合社会背景来看，国内嘻哈文化的积极实践者也依然是少数群体，这意味着媒介将是收编亚文化的主战场，同时由新媒介技术衍生出的快餐式文化消费也必然对传统的亚文化产生影响。

---

① 〔英〕斯图亚特·霍尔、托尼·杰斐逊编《通过仪式抵抗：战后英国的青年亚文化》，孟登迎、胡疆锋、王蕙译，中国青年出版社，2015，第170页。
② 〔英〕斯图亚特·霍尔、托尼·杰斐逊编《通过仪式抵抗：战后英国的青年亚文化》，孟登迎、胡疆锋、王蕙译，中国青年出版社，2015，第315页。
③ 陶东风、胡疆锋编《亚文化读本》，北京大学出版社，2011，第340页。
④ 〔英〕班尼特、哈里斯：《亚文化之后：对于当代青年文化的批判研究》，中国青年政治学院青年文化译介小组译，中国青年出版社，2012，第206页。
⑤ 马中红、陈霖：《无法忽视的另一种力量——新媒介与青年亚文化研究》，清华大学出版社，2015，第110~121页。
⑥ Dedman, T., "Agency in UK hip-Hop and Grime Youth Subcultures - Peripherals and Purists," *Journal of Youth Studies*, vol. 14, no. 5, 2011, pp. 507-522.

可令人遗憾的是，虽然后亚文化学者对于新媒介与亚文化的研究做出了巨大贡献，但他们忽视了风格背后的政治含义以及否认亚文化群体成型的结构因素①，最终抛弃了伯明翰学派的收编概念。然而，作为一个讨论社会秩序的意义范畴，阶层的分化已经深嵌在社会秩序内部②，再加之国内较为严格的文化政策，导致外来亚文化的进入可能会与主导文化形成更加激烈的碰撞。另外，虽然网络技术的发展促使亚文化群体的实践活动逐渐从街头巷尾转移到虚拟空间，但媒介化的仪式抵抗和风格展现从未停止。因此本研究以国内的嘻哈综艺为案例，以伯明翰学派的青年亚文化理论为根基，同时注意到技术的改变绝不仅仅是收编场景的简单变化，其内在逻辑将会影响传统收编模式的运行，由此从新媒介的角度对伯明翰学派收编模式进行重构。

三　嘻哈文化被收编过程中的媒介重构功能

从 20 世纪 80 年代开始，作为舶来品的嘻哈文化虽然先后经历了三次本土化③，但其一直处于国内音乐领域的边缘位置。然而，爱奇艺制作团队看准了当时音乐市场的空缺与嘻哈文化的商业潜力，其在 2017 年打造的《中国有嘻哈》获得了庞大的流量并开启了通过现代综艺模式收编亚文化的热潮。但嘻哈文化中抵抗意义的风格残留冲击了国内的文化政策，加上偶然事件的发生，使得意识形态收编机制启动，导致 2018 年的《中国新说唱》收紧内容尺度。本章将以这两档综艺节目为例，在传统"意识形态－商品"二元收编模式的基础上，通过分析在国内社会背景以及遭遇突发事件情景下嘻哈文化被收编的过程，探讨媒介在其中的新功能、新角色以及对传统收编模式的重构作用。

---

① Blackman, S., "Youth Subcultural Theory: A Critical Engagement with the Concept, Its Origins and Politics, from the Chicago School to Postmodernism," *Journal of Youth Studies*, Vol. 8, No. 1, 2005, pp. 1 - 20.

② 〔英〕斯图亚特·霍尔、托尼·杰斐逊编《通过仪式抵抗：战后英国的青年亚文化》，孟登迎、胡疆锋、王蕙译，中国青年出版社，2015，第 43 页。

③ 陈敏：《中国嘻哈文化的本土化及其启示》，《中华文化论坛》2013 年第 7 期。

（一）意识形态收编中的媒介：文化矛盾的区隔与置换

一方面，早在芝加哥学派青年亚文化研究的视域中，新闻媒体就被认为是对亚文化现象进行"贴标签"的重要机构，也是收编模式中不可或缺的环节之一。在当下的新媒介时代，各种媒介平台与准入机制依然是意识形态收编进行的主要场景与手段。2017 年末，《中国有嘻哈》"双冠军"之一 PG One 与女明星李小璐被曝出负面新闻，由此 PG One 被媒体和网友扒出以往的"黑历史"，并在 2018 年 1 月 4 日被网友在微博上举报其新作《圣诞夜》教唆青少年吸毒及侮辱女性。虽然之后 PG One 在个人微博中公开道歉，但这一系列事件已经产生了较大的负面影响。不久后，国家新闻出版广电总局高长力司长在宣传例会上提出了广播电视邀请嘉宾的"四个坚决不用"标准，明确说明了节目中不可出现文身艺人、嘻哈文化、亚文化（非主流文化）、丧文化（颓废文化），从而将嘻哈文化和说唱艺人拒之于主流媒体之外。不仅 PG One 被封杀，其与"红花会"（PG One 所在的说唱团体）在数字音乐平台的作品被全部下架，国内的说唱艺人也受到了波及：已经参加了由湖南卫视主办的《我是歌手 2018》的 Gai（《中国有嘻哈》另一位"双冠军"）被迫中途退出录制；《中国有嘻哈》总决赛排名第四的选手 VAVA 在 1 月 20 日《快乐大本营》中的镜头也悉数被减。在 2018 年《中国新说唱》开播前，国家新闻出版广电总局又发布了《关于做好暑期网络视听节目播出工作的通知》，要求网络视听节目正能量鲜明，能够保护青少年身心健康。

另一方面，从新闻媒体的角度来看，在嘻哈文化带来庞大流量与商业利益之时，主流媒体中的新闻报道则鲜少涉及对节目的反思。以人民网为例，在《中国有嘻哈》开播期间，人民网原创和转载的新闻多是节目跟进、服装时尚等娱乐议题。而在负面事件发生之后，人民网则相继转载了《光明日报》《北京青年报》《法制日报》等多家政府媒体所刊发的批评嘻哈文化及几位当红说唱明星的报道，之后政府也开始收紧对待亚文化的政策。由此可见，无论是最开始对于嘻哈文化的争议、嘻哈歌手被收回进入主流媒体的权利，还是之后主流媒体对于嘻哈文化的批评与反思，其发生的场景都基于媒介环境而存在。另外，主导文化与媒体之间的联动机制依然符合伯明翰学派提出的"共生"关系，主流媒体的报道立场依然紧紧跟随政府政策，从而利用新闻报道塑造主流文化群体对于嘻哈文化的价值观，最终要求亚文化的发展必须建立在抵抗实践的隐藏或消解的基础上。

　　然而，看似新媒介依然是伯明翰学派口中意识形态的"同谋"，但在嘻哈文化受到主导文化的打击时，它也利用自身的技术特性以及组织机构区隔了文化融合时产生的矛盾，帮助亚文化群体转移并隐藏抵抗的场所。随着亚文化传播与实践场景的变迁，亚文化群体能够在网络中构建出圈层式的亚文化空间，切割出一块属于自己的天地，从而利用技术与符号区隔来与现实中的主流文化隔绝，缓解了亚文化与主导文化的直接矛盾。例如爱奇艺发现了嘻哈文化的风格价值之后，选择了具有青年属性的网络作为嘻哈综艺传播及扩散的主战场，使得嘻哈文化在青年群体中大行其道同时又不过分引起父辈文化的抵触。另外，如果亚文化的传播突破了青年圈层而进入主流市场，作为传播者的新媒介组织则会十分注重亚文化呈现的尺度，它们利用自身灵敏的政策嗅觉与专业的媒介素养为亚文化的发展提供可操作的实际方案，掌握着外来亚文化的本土化方法与进程。例如2018年嘻哈音乐遭受意识形态方面的约束时，作为新媒介组织的爱奇艺为了《中国新说唱》能够正常播出，加强了对节目内容的整改力度，表现出了对政策以及主流价值观的迎合：除了直接更改节目名称以便于避开"四个坚决不用"标准中明令禁止的"嘻哈"，节目组还在宣传中对象征着过关的英文单词"Rich"进行多意解释，即"不只是物质的富有，更是精神的富足"，从而极力地向正能量靠拢。从文化融合的方式来看，虽然节目保留了嘻哈歌手风格化的穿戴造型、歌词用语以及"Keep it real"的价值观，在节目中挖掘矛盾制造看点，但爱奇艺制作团队依然竭力升华嘻哈文化中符合社会主义核心价值观的思想内涵，其中最典型的就是贯穿节目的"Peace & Love"。由此可见，在主导文化所制定的文化政策框架下，媒介组织一方面积极推广改造嘻哈文化的综艺节目，在面向外部群体时尽可能呈现与社会主义核心价值观相一致的思想内涵，以此来帮助亚文化赢得主导文化的信任；另一方面，在技术环境的包裹下，亚文化群体更倾向于在新媒介技术所构建的区隔空间中进行创作和表达，使得抵抗意义仅留存于青年的内部圈子之中。而改良和区隔的不同方式，则形成了当下的主流化、商业化的嘻哈文化和"地下"嘻哈文化，前者致力于亚文化的推广发展，后者则一定程度上保留了嘻哈文化原汁原味的意义风格。二者在政策限定的现实条件下与新媒介技术的帮助下实现了共存，其差异化的特质分流了具有不同精神需求的文化群体，最终起到了区隔文化矛盾的作用。

当然，在将"地下"嘻哈文化收编成为"对外展示"的主流嘻哈的过程中，一方面，因改造尺度过大、触及亚文化理念底线而引发的抵抗行为时有发生。通信技术的发展使得亚文化群体的抵抗实践更加便利，再加之网络的匿名性和时空隔离感，进而导致嘻哈群体在网络构建的区隔空间中从未停止对嘻哈综艺的攻击。但另一方面，收编过程中的执行者由原本的主导文化置换为媒介组织，也转移了亚文化群体的抵抗对象，缓解了主导文化与亚文化之间的直接矛盾。"《中国有嘻哈》比赛开始之前，节目组就收到了至少100名左右的 Rapper 创作的 Diss 作品。他们用'中国有嘻哈 diss'为主题，对节目组进行谩骂和嘲讽，形成'地下'嘻哈文化和商业主流文化之间的抗争，他们用作品表达自己对嘻哈文化被《中国有嘻哈》代表的愤怒。"① 而无论是这样的抵抗行为还是前文所述的收编过程，其发生的场景都基于互联网。由此看来，在意识形态收编的要求之下，不仅通过网络技术和媒介组织而形成的"地下"嘻哈和主流嘻哈分离与区隔了亚文化中的抵抗含义，新媒介组织也承担了与亚文化群体直接对话的责任，背负起由此可能产生的来自亚文化群体的抵抗，从而成为一种区隔与置换文化矛盾的中介力量，重构了传统收编模式中媒介的单一属性与作用。

（二）商业收编中的媒介：风格意义的加速转码

亚文化的抵抗意义往往通过服饰、造型、语言等符号呈现出来，然而当商业力量进入亚文化符号生产过程中时，其原本的意义将会发生改变。克拉克认为风格是作为一种整体的生活风格而存在的，但在与商业结盟之后，其中更"容易接受"的部分被强调，其他部分则被忽略②。而

① 王真：《抵抗与收编：新媒体环境下青年亚文化群体的身份认同建构》，华中师范大学硕士学位论文，2018。
② 〔英〕斯图亚特·霍尔、托尼·杰斐逊编《通过仪式抵抗：战后英国的青年亚文化》，孟登迎、胡疆锋、王蕙译，中国青年出版社，2015，第318页。

其原因在于亚文化中独特的风格符号与当下图像引导的信息接收模式十分匹配,充满视觉与听觉冲击的服饰与节拍正好符合快餐式文化生产与消费的逻辑,与此同时丰富而冗长的历史意义和抵抗精神则成了嘻哈文化可有可无的内容。因此在《中国有嘻哈》和《中国新说唱》中,带有抵抗性质的价值观和歌词由于标出性过于明显而被剔除,所保留下来的新奇风格则成功进军大众市场。例如《中国新说唱》中大多数音乐作品的歌词内容都被"软化",其主题与流行歌曲几乎无差,失去了作为亚文化音乐所独有的特性,而演唱技巧与舞台效果成了选手是否能晋级的首要标准;在嘻哈选手的用语上,一些嘻哈词汇被反复炒作,从而一度成为网络热词。例如在《中国有嘻哈》第一期的海选环节中,吴亦凡的"Freestyle"被节目组反复剪辑,并利用网络营销的手段将其打造成新的节目卖点,让《中国有嘻哈》快速拥有了较高热度;在服饰方面,节目组给予制作人及选手较高的身体曝光度,充分展示了他们不同于大众的奇异打扮。在节目播出之后,"Rapper 的同款在各大网站销量冲顶。'Gai 同款''TT 同款'等挂上了淘宝的热门搜索;PG One 常穿的潮牌 C2H4 被粉丝买到断货;连象征通关的'R!CH'标志的大金链子都在爱奇艺商城取得了很高的销量,选手们的穿着打扮成了潮和酷的代名词,是很多粉丝争相模仿的对象。"[①] 嘻哈文化的服装、造型、音乐、言语等风格特征均在各种网络平台当中进行展演,而其背后的文化意义与历史则鲜少得到媒体和受众的关注。由此可见,新媒介技术及组织的介入使快餐式文化消费的内在逻辑寄生于亚文化之中,让大众无需了解嘻哈文化的内涵、历史就能在两小时的综艺节目中快速对其产生兴趣。新媒介技术在传播嘻哈文化的同时,也为其打造了线上的商店与货架,用户可以随时随地通过终端接入并产生消费行为。过去的亚文化群体还需到小众的服装专卖店去挑选服装,甚至是自己动手进行二次创作,而如今在观看嘻哈综艺时,只需进入线上的爱奇艺商城就可找到节目中的同款商品或联名款进行购买;过去的青年还要到唱片店去购买自己喜爱的音乐,而

---

① 王真:《抵抗与收编:新媒体环境下青年亚文化群体的身份认同建构》,华中师范大学硕士学位论文,2018。

现在数字音乐专辑统统"摆放"在各类音乐 APP 的"货架"上，任人播放、下载和评论。不假思索的风格消费逐渐取代了复杂的文化实践，从而加速完成了资本力量对亚文化意义的掩盖。

除了缩短对原初意义的掩盖进程，亚文化产品在商业资本的流转与新媒介的加持之下也完成了意义的加速解构与重构。波德里亚（Jean Baudrillard）认为人们从来不消费物的本身，而总是把物当作能够突出自我的符号，或加入视为理想的团体，或参考一个地位更高的团体来摆脱本团体①。因此从商业的角度来看，使消费者接受产品的诀窍就在于赋予物以虚假个性化的符号意义。而嘻哈文化在进入消费社会和媒介文化之后，其产品的意义已不再是对于社会不公的抗议，而仅仅是提供一种追逐时尚和潮流的差异化选择，即重要的已不再是亚文化原初的意义能否被风格化的符号所表征，而是青年人会不会因为产品所携带的"与众不同"的意义产生消费行为。嘻哈文化衍生品的目标受众从最初少数忠实的文化实践者扩张为每个追求个性的年轻人，风格符号的大规模复制和传播最终会导致嘻哈文化的美感被逐渐常态化，从而失去了自我标出的意义②。与此同时，由于新媒介技术的加持，亚文化符号相比过去更加快速、全面地风靡大众市场，在新媒介的赋权态势下实现了从意义缓慢重构到快速重构的转变。无论是网络上嘻哈用语及表情包的滥觞，还是已经成为大众时尚的嘻哈服饰，互联网所营造的虚拟空间为意义的转码提供了新的高效渠道，从而使得嘻哈文化所承载的抵抗意义淹没在泛娱乐化的符号游戏之中。

四　重构后的新媒介中介收编模式

回顾嘻哈文化的整个收编过程，能够发现意识形态收编几乎一度让嘻哈综艺"胎死腹中"，但是经过新媒介组织通过各种技术手段的调和，嘻哈文化又能够在主导文化的框架中生存，并通过新媒介加速了意义转码的

---

① 〔法〕让·波德里亚：《消费社会》，南京大学出版社，2000，第 69 页。
② 彭佳：《论文化"标出性"诸问题》，《符号与传媒》2011 年第 1 期。

进程。因此，虽然伯明翰学派的收编模式在应用到当下的亚文化解读中时依然具有一定适用性，但其忽略了嘻哈综艺作为网络综艺的媒介特性和新媒介组织在其中的斡旋努力，因此应当重视新媒介在收编过程中的功能与作用，并对传统的收编模式进行改良和修正。

赫伯迪格将收编模式总结为意识形态和商品直接对亚文化进行规约与收纳的过程，而由于当时大众传播盛行的时代背景，媒介被认为是意识形态力量的附庸，与国家政策形成了"共生"关系（见图1）。但通过本研究的分析，发现嘻哈文化在接受国内文化政策与商业的改造之时，虽然主流媒体依然符合传统收编模式中的媒介角色，但新媒介技术以及依托技术而形成的新媒介组织在收编中呈现新的中介特点，因此可将意识形态与商业力量通过媒介组织和媒介技术对嘻哈文化进行收编的模式重构为新媒介中介的收编模式（见图2）。国家意识形态为通过媒介技术与媒介组织传播发展的亚文化划定了框架，如若超出了框架限制，亚文化进入媒介渠道的权利将会受到限制。商业力量则利用媒介技术或组织来收编嘻哈文化（例如电商销售、在综艺节目中植入广告等），而媒介组织通过生产内容获得流量并将其"售卖"给企业从而区别于其他商业机构，成为一种媒介性质的"中间人"。在这个模式中，收编的主体依然是意识形态和商业力量，但新媒介与主流媒体、商业机构的角色又有所区别，它在嘻哈文化的被收编过程中扮演了"上层"与"下层"的调和者，稀释了过往亚文化与主流文化的直接矛盾，加速了抵抗意义在后现代社会的转码，成为文化融合过程中不可或缺的中介环节。

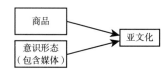

图1　伯明翰学派的传统二元收编模式

图2　新媒介中介的收编模式

五 结语

在当下国内的社会语境中，新媒介技术及媒介组织既属于意识形态范畴，又带有商业化属性，并且内容的生产和传播又主要依赖于网络而非传统的大众媒介，造成了媒介在亚文化收编过程中的复杂形态。但通过说唱综艺的案例来看，一方面，网络技术和新媒介组织在参与收编的过程中，不断地在政策框架下与主导文化斡旋，竭力提出一个双方都能接受的方案，从而在一定程度上区隔与置换了主导文化与嘻哈文化的直接冲突；另一方面，在亚文化娱乐消费的过程中，新媒介的技术逻辑与媒介组织的商业属性则加快了对嘻哈文化的商业收编，可见媒介的角色已经不仅是意识形态的"同谋"，而是发挥着对亚文化既收编又发展、既提供区隔空间又加速意义拆解的双重作用。

对于收编来说，在伯明翰学派亚文化理论的热潮退去后，收编就受到了后亚文化研究者的批判与抛弃。而本研究通过对嘻哈综艺的案例分析，发现带有较强抵抗意义的嘻哈文化进入文化政策较为严格的中国时，来自管理部门的压力仍旧存在，所以伯明翰学派的收编模式在当下的现象解读中依然具有一定的生命力，并且其理论逻辑对后亚文化理论所关注的媒介视角并不排斥，进行融合之后具备模式的自洽性。因此可以推测伯明翰学派的亚文化体系与后亚文化理论实际上并非方枘圆凿，而是存在融合交流的可能。虽然收编模式在后现代社会背景的冲击之下暴露出了种种问题，但在经典理论遭受时间与空间变迁的挑战时，应当对其进行修正和改进从而检验其核心思想是否还具有强大的解释力，而不是走入"创造（引进）—大行其道—反思批判—丢弃"的理论怪圈。

移动互联网语境下的地方新型
主流媒体发展策略研究

——以澎湃、封面等移动应用为例

刘庆振 *

摘　要：移动互联网传播语境给主流媒体带来了新的挑战，具体表现为信息即时化、阅读碎片化、分发个性化、表达平民化和形态多样化。在这样的前提下，地方新型主流媒体在创新发展过程中要认真做好以下几个方面工作：政治属性与经济属性兼容，社会价值与用户价值并重，媒体产品与技术手段融合。

关键词：移动互联网　新型主流媒体　澎湃新闻　封面新闻

主流媒体是主流意识形态阵地的建构者、执行者和守护者，也是党的舆论宣传工作得以发挥作用的主阵地，有着不可替代的特殊地位。尤其是在信息迅速增加、高速爆炸、超速传播的移动互联网时代，主流媒体能否运用最先进的技术手段和最前沿的创新思维，增强并提升自身的传播力、影响力、引导力、公信力和竞争力，直接决定了党的主流意识形态宣传和新闻舆论引导工作的成败兴衰。近年来随着移动互联网快速发展，部分传统主流媒体在媒介融合的实践探索过程中逐渐具备了新思维、新形态，开发了新产品、新内容，掌握了新技术、新手段，实现了新跨越、新发展，

---

* 刘庆振，博士，北京体育大学新闻与传播学院副教授，研究方向为媒体传播等。

从而在根本上进化成为新型的主流媒体。本文以澎湃、封面等一系列地方新型主流媒体的移动客户端应用为例，详细探讨了新型主流媒体的具体特征和创新路径。

移动互联网时代，大数据、人工智能、虚拟现实等全新技术应用于媒体传播领域，带来了用户类型的细分、信息维度的扩容、消费体验的提升，层出不穷的新媒体应用产品快速抢占了用户的注意力并蚕食着传统主流媒体的生存空间。用户群体的流失、思维模式的固化、全新理念的冲击，都要求传统主流媒体在移动互联网时代直面新技术带来的新挑战。

一　移动时代主流媒体面临的挑战

具体来看，移动时代的传统主流媒体面临的挑战，主要体现在以下几个方面。

（一）信息即时化

传统报纸和电视的采编与分发流程有着严格的程序和要求，这在一定程度上造成了信息的传播滞后。移动时代对信息传播速度和效率提出了更高的要求，它应该是即时化的传播，现在、马上、立即就把正在发生的事件传递给用户，这一点无论是报纸还是电视都几乎无法做到。在这样的背景下，上海报业集团在 2014 年 7 月 22 日上线澎湃新闻这一客户端应用的时候，就把它定位为一款能够即时更新新闻的移动产品，而非传统报纸。

（二）阅读碎片化

"碎片化既是移动新闻传播的核心特征，也是影响移动新闻业发展的主要原因之一。"[1] 移动时代涌现出来的各类奇闻逸事、有趣图文和精彩短视频内容吸引着用户的注意力，他们哪怕不在固定的时间和场所也能随时随地获取自己感兴趣的内容。短内容、浅阅读、碎片化等消费特征使得传统报纸和电视在年轻用户群体中的影响力大打折扣。

---

[1]　郑悦：《移动新闻传播的碎片化》，《传播力研究》2018 年第 19 期。

（三）分发个性化

传统主流媒体在内容分发上的逻辑遵循的是典型工业经济时代的思维，面向无差别的受众进行大规模的"千人一面"的分发，这种模式显然无法满足移动时代用户"千人千面"的信息需求。四川日报报业集团为了应对移动时代的这一挑战，重点突出了封面新闻"智媒体"的特征，借助大数据挖掘和分析、机器学习与写作、兴趣推荐算法等全新技术，打造了第一家面向用户个性化需求的地方主流新媒体客户端。客户端在 2016 年 5 月 4 日上线后，很快突破了 1000 万下载量。

（四）表达平民化

移动互联网语境下，用户不但是信息产品的消费者，更是内容的采集者、创作者、传播者、评论者和参与者，这就要求主流媒体在思维上和行为上改变过去那种高高在上、正襟危坐的"家长作风"，像"主播说联播"那样通过平民化的视角和表达方式，与用户展开更加真诚的互动，而非单方面的说教。例如，《重庆晨报》打造的上游新闻移动客户端不但紧紧围绕普通百姓的生活需求提供多样化的生活资讯，还鼓励用户参与互动发表见解，并经常性地开展亲子体验、交友派对等活动，从而做到了贴近百姓生活的表达与互动。

（五）形态多样化

移动互联网时代也是各种全新的媒体形态快速发展的时代，用户不再满足于通过简单的图文新闻或电视新闻来获取资讯，短视频、直播、虚拟现实等多样化的新媒体内容形态比起传统方式更受用户欢迎。封面新闻的"移动优先、视频优先、故事优先"体现了它对多种内容形态尤其是视频表达的高度重视。红星新闻亦是如此，其移动客户端虽然仅仅只设有 9 个频道，却把视频作为一个独立的频道呈现给用户。上游新闻的移动客户端则更进一步地开辟了直播频道和全新的 VR 频道，用户可以 360 度无死角地体验到新闻发生的现场感。

在上述压力下，越来越多的地方主流媒体迎难而上，直面挑战，在移动互联网时代的媒体融合之路上不断探索着强化主流舆论阵地的新产品形态和新突围路径，从而逐渐形成了不同于传统报纸或电视媒体的新型主流媒体模式。

总的来看，打造新型主流媒体的过程中，必须实现政治属性与经济属性兼容、社会价值与用户价值并重、媒体产品与技术手段融合等多方面的平衡。下面我们详细来讨论这几个问题。

二 政治属性与经济属性兼容

（一）政治属性是根本

从整体上看，新型主流媒体虽然在很多层面上都有非常大的突破和创新，但在其根本属性方面，新型主流媒体依然坚定不移地坚持党对媒体组织的领导和指导原则，做好党的喉舌，做好主流内容、主流舆论、主流价值的创造与传播。无论是澎湃新闻，还是封面新闻，无论是上游新闻，还是紫牛新闻，它们都是党领导下的不同报业集团或组织孵化出来的应对移动互联网时代挑战的新产品、新应用、新工具和新阵地，它们的运营都紧紧围绕习近平总书记强调的"高举旗帜、引领方向、围绕中心、服务大局、团结人民、鼓舞士气、成风化人、凝心聚力、澄清谬误、明辨是非、连接中外、沟通世界"的基本定位而展开。例如，封面新闻就在介绍中强调了发展目标——"成为亿万年轻人的生活方式，实现重新连接世界的使命。"

（二）经济属性是保障

在强调主流媒体政治属性的同时，我们也不应该有意无意地忽略它的经济属性。习总书记曾指出，"先进的文化产品，既应当体现先进性，又能体现群众性；既不'趋利媚俗'，又不远离市场、忽视市场。"对于新型主流媒体来说，打造主流舆论阵地虽然是其核心使命，但想要真正实现这一核心使命，就必须直面市场需求、直面用户体验，追求良好的传播效果、追求可持续的商业模式。如果无法形成持续的现金流而仅仅依靠集团输血，这不但意味着它无法扩大自身的用户基础，更意味着它不能完成其主流舆论阵地的政治使命。仍以封面新闻为例，成立以来，它在坚守政治使命的同时，还打造了一个融合媒体、电商和文娱的生态平台，使得自身的收入保持了持续的高速增长，2018 年收入同比增长 81%，2019 年上半年同比增长近 80%，并且在世界媒体实验室编制的 2019 年度《世界媒体 500 强》排行榜中排第 351 位，真正实现了政治任务与经济任务"双肩挑""双肩硬"的理想效果。

三 社会价值与用户价值并重

（一）社会价值是使命

从社会价值的维度看，新型主流媒体想要更好地发挥主流舆论阵地的作用，就必须深深地扎根人民群众的土壤，要坚持以人民为中心的工作导向，心系人民群众的根本利益，按照习总书记的要求不断增强自身的脚力、眼力、脑力和笔力，把党和国家的方针政策传递到更广大人民群众那里去，只有这样才能把党和国家的利益与人民的利益紧密地联系在一起，在为人民服务的过程中获取源源不竭的发展动力。比如，澎湃新闻就格外强调它勇于担当的社会责任和社会价值，强调自己"专注报道中国时政、财经、文化、思想，实时跟踪时事动态，解析经济时局变化，倾身关注社会民生"的鲜明定位。澎湃新闻的重要品牌栏目"暖闻"更是其社会价值的重要体现，这一栏目不但侧重于展示人间真善美、传递社会正能量，还通过温暖人心的新闻故事在无形之中传达了社会主义核心价值观。如 2018 年"暖闻"推出的扫雷英雄系列报道，就在细节中展现了英雄们为国为民的无私大爱。

（二）用户价值是基础

值得注意的是，新型主流媒体在强调社会价值的同时也不能忽略用户价值，尤其是在移动互联网时代，如果忽略了用户需求和用户体验，那么新型主流媒体所提倡的社会价值也终将化为泡影。在用户体验价值方面，澎湃新闻的大量报道都融合了图片、音频、视频、FLASH 动画、H5、虚拟现实、直播等多种内容形态，并在内容传播过程中强化了与用户之间的互动，从而

改善了用户体验、获得了良好的传播效果。比如，纪念改革开放 40 周年的互动作品《40 年家国协奏曲》，用户可以选择关于"家""城""国"的影像上传，并选择相应的音乐、文字、图片等元素自动生成专属用户个人的微视频。再如，澎湃新闻的五一劳动节作品《MV | 西城神舞：红墙 Style》，则从年轻人视角出发，以时下流行的街舞元素来讴歌劳动者、解读主流价值观。这些都体现了澎湃新闻作为新型主流媒体对用户体验价值的高度重视。

四　媒体产品与技术手段融合

（一）媒体产品是连接

内容产品是新型主流媒体的核心产品，而服务产品则是基于其内容产品而不断衍生出来的新的媒体产品形态。但事实上，无论是提供内容还是提供服务，新型主流媒体绝不再像过去的报纸或电视那样仅仅只是一种传播媒介与传播渠道了。尤其是在移动互联网时代媒介融合的语境下，越来越多的新型主流媒体正在向主流内容产品和服务产品的聚合平台进化。这个时候的媒体产品就是一个连接器，它连接了政府与百姓、连接了城市与居民、连接了内容产品的生产者与消费者、连接了服务产品的供应方与需求方、连接了每一个有可能的利益相关者。事实上，新型主流媒体在本质上也的确需要以产品为连接、以平台为入口，打造更丰富的新型主流媒体内容生态圈和价值闭环，服务用户的日常生活与城市的社会治理。作为地方新型主流媒体，上游新闻除了提供新闻报道这一核心产品之外，还增加了很多与本地区群众生活息息相关的各种衍生服务，例如，"在'帮帮'频道，用户可以向政府人员、专业人士咨询各种问题，并可以通过'城事通'获取工作、租房、社保、旅游，甚至找车位、找厕所等生活信息。"①

（二）技术手段是赋能

在新型主流媒体的打造过程中，还必须格外重视对新技术手段的利

---

① 聂晶：《浅析地方新闻 APP 的困境与突围——以上游新闻为例》，《新闻研究导刊》2019年第 14 期。

用，必须用好互联网、大数据、人工智能、虚拟现实、区块链等全新的核心技术为提升主流话语的传播力和影响力赋能。习总书记强调了全程媒体、全息媒体、全员媒体和全效媒体对主流舆论阵地带来的巨大挑战，并为我们建设新型主流媒体指出了明确的方向：坚持传统媒体和新兴媒体一体化发展方向，加快从相加阶段迈向相融阶段。事实上，新技术是促进媒体融合的一股强大力量，在技术的加持下，传统主流媒体通过要素整合、流程优化、平台再造等方式逐步完成了向新型主流媒体的迭代。以封面新闻为例，2018 年世界杯期间，封面新闻的第 240 号员工小封机器人总共撰写发布了 642 篇稿件、全网阅读量超 2 亿，真正实现了自动写稿、自动配图、自动拟标题和自动发布的全流程智能化。不但如此，封面新闻高考志愿小助手还能在 600 万条数据的支持下帮助考生智能填报志愿，封面新闻举办的"未来爱情节"则能帮助用户自动匹配相亲对象。此外，封面新闻还与阿里云联合打造了"ET 媒体大脑"，进而为实现"打造引领人工智能时代的泛内容生态平台"这个愿景奠定坚实基础①。

五　结语

新型主流媒体的建设是一个不断深化不断创新的过程，它不是一句挂在墙上的口号，而是移动互联网时代越来越多传统媒体的必然选择。如何确保新型主流媒体在政治功能与经济功能方面的协调、在社会价值和用户价值方面的统一、在媒体产品和技术手段方面的融合，是所有新型主流媒体在建设过程中必须认真研究的问题。与此同时，新时代、新技术和新媒体语境下，推进新型主流媒体建设，也需要从中央到地方下大力气解决体制机制的创新路径问题，使得新型主流媒体在未来的发展过程中走得更顺畅、飞得更高远。

---

① 张菲菲：《深度推进 AI＋媒体应用，打造智媒体——封面新闻的融合发展探索》，《青年记者》2019 年第 18 期。

"一带一路"倡议对和合理念创新传播探究

王　丽[*]

摘　要： "一带一路"倡议是习近平总书记在人类命运共同体理念基础上提出的宏伟构想，"一带一路"倡议及其承载的"和平合作、开放包容、互学互鉴、互利共赢"的"丝路精神"，与和合文化所包含的天人合一、仁爱和善、和而不同、协和万邦等思想一脉相承，正体现了对以"和合"为核心理念的中华优秀传统文化的传承和创新转化。作为中华民族人文精神的核心，和合理念是一个具有鲜活生命力和更新力的与时俱进的和谐体，不仅在历史上具有重要而深远的影响，也对当前"一带一路"建设和构建人类命运共同体具有重要启发意义。

关键词： 一带一路　和合理念　创新转化

"一带一路"倡议是习近平总书记基于人类命运共同体理念而提出的宏伟构想，这一创新倡议高瞻远瞩，顺应世界发展趋势，符合世界各国人民的共同利益；这一宏伟构想搭建起"中国梦"和"世界梦"的连接桥梁，承载着世界和平与发展的重要历史使命，引起了国际社会的广泛关注，得到了世界各国人民的瞩目。"一带一路"倡议及其承载的"和平合

---

* 王丽，博士，北京市社会科学院传媒研究所助理研究员，美国杜克大学博士后兼访问学者，研究方向为媒体传播、国家形象等。

作、开放包容、互学互鉴、互利共赢"的"丝路精神",与和合文化所包含的天人合一、仁爱和善、和而不同、协和万邦等思想一脉相承,正体现了对以"和合"为核心理念的中华优秀传统文化的传承和提升。和合理念作为中华民族普遍认同的人文精神,是中华文化的核心和精髓,并逐渐成为中华民族的一种思维方式,对广大人民群众的生活和生产产生重要影响,引起学术界的广泛关注和普遍认同。因此,和合理念不仅在历史上产生了重要而深远的影响,也对推动"一带一路"建设稳步发展和构建人类命运共同体具有重要的启发意义。

一 和合理念的历史演变

作为中国思想文化的核心理念,和合理念贯穿中华各个时代的各家各派思想文化之中,并最终被普遍认同和接受。那么什么是"和合"?和合思想是如何产生的?又如何经过历史的演变成为中华民族普遍认同的思想观念和价值标准?德国哲学家黑格尔指出:"逻辑是什么?逻辑无法预先说出,只有逻辑的全部研究才会把知道逻辑本身是什么这一点,摆出来作为它的结果和完成。"① 因此,对和合理念的准确界定和深入研究,需要我们逐步探究和合思想的来龙去脉,考察和合思想的历史演变,对和合思想进行较为客观、全面的认识、分析和归纳。

(一) 争鸣中产生

第一阶段:"神人相合"。大量考古发现证实,虽然和合思想最早在《国语》文本中可以发现清晰的表述,但是作为和合观念的核心"天人合一"观念,其产生可以追溯到新石器时代晚期,并且在甲骨文、金文中都发现了"和""合"二字。"和"甲骨文为"龢",本义比喻不同人的言论相互响应,相互协调,言论不同却合拍的意思。"合"的本义是上下唇的合拢,表示两口相接,引申为吻合、相合之意。到了殷周时期,"和"与"合"都是作为单一的概念分别使用的,还没有连用的证据。《易经》中开

---

① 黑格尔:《逻辑学》,商务印书馆,1966,第23页。

始出现"和"字，主要意思是和谐、和善，还没有发现"合"字。在《尚书》中，"和"字和"合"字都开始出现，其中"和"主要是指对社会以及对人际关系相关矛盾和冲突的处理；"合"字主要意思是指"相合"或"符合"等。有学者指出，在中国传统的哲学范畴中，"和"被学者广泛运用，"合"是包含在"和"的内涵里面的，只有被赋予了"和"的本质内涵后，"合"的概念才能延伸为与"和"相近的哲学范畴①。这个时期的"和""合"观念主要指原始的"神人相合"，强调天、地、人、神相通、相应，喻义万物有灵、神人以和。

第二阶段："天人合一"。春秋时期，"和""合"二字开始连用，并正式构成词语。在最早的记载《国语·郑语》中，我们发现了这一连用记录："商契能和合五教，以保于百姓者也。"② 这是国内已发现最早的"和""合"连用的文献记录。韦昭注："五教，父义、母慈、兄友、弟恭、子孝"，在这里，即指把"父母兄弟子"等五大主体加以商契教义并进行"和合"，这样百姓就可以安居乐业，社会就会和谐。在百家争鸣的春秋战国时期，中国思想文化发展活跃，出现了众多思想深邃的思想家，使中华文化熠熠生辉、空前繁荣。表现在和合思想中，即不同思想学派的观点争鸣。从总体上来看，这个时期，人类开始把目光转向人自身，开始思考人的存在的问题，开始在（神）天人之间思考人自身的主动性和能动性问题，强调在天人合一的前提下，充分发挥人的积极主动性。认为阴阳和而万物生，不仅体现了天人合一的思想，还特别强调同中存异，指出完全相同的东西则无所生。著名学者钱穆先生曾对此做过深刻研究，他指出："文化中发生冲突，只是一时之变，要求调和，乃是万世之常。"③ 钱穆先生强调指出，我们需要传承和弘扬和合理念，坚持和合精神的引领，"使全世界人类文化融合为一，各民族和平并存，人文自然相互调适。"④

因此，和合理念在先秦时期的争鸣中产生，蕴含天人合一思想的和合理念是中国传统文化的基调思想，"是一个非常伟大的、含义异常深远的

---

① 左亚文：《和合思想的当代阐释》，湖北教育出版社，2003，第 59 页。
② 邬国义等：《国语译注·郑语》，上海古籍出版社，1994。
③ 钱穆：《中国文化精神》，三民书局，1971，第 51 页。
④ 钱穆：《中国文化对人类未来可有的贡献》，载刘梦溪主编《中国文化》1991 年第 4 期。

思想"①。概括而言，和合思想，是指将不同的事物融合在一个相互依存的和合体中，相互联系、相互作用，在各种要素的协调和融合中，促进新事物的产生，推动事物的发展。正是在这种和合精神的指导下，中华文化不断创新，和合理念在融合中不断发展。

（二）融合中发展

先秦至秦汉，和合概念开始得以普遍运用，儒家、道家、法家等各家，从不同角度不同层面论述和合的意义，使和合文化在融合中不断发展，并成为中国文化思想史上的重要范畴。

第一，和而不同。儒家将"和"作为人文精神的核心。作为儒家学派的创始人，孔子强调无论是礼仪制度，还是安邦治国，乃至为人处世都需要坚持以和合为基本价值标准。著名思想家、文学家荀子就对和合理念推崇备至，他认为"天地合而万物生，阴阳接而变化起，性伪和而下治"，"万物各得其和以生②"。"和"在处理社会关系和人际交往中具有不可替代的作用，孔子指出"君子和而不同，小人同而不和"，强调在承认差异的基础上，协调合作，最终达到和谐与统一。

第二，和合致道。《中庸》有所谓："喜怒哀乐之未发谓之中，发而皆中节谓之和。中者，天下之大本也；和者，天下之达道也。致中和，天地位焉，万物育焉"③，意思就是要使天下之大本就是达道而和谐相处。道家创始人老子非常重视和合理念，他认为"和"是天地万物生存的基础和本质所在。老子提出道可生万物，"万物负阴而抱阳，冲气以为和。"④ 可见，阴阳密不可分，构成了道相互联系的两个方面，并且，阴阳相互作用、相互融合而形成宇宙的万事万物。道家代表人物之一庄子也把和合作为万物的理想追求境界，他曾指出："萧萧出乎天，赫赫发乎地，两者交通成和

---

① 季羡林：《21 世纪文化瞻望——"天人合一"新解》，载《大国方略——著名学者访谈录》，红旗出版社，1996，第 171 页。
② 《荀子·天论》，上海古籍出版社，1989。
③ 师为公：《中庸深解》，作家出版社，2009，第 67 页。
④ 《道德经》（第四十二章），上海古籍出版社，1991。

而物生",并提出了"与人和者,谓之人乐,与天和者,谓之天乐"①的思想。可见,道家非常重视和合的价值,主张阴阳相合、和合致道,追求万物和谐发展。

第三,融合发展。从上面的分析我们可以发现,儒家强调和而不同的仁和,道家强调阴阳相合的天人之和,法家主张主从之和,管子重视蓄养之和。尽管先秦时期儒、道、墨、法各家对和合思想具有不同角度的阐述和分析,但他们对于和合融合统一的本质理解是一致的,并促成了后来这一理念的融合发展。在汇聚融合百家之说的基础上,秦国丞相吕不韦召集门客编撰了著名的杂家著作《吕氏春秋》,这部著作熔铸百家学说于一体,汇聚了博大精深的思想和智慧,从天下统一的角度反映了当时人们对和合愿望的共同追求。汉代大儒、著名哲学家董仲舒从大一统立场出发,在《举贤良对策》中提出了系统的天人感应和大一统学说,并提出了"罢黜百家,独尊儒术"的建议和主张,后来汉武帝采纳了这个建议,使儒学成为社会的正统思想,促进了当时社会发展的大一统趋势,并影响着中华民族两千多年的思想体系。董仲舒指出:"和者,天地之正也,阴阳之平也。"② 这也体现了董仲舒崇尚和的思想。在儒家传统思想的主导下,董仲舒借鉴和运用各家思想精华,建构了一个博大精深的、融合百家学说的儒学系统。也正是这种和合文化精神的相互渗透,促进各家思想逐步相互融合、变革与发展。

(三)渗透中丰富

和合理念不仅得到各家学派的普遍认同,也得到道教、佛教等各宗教文化的共同认可。首先体现在儒释道三教相互融合方面。佛教强调因缘和合,认为人是由色、受、想、行、识五众因缘和合而产生的,"五众和合因缘故名为人"。道教《太平经》非常重视阴、阳、和三者合一,并指出"无阳不生,无和不成,无阴不杀,此三者相须为一家,共成万二千物。③"

① 《庄子》,上海古籍出版社,1985。
② 虢美妮:《论传统和合思想的当代价值及实现途径》,中共陕西省委党校硕士学位论文,2006。
③ 王明:《太平经合校》,中华书局,1960。

不仅儒释道各自认同并宣讲和合思想，三者之间也相互吸收和合精华，相互融合，相互渗透，不断促进和合思想的持续发展和丰富。

其次，和合致理。宋明理学促成了和合思想继先秦以来的第二次发展高潮。宋明理学以儒家伦理为本位，汲取佛、道思辨哲学之长，鲜明体现了儒释道三教的和合，并建立起完整的理学（新儒学）思想体系。理学家张载提出"民胞物与"的思想，认为人与人是同胞手足的关系，体现了中国文化的和合理念精髓，并进一步继承和发扬了中国文化的和合精神。

最后，人文精髓。明清以来，和合思想在西学东渐的影响下，通过中西碰撞和融合，逐步成为国家治理、人际交往和思想交流的重要人文精神和价值标准。从提出大同社会到天下为公，直到当今中国特色社会主义和谐社会的构建以及"人类命运共同体"的倡议和理念，都体现了和合理念始终贯穿在中国文化发展的各个时代中。习近平总书记对和合理念高度重视，他多次指出："文明，特别是思想文化，是一个国家、一个民族的灵魂。无论哪一个国家、哪一个民族，如果不珍惜自己的思想文化，丢掉了思想文化这个灵魂，这个国家、这个民族是立不起来的。"[①] 可见，不断丰富和发展的和合理念体现了中华民族祖祖辈辈的努力和奋争，从而使和合理念成为人们普遍认同的观念，成为中国文化的精髓和精神支柱，体现了和合理念融合互动、博大包容、与时俱进的独特魅力。

二　和合理念的创新转化与传播

对和合这一概念至今没有统一的界定，从总体上看，学术界普遍认为，和合的本质即矛盾－融合－新的和合体的否定之否定的循环发展过程。它是指两种以上不同要素的协调、结合、融合与和谐，因此，和合理念是一个具有鲜活生命力和更新力的与时俱进的和谐体。和合文化所包含的天人合一、仁爱和善、和而不同、协和万邦等思想与"一带一路"倡议

---

① 习近平：《从延续民族文化血脉中开拓前进　推进各种文明交流交融互学互鉴——在纪念孔子诞辰 2565 周年国际学术研讨会暨国际儒学联合会第五届会员大会开幕会上的讲话（2014 年 9 月 24 日）》，《党建》2014 年第 10 期。

所承载的"和平合作、开放包容、互学互鉴、互利共赢"的"丝路精神"一脉相承,体现了对以和合为核心理念的中华优秀传统文化的传承和创新转化。

(一)丝路表达:丝路精神

丝绸之路作为沟通中西方政治、经济、文化的重要通道,在东西方文化交流和发展史上具有璀璨的光环,为促进世界和平与发展做出了重要的贡献。其所内蕴和合理念的独特精神本源"丝路精神",历经千年,依然焕发熠熠光彩。

"丝路精神"概念的提出和内涵的完善也体现了与时俱进的发展过程。2013年9月和10月,习近平总书记提出"一带一路"倡议时,指出要继承和发扬丝绸之路"和平交往、共赢共进"的传统,体现了对以和合理念为基础的中华优秀传统文化的传承和创新。2014年,习近平总书记出席中阿合作论坛第六届部长级会议,并在开幕式上做了重要讲话,提出"丝路精神"的概念,并初步界定了内涵①。2017年5月14日,国家主席习近平在"一带一路"国际合作高峰论坛开幕式上发表主旨演讲,面对100多个国家的社会各界嘉宾,号召大家集思广益,为齐心合力推进"一带一路"建设畅所欲言,并指出了丝路精神的历史意义和当代价值,深刻阐释了丝路精神的本质内涵,强调构建"人类命运共同体"既是"一带一路"建设倡议的初衷,更是"一带一路"倡议的最高目标,鲜明体现了以和合理念为基础的"丝路精神"与时俱进,体现了新的时代内涵和时代需求,为"一带一路"建设和对外文化传播指出了崭新的精神目标和理论指导。

(二)丝路传播:融合共赢

当今新的时代主题是和平、发展、合作和共赢,而"一带一路"倡议所承载的丝路精神薪火相传,与时代主题相吻合,不仅促进沿线国家合作发展,还推动了人类的进步与和谐,是"一带一路"建设的精神支柱和核心价值。在新的历史时期,弘扬丝路精神,就是要传承和弘扬和合理念,

---

① 闫丽红:《丝路精神及其时代内涵》,《山西社会主义学院学报》2016年第3期。

使丝路精神为古今中外的"丝路人"架起沟通交流的纽带和桥梁,促进"一带一路"沿途国家人民之间的和平合作、互利共赢。

1. 和平合作与仁爱和善

仁爱和善不仅是儒家的核心价值观,也是中华民族和合理念的核心所在。"仁"是中华优秀传统文化的核心理念,并强调每个人从遵守家庭孝悌的礼仪规范做起,正如《孟子·滕文公上》所云"父子有亲、君臣有义、夫妇有别、长幼有序、朋友有信",然后修身、齐家、治国平天下,以仁爱和善回馈家庭、社会和国家。

"一带一路"倡议所承载的丝路精神正是对仁爱和善的和合理念的延伸和升华,它强调从世界各国人民的利益出发,既要实现中华民族伟大复兴的"中国梦",更要携手世界各国人民,充分发挥中国人民和世界人民团结一致的群体力量,共同建设和合美丽的人类命运共同体。"中国梦"旨在实现中国人民乃至世界人民的美好生活追求,与"世界梦"联系密切、密不可分。在"一带一路"对外传播中,倡导以亲诚惠容的理念,坚持睦邻友好、互利合作。"亲望亲好,邻望邻好",习近平总书记多次强调,在"一带一路"建设中,要坚持亲诚惠容的理念,加强与"一带一路"沿途国家的睦邻友好。因此,和平合作的丝路精神内蕴着仁爱和善的和合精髓,促进"一带一路"沿途国家的民心相通和文化交流,共谋和平与发展。

2. 开放包容与和而不同

尊重差异、和而不同是和合理念的基础。"万物并育而不相害,道并行而不相悖",这代表了和合理念作为中国文化内核的最高理想,即强调在尊重差别和不同的基础上,达到相互融合的和谐境界。在和而不同的理念基础上加强开放包容,首先需要我们坚定中华民族的文化自信,坚持独立自主的对外传播根本。正是在独立自主的理念指导下,"一带一路"倡议提倡自愿参与、协同推进的原则,发扬兼容并包、开放包容的丝路精神。

在"一带一路"对外传播中,要在相互尊重各自文明的基础上,积极加强文化交流和文明互鉴。尊重是对话交流的基础,互鉴是融合和谐的前提。人类历史是不同文明相互交流和融合发展的历史，不同文明只有在相互尊重和借鉴中，才能平等交流、和谐共存，要在互学互鉴和相互尊重中不断推动人类文明的融合发展。

3. 协和万邦与互学互鉴

和合思想不仅具有深厚的文化内涵，还体现了系统整一的哲学思想，主要突出多种不同因素的协调和统一，强调整体的和谐发展和协作借鉴。因此，中华文化形成了海纳百川、包容并蓄的特征，并主张在求同存异、协和万邦的基础上互学互鉴、美美与共。

可见，"一带一路"不仅是一条商贸之路，更是一条文化交流之路。当前的"一带一路"建设蓬勃发展，不仅承载着互利互鉴的丝路精神，更承载着协和万邦的和合理念和世界各国对文化交流、文明互鉴的渴望。因此，我们在"一带一路"对外文化传播中，首先需要直面当前存在的文明差异和文明冲突，同时加强文明交流和互学互鉴，推动"一带一路"沿途各国在相互信任的基础上相互尊重、共享共赢。

4. 天人合一与互利共赢

天人合一、天人感应是传统和合思想的精髓，代表了中华民族乃至东方综合思维的主导思想。主张人与大自然和谐并存、人与人和谐相处，体现了中华民族及东方文化融合共赢的和合精神。这就要求我们把人看成自然和谐整体的一部分，在人与自然和谐发展理念的基础上，正确处理当今社会所面临的人际关系、党派关系、民族关系以及"一带一路"沿途国家的国际关系等，保持和谐统一，形成合力。因此，"一带一路"倡议不仅是中国自身的建设构想，也为"一带一路"沿途各国发展创造了共赢平台和新的机遇，它指出"相互尊重、平等相处、和平发展、共同繁荣，才是人间正道"，内蕴着中华和合文化的精髓。正如最近新媒体热播的由老挝著名摇滚歌星演唱的歌曲《一带一路》歌词中所提到的："'一带一路'，有你有我，大小问题，一起面对"、"丝绸之路，你我肩并肩，携手创辉煌"[①]。该歌曲通过时尚、动感的摇滚风，融合了一些老挝传统音乐因素，

---

① 《"一带一路——习近平之道"》，http：//www.xinhuanet.com/politics/2017 – 05/19/c_ 129607528.htm，2017 年 5 月 19 日。

并混搭了轻音乐的元素，通过优美动感的旋律更好地弘扬了"一带一路"打造人类命运共同体的理念和和合精神内涵，引起世界各国人民对"一带一路"所蕴含的和合精神的关注和理解。

和合理念体现了中华民族厚德载物、融合包容、和平和谐的崇高价值追求，表现在"一带一路"对外传播中就是倡导和平发展、和谐相处、和合共赢的国际观。2017年1月18日，国家主席习近平在日内瓦发表了题为《共同构建人类命运共同体》的主旨演讲，系统全面地阐述了人类命运共同体理念，主张建设一个持久和平、普遍安全、共同繁荣、开放包容、清洁美丽的世界。该阐释深刻体现了"互利共赢、舍我其谁"的中国担当和"天下大同、和而不同"的中国智慧。和合理念作为中华民族的独特思想和文化精髓，对推动"一带一路"建设的深入发展具有重要的理论指导意义，对弘扬丝路精神、构建人类命运共同体具有重要的当代价值。

"一带一路"倡议植根于古丝绸之路的历史土壤，延续千年积淀而成的丝路精神与和谐包容的和合理念一脉相承，都体现了中华优秀传统文化的精髓。自从"一带一路"倡议提出以来，习近平总书记多次在国际舞台上以其深厚的国学积淀向世界阐释和合文化精髓，并运用与时俱进的和合文化理念讲述丝路故事，阐释丝路精神，倡导构建人类命运共同体。中华民族自古以来就以爱好和平著称于世，追求和谐、和平发展是中华民族的优良传统和发展特色。因此，正是在"一带一路"建设推进中，中华传统和合文化理念得以更好地传承和弘扬，在共策、共建、共享、共赢中弘扬和平合作、开放包容、互学互鉴、互利共赢的丝路精神，在促进世界和平与发展中为传统的丝路精神赋予新的时代内涵，携手共建人类命运共同体。

论电视剧与通俗文化

赵　莹*

摘　要： 电视剧是通俗文化的重要类型之一，具有通俗文化的特征，通过"造梦"满足人的某一种欲望或本能，主要诉诸人的感性思维层面，且经由"链接—代入—实现愉悦"来形成对人们的吸引、影响和长久黏性。同时电视剧也有着自身特有的表现与审美特点。电视剧通俗审美能够丰富大众的文化生活，为塑造和谐、先进的社会文化发挥积极作用，但也存在不容忽视的风险因素，需要我们客观认识，引导其向对社会有益的方向发展，创作无愧于时代的优秀作品。

关键词： 通俗文化　感性愉悦　高维愉悦

通俗文化，也可称为大众文化。通俗文化是从文化的内容特征命名，大众文化则由其主要对象命名，是相对于精英文化、高雅文化的文化类型。通俗文化与高雅文化的区别特征可简单归纳为以下几点：第一，内容较为浅显易懂，不需要过多的专业知识也可以进行文艺作品的欣赏，而高雅文化的欣赏需要有一定的艺术专业素养做基础；第二，对象广泛，其欣赏对象可以是知识分子、专业人士，也可以为普通大众，而高雅文化则恰

---

* 赵莹，博士，中国传媒大学人文学院副教授，研究方向为艺术理论、影视文化与影视产业、文化资源研究与创意研发等。

恰相反；第三，通俗文化内容类型化、模式化的现象较为常见，而高雅文化更强调独创；第四，通俗文化的消遣、娱乐功能远远大于高雅文化的艺术审美功能；第五，通俗文化在传播手段和方式上体现出明显的"易得性"，即传播手段较为常见，不需要太多条件（如剧场、电影院等），也不需要专业或小众的"设备"。从这些区别可以看出，电视剧艺术属于典型的通俗文化的范畴。

一　通俗文化的产生与发展

在中国的文化发展历程中，大量通俗文化产生和兴起于明清时期，其背景主要有四点。第一，伴随着资本主义萌芽，商品经济不断发展，商品范围和样态不断丰富，逐渐扩大到文化领域，大量文学、艺术成果的"商品化"渐成趋势。第二，随着城市经济的不断发展，城市人口不断增加，城市消费市场不断扩大，同时经济发展带来生产效率的提升，人们拥有更多闲暇时间，进而有了丰富多彩的文化娱乐、文化消遣的需求，文化消费市场渐成规模。第三，科举制度大大扩大了受教育人群，相当数量科举不中的文人选择投身于戏剧戏曲、小说等文艺创作事业，极大繁荣了通俗文化产品创作，直接推动了通俗文化的发展与繁荣。第四，资本主义萌芽带来的实学精神，更重视现实主义、人本主义，更关注人的正常情感和欲求，创作方向直指普通人的普通生活和日常情感，成为当时"通俗文化"的重要特征之一，并迅速得以流行于世，又助推着更多通俗文化作品的创作，不断吸引来更多的欣赏人群。这一时期的通俗文化包括小说、戏剧戏曲以及各类说话艺术，极大地丰富了当时的城市文化生活和城市文化经济。

工业时代，技术是社会发展的第一动力。技术创新扩大到文学艺术领域，直接催生了以影视为代表的声画艺术的诞生。电影、电视诞生后，其依托声画一体、"复制"现实的表现风格，很快风靡全球，成为受众最为喜爱、影响范围最广、传播力最强、发展最为迅猛的文艺类型。可以说，以影视为代表的声画艺术的出现，是全球范围文艺形态的一次颠覆性变革。影视艺术迅速成为当代社会极具代表性的文艺形态。电视剧是影视艺术的重要组成部分，具有典型的通俗文化的特性，主要体现在以下四个方面。第一，电视剧拥有最为广泛的受众。当前社会，电视机对一个家庭来说，就像衣柜、床一样，已经成为每个家庭的必备品之一。对于大多数家庭来说，看电视是每天的必有活动，而电视剧则是"看电视"的必有环节。随着移动互联网的普及，人们可以随时随地、随心所欲地点播电视剧，看电视剧已经成为人们重要的娱乐方式之一。第二，电视剧的内容核心是故事，重在"以情感人"，不涉及深奥的理论和哲学思辨，贴近老百姓的日常审美与闲暇时的放松娱乐需求。第三，电视剧声画叙事，直观形象，接受难度较低，具有最广泛的受众基础，无论文化程度如何都是电视剧的受众人群。第四，电视剧题材丰富，内容多样。无论题材如何，电视剧都是以最普通观众的心理与认知为基础进行创作的。因此，随着电视机的逐渐普及，电视剧很快成为电视内容播出的重头戏，成为普通大众最为喜爱的文化活动之一，也成为文化产业重要的产品门类。

一部热播的电视剧，经常成为大众工作以外茶余饭后的谈资。特别是现实题材电视剧，往往反映某一时期突出的社会问题，更容易引发观众的关注和讨论，其文化直接反映当时社会的人伦、风貌和价值走向。与此同时，电视剧中的情感也牵动着观众的喜怒哀乐，剧中人物的命运让观众牵肠挂肚，剧中故事的发展走向也成为人们议论的热门话题，在观众的持续关注、期待与盼望中，很多电视剧人物成为观众喜爱的"偶像"、崇拜的"英雄"，他们的一言一行成为观众模仿的"榜样"。电视剧也在润物细无声地影响着观众的情感与思想态度，进而影响和重塑着当前社会的文化与价值。

二 电视剧通俗文化的审美特点

不可否认，电视剧对观众了解社会、历史、各行各业，以及更为丰富的现实世界大有益处，但这些益处是优秀电视剧的特有效果。还有一些电视剧，无论是故事的吸引力、声画艺术还是文化内涵都表现得不尽如人意，这样的电视剧对观众审美、社会文化都具有负面的影响。电视剧是通俗文化，拥有通俗文化的特性，它的文化特性来源于当前经济社会环境，同时也反作用于现实社会。下面，笔者将结合通俗文化形成的过程，谈谈电视剧作为通俗文化的特别之处。

如上所述，通俗文化相对高雅文化、精英文化的重要区别之一在于内容相对简单，受众范围广，突破了专业或受过一定教育的人群。在具体表现层面，笔者认为，可以归到通俗文化的文艺作品，其表现内容层应至少符合以下条件中的一条（我们可以称之为"必有元素"），包括但不限于：至情的、趣味的、传奇的、成功追求权力或财富的、超能力的。这些"必有元素"具有两个共同点：第一，满足人的某一种欲望或本能；第二，通过感性思维获取。

先说第一个共同点，即满足人的某一种欲望或本能。欲望与本能属于人的"性"的层面。孔颖达在《周易注疏》中论道："性者，天生之质，正而不邪；情者，性之欲也。"古今中外，对至情至爱的追求是文艺作品不变的母题。明代戏曲家、文学家汤显祖倡导"唯情论"，在《耳伯麻姑游诗序》中云："世总为情，情生诗歌，而行于神。天下之声音笑貌大小生死，不出乎是。"弗洛伊德则从心理学角度认为，"本能"（本我）是一切行为的动机，当然也包括"文艺创作"，"本能"是文艺创作的动因。至情的情，包括了爱情、亲情、友情等人与人之间的情感态度，是人获得安全感和幸福感的重要条件。趣味，满足的是人追求快乐的欲望和本能，梁启超的"审美趣味论"正持此观点，他认为"趣味是生活的原动力"而"艺术的本质和作用就是'审美趣味'，其功能在于维持和增进人的生活康健"，"文学的本质和作用，最主要的就是'趣味'"，而幽默则是"趣味"的重要内涵之一。传奇，满足的是人们的窥视心理和欲求。总想了解别人命运的起伏，满足自己对多种经历和情感的感受，根本上说也是对情的追求和本能反应。成功追求权力或财富，满足的是人的占有欲，本质上体现了人们对安全感的追求。权力能够带给人凌驾于他人之上的、作为强者的生命力量，而财富则能够带给人驾驭物质需求的自主和自由。超能力，包括力量的、智慧的、法力仙术的等，同样让人们能够获得安全感和超越感。这些元素表现在电视剧中，就是言情电视剧、情景喜剧、传奇剧、商战剧、宫斗剧、武侠剧、仙侠剧等。电视剧的类型化也就此诞生。

第二个共同点，这些"必有元素"都诉诸人的感性思维层面。在第一点中我们知道"必有元素"符合人们的一般欲求或本能，这些元素不涉及太多的专业知识、艺术审美或哲学思辨，而是属于人的感性思维。正如严羽在《沧浪诗话》中所言："诗有别趣，非关理也。……不涉理路、不落言荃者，上也。诗者，吟咏性情也。盛唐诸人惟在兴趣，羚羊挂角，无迹可求。故其妙处透彻玲珑，不可凑泊，如空中之音，相中之色，水中之月，镜中之象，言有尽而意无穷"①，强调的就是文学创作中的感性思维。而感性思维，人人皆有、与生俱来，因此，这些付诸人的感性思维的元素拥有着最为广大的、可实现理解与共情的主体。

通俗文化的内容必然属于这些"必有元素"之一，那么这些"必有元素"又是如何吸引、影响人们的呢？笔者认为，通俗文化是通过"链接—代入—实现愉悦"来形成对人们的吸引、影响和长久黏性的。

链接，即建立需求链接。普通大众的一般性情感，对于真情、快乐、安全、财富或地位、超能力（智力、法力、体力等）的向往和追求是普遍性的。无论人的身份、背景如何，真情、快乐、安全、财富或地位、智慧等，总有一项或几项是他感兴趣或奋力追求的目标。无欲无求的人生境界鲜有人能够达到。这些元素是除了生命、健康等基本生存要素外，人们在这个世界生活和追求更好生活的本能需要。每个人的性情、爱好可能有所不同，但以上列出的"必有元素"，可以说是人与生俱来、有很大共性的需求。比如真情，包括爱情、亲情、友情等，这些情感无论对于男女老少还是东方西方来说都是具有社会属性的人的基本生存需求。再比如快乐，追求快乐也是人的本性或本能之一，即使在战争、灾难面前，人们也不乏追求快乐的需要。对智慧的追求和崇尚也是如此，原始社会时期的部落首领往往是能够在某一项技能方面有极大创造的大智慧者。对智慧的崇拜也贯穿在古今中外的各个历史阶段。通俗艺术作品，恰恰是在直接地、毫无隐晦地表达着这些人类的感性需求。电视剧也是如此，情感剧、家庭伦理剧往往以表达各种情感为主体；情景喜剧则可以说是一个个幽默的日常段子的集合；有着很多暴力元素的电视剧，比如武侠剧、抗战剧等，通过力量的对抗和正义的胜利（最为常见的结局），给观众以极大的安全感；很

① 严羽：《沧浪诗话》，中华书局，2014，第23页。

多的历史剧、宫斗剧、商战剧则表现了人们对于权力和财富的欲望与满足；还有一些悬疑剧，如侦破剧、谍战剧，以及仙侠剧、修仙剧等，则向人们展示出超能力的高明与胜利，满足了人们对于超能力的崇拜，这些超能力包括超出寻常的智力、法力、体力等。正是基于对这些不同的观众欲望的满足，形成了不同题材的电视剧，进而形成各种类型，即被证明了的能够得到观众喜爱的类型电视剧。

第二，代入，即实现自我代入。类型电视剧满足了观众的欲求，其满足不仅仅在于简单的欣赏。观看电视剧中的一段打斗场面与观看街边的一场事不关己的打架斗殴有本质的差别。街边一场毫无瓜葛的人之间的打架斗殴，好事者看见了会去围观，怕事者可能会离得远远的。而电视剧中的场景对于观众来说有着强烈的自我代入感，观众往往会把自己与剧中的主角（一般为同性主角）或是自己非常喜好的角色合二为一，把自己的情感、期待、好恶、立场都代入电视剧中的某一个角色。因此，剧中这个角色的成功、智慧、快乐、超能力等都能让观众产生自我得到一般的满足，就如造梦一般。"当一位创造性作家向我们呈现他的作品，或是告诉我们，我们倾向于做他的个人白日梦，会给我们带来极大的快乐，……作家通过改变和掩饰使其自我白日梦的角色得以柔和化，并且他用纯正的——即美学的——愉悦方式来收买我们。①"也正因为如此，在一部电视剧结束后，观众往往有着短期的失落感，这就是从满足中走向现实的失落。这种自我代入，也是感性化的一种表现。

第三，实现愉悦，具体来说，是电视剧等通俗文化带来感性愉悦。电视剧等通俗文化带来感性愉悦，是指由电视剧等通俗文化引发，通过感性思维触发人的不同情感直接产生的愉悦心理。电视剧等通俗文化带来的感性愉悦有三个特点：易得性、短期性、欺骗性。易得性，体现为获取愉悦的难度低、方式直接和过程短，无需经历其他的推理、论证或逻辑思辨、语言组织等更多的环节即可获得。短期性，是指电视剧等通俗文化通过营造"梦境"将人们带至理想境地，从而实现情感体验的愉悦，但是当电视

---

① 〔美〕埃塞尔·S. 珀森等：《论弗洛伊德的〈创造性作家与白日梦〉》，吴珊译，化学工业出版社，2016，第36页。

剧结束，人们会很快回到现实，那种体验式的感性愉悦会随之锐减或消失。所以，当一部电视剧播放完的时候，人们常常会有一种落寞的空虚感，电视剧结尾常常是"大团圆"结局，迎合人们的期望，往往是"造梦"的高潮，也是人们获得无比满足的感性愉悦最为强烈的时候。一旦结束，人们从"美梦"回到现实，而且是美梦完结的现实，空虚感和落寞感的产生也就不难理解了。欺骗性也由此而来，通过链接受众的本能或本性，实现了自我代入，这个过程本身就是虚幻、虚伪的，感性愉悦的理由——情感、智慧、安全、权力与财富都是虚构的，其引发的感性愉悦当然也有很大的虚伪成分。当人们结束"链接"回到现实世界，满足、愉悦就会消失，随即产生极大的心理落差。正如弗洛伊德在其论文《创造性作家与白日梦》中分析的那样："小说中的所有女性都会无可救药地爱上那位英雄，这一情节很难被当作对现实的刻画，但作为白日梦的必备元素却很容易被接受。同样的事实是，小说中其他角色被生硬地划分为好人和坏人，无视现实生活中观察到的人物性格的多样性。对自我有帮助的就是'好人'，敌人或对手则是'坏人'，而这个自我就成了整个故事英雄式的主角。"① 这段话从文艺创作与白日梦的关系，阐释了电视剧一定意义上的欺骗性。电视剧因其播放时间长，"链接""造梦"的过程长，带来的感性愉悦更为深刻，其落差也会更为明显，其感性愉悦的欺骗性也更为明显。但是，我们应该看到的是，其感性愉悦的欺骗性，人们很容易意识到，但是它对人价值观的影响和重塑是长期和深刻的。因此，习近平总书记2014年10月在文艺工作座谈会上指出："文艺是铸造灵魂的工程，文艺工作者是灵魂的工程师。好的文艺作品就应该像蓝天上的阳光、春季里的清风一样，能够启迪思想、温润心灵、陶冶人生，能够扫除颓废萎靡之风。"电视剧等文艺作品要传递积极的价值观。

　　感性愉悦直通人们的感性思维层面。感性，由人的本性引起，感于物而发乎情。性，是人的本性，是人与生俱来的。情，是人之性感于外物而激发产生的，表现为心情、情绪或感受，同样具有一定的普遍性。普遍性

---

① 〔美〕埃塞尔·S.珀森等：《论弗洛伊德的〈创造性作家与白日梦〉》，吴琼译，化学工业出版社，2016，第17页。

表现为存在的普遍性和效果的类同性，决定了电视剧等通俗文化拥有最为广泛的受众，也往往有着相似类型。如小说、戏剧、电影、电视剧，甚至最近流行的游戏，在以内容为依据的类型划分上都有着一定的相似性。以内容为依据的类型划分常常基于作品对人的不同性与情的满足。

与感性思维对应的是理性思维、专业思维、哲学思辨、艺术创作与鉴赏等。后者也会给人带来愉悦，这种愉悦必须通过一定的过程或创作结果才能够实现，比如论证一个真理、完成某一项复杂的工作任务或取得某一项成就等，这些攻克难关可以给人带来"高峰体验"的愉悦，我们可以称之为高维愉悦。感性愉悦的获得明显要比高维愉悦容易得多。高维愉悦是主观主动地，通过一定艰难过程让自己的知识、认知、成就得以提升、丰富、突破而产生的满足感。高维愉悦带来的满足感与感性愉悦带来的满足感完全不同，前者是通过一定的努力过程得来的，是以自身的成就、提升为基础的，因此也是长久的、实实在在的，是真正的属于人们自身的精神财富。

三　电视剧通俗文化的利与弊

电视剧等通俗文化主要为人们带来感性愉悦，有其积极的、必要的一面，也有不容忽视的不利的影响。那么，应如何看待电视剧等通俗文化呢？

首先，我们应该肯定的是，感性愉悦是每个人正常的生理和心理需要，也是人的本性之一。无论是普通民众还知识分子、社会精英，都需要通过感性愉悦来放松心情，通过与工作状态完全不一样的思维来进行心理和情绪的调试，进而达到最有利身心健康的平衡点。再成功的人也不可能获得人生的完全满足，总有不尽如人意之处，这些"遗憾"可以通过电视剧等通俗文化进行"幻想"进而得到满足感，也是有利于人们的心理健康的。最后，电视剧等通俗文化都具有一定的价值引导和价值塑造的功能，能够通过通俗化的手段净化人的心灵，正如姑苏笑花主人在《今古奇观序》中所说："闻者或悲或叹，或喜或愕。其善者知劝，而不善者亦有所惭而悚惕，以其成风化之美。则夫动人以至奇者，乃训人以至常者也。"①
小说是典型的通俗文化，其劝诫和教育功能正是通过"或悲或叹，或喜或
愕"的感性链接带来的，这一点，也是通俗文化的有益之处。

可以说，电视剧等通俗文化有着不可否认的积极作用，丰富了人们的
业余文化生活，提高了人们的生活品质，能够有效调节人们工作中的压
力、紧张情绪和心理，也为塑造和谐、先进的社会文化贡献了力量。

但同时，我们也要深刻认识到电视剧等通俗文化的弊端，以进行有的
放矢的规避。

第一，感性愉悦获得的易得性，一定程度上降低了人们对于高维愉悦
的追求愿望。感性愉悦的易得性上面已经做过讨论，它诉诸人的感性思
维，直接作用于人的情感，又具有较为强烈的冲击，因此具有强大的吸引
力。比如，人们在工作之余的放松时间更愿意观看"不动脑子"的喜剧片
或家庭剧。当人们能够容易、不费力气地获得有趣、充满激情的感性愉
悦，那么如果不是拥有更高的要求或其他什么目的，还有多少人愿意在业
余时间，追求费时费力的高维愉悦呢？也正因为如此，人们的业余时间基
本被能带来感性愉悦的通俗文化占据，而以人们业余时间为目标市场的、
能带来高维愉悦的高雅文化也渐渐有了通俗化、大众化倾向，或者中间穿
插了很多通俗文化的元素。日复一日，当人们习惯业余时间被通俗文化占
据时，高雅文化影响力也会相应缩减，更多地局限在专业领域、特定爱好
者领域。

第二，沉醉于感性愉悦带来的虚幻世界，误导人们对现实世界的认
知。感性愉悦产生于满足人们的感性欲望，其中有较大的理想化成分，如
果人们过多沉溺于感性愉悦之中，一定程度上会产生对客观世界错误的认
识和判断，误以为通俗文化中的理想世界就是我们生存的现实世界。特别
是电视剧，表现手段为真人、真实场景，极其逼真，观众情感和认知的代
入感较强。即使是古装剧，其表现形式的真实性也会加深人们对其内容真
实性的认可。另外，电视剧剧集较多，当前为了经济利益，有的电视剧故
意拖沓、注水，甚至达到80集以上，播放周期超过一个月。这样一来，人

---

① （明）抱瓮老人：《今古奇观》，岳麓书社，1992，第2页。

们长期沉浸于虚幻之中，电视剧创造的虚拟世界对人们潜移默化的影响不可低估。特别是对涉世未深的青少年，其影响更为深刻。过多地沉浸于虚幻的伪真实世界将降低人们对现实世界的认知能力。这一点不容忽视。

第三，格调不高的作品对社会文化有负面影响。目前，我国电视剧等通俗文化创作鱼龙混杂，其中不乏"既叫好又叫座"的影视佳作，但是也有大量格调不高的作品。这些作品充斥荧屏，不但会降低人们的艺术欣赏能力，更严重的后果是会误导人们的价值取向，进而影响整个社会的价值构建。特别是一些作品故事好看、制作精良、"老戏骨"参演，吸引来很多观众的眼球，取得较好的收视效果，但是价值观出现了严重的问题，而电视剧价值观的问题又是隐藏在作品之中的，有很强的隐蔽性，人们沉浸于好看的电视剧中时，往往没有意识到电视剧的价值引导对自己带来的影响，或者有了一定的感觉，但是无法生成明确的判断。比如曾经有一部收视率很高的电视剧《蜗居》，一播出就吸引了大量的观众，但电视剧在播放过程中逐渐暴露出价值观上的严重问题——对第三者情感的美化和露骨的表现，此部电视剧也因此在中途被紧急叫停。还有一部网络剧《太子妃升职记》，因故事好玩、演员颜值高，点播量居高不下，但是中途也被强制下线，同样因为价值观表现混乱离谱。

综上分析我们可以看到，通俗文化是时代发展的产物，有不容忽视的积极作用，与高雅文化也非对立状态，满足人们不同的艺术欣赏需求，满足不同人群的艺术偏好。通俗文化是一种艺术风格、文化特色，更是当前大众文化、社会大文化中不可缺少的内容之一，也是当代先进文化的重要形式。其优劣不在于通俗文化本身，而反映在其内容、艺术性和价值等艺术本体的创作上。通俗文化中也不乏优秀和经典之作，如电视剧《大宅门》《士兵突击》《亮剑》《欢乐颂》《琅琊榜》《小欢喜》《都挺好》等。因此，对通俗文化进行批判并无太大意义，应更多在对电视剧艺术、对通俗文化进行深入分析、充分认识的基础上，引导其向对社会有益的方向发展，创作出老百姓喜闻乐见、对全社会有积极建构意义的优秀作品，即"创作无愧于时代的优秀作品"。

对此，笔者认为首先应全面提升和完善对电视剧产业的管理和引导，建立电视剧综合动态评价监测体系，从策划、拍摄、播放全程关注电视剧的影响和产业效果。其次，动员文学、历史学、文化学等领域专家学者，以及民间文化名人建立实时更新的影视剧题材目录，鼓励从更为广阔的中华文化宝藏中寻找创作灵感，并鼓励文学家、文化人参与到电视剧剧本的创作之中。再次，提高剧本创作人才培养质量，加强剧本阶段的质量把关。最后，适当提高电视剧制作门槛，对电视剧创作从行业管理角度上进行把关。当前，我国电视剧产业步入结构调整期，每年剧集总量偏多，但上线率和盈利率较低，一定程度上造成了产业资源的浪费，说明产业整体效率较低，产业风险加大，不利于电视剧产业的稳健发展，电视剧产业迫切需要向高质量发展阶段转变。在此情况下，更需要主管部门和协会加强引导、协调，共同营造公平、健康、高效的电视剧产业环境。

技术驱动下传统媒体转型发展路径探析

——以新华社融媒体建设为例

邓　航　陈　端*

摘　要：媒体融合是当前一项重要的国家战略需求。当前，大数据、5G、云计算、人工智能、物联网、区块链等高新技术发展迅猛，一定程度上加速侵蚀着传统媒体的生存空间，但同时也带来了前所未有的发展契机和无限的想象空间，传统媒体的转型迎来新的挑战。在此过程中，新华通讯社积极跟进、开拓创新，产生了"媒体大脑"、现场云、卫星新闻、AI 合成主播等一系列技术创新成果。本研究以新华社融媒体建设为例，分析 5G 时代下先进科技与新闻领域的碰撞与融合，试图为传统主流媒体的转型发展提出更多的创新思路。

关键词：媒体融合　技术创新　人工智能　新华社

一　绪论

（一）选题背景及意义

媒体融合是当前一项重要的国家战略需求。自 2013 年十八届三中全会以来，党中央多次对媒体融合发展提出指导意见和明确要求。2019 年初，

---

* 邓航，中央财经大学文化与传媒学院新闻与传播专业硕士生；陈端，博士，中央财经大学数字经济融合创新发展中心主任，研究方向为数字创意产业、传媒经济、互联网经济。

习近平总书记在中共中央政治局第十二次集体学习时，着重强调了加速推进媒体融合发展、深化全媒体建设的紧迫性和重要性，并提出"四全媒体"的媒体格局新概念，为推动媒体深度融合、建设全媒体格局做出理论铺垫。中共中央办公厅、国务院办公厅印发了《关于加快推进媒体深度融合发展的意见》（以下简称《意见》），要求深刻认识全媒体时代推进这项工作的重要性、紧迫性①。

当前，大数据、5G、云计算、人工智能、物联网、区块链等高新技术发展迅猛。面对新兴媒体的强烈冲击，传统媒体最好的应对方式就是与新兴媒体融合，向纵深发展，以融媒体为目标积极转型升级，在新的媒介市场中营造良好生存环境。

对比国外媒体融合发展的实践，我国的媒体融合起步较晚，尚处于探索阶段，在此过程中，新华通讯社积极跟进、开拓创新，产生了"媒体大脑"②、现场云、卫星新闻、AI 合成主播等一系列技术创新成果，并成立了媒体融合生产领域的首个国家重点实验室。本研究以新华社融媒体建设为例，分析5G 时代先进科技与新闻领域的碰撞与融合，试图为传统主流媒体的转型发展提出更多的创新思路，对于拓展我国媒体融合广度和深度，提高主流媒体传播力、引导力、影响力和公信力具有较大的价值。

（二）文献综述

移动互联网为传统媒体带来了传播技术、传播模式的转变，用户成为新的关键要素进入媒体信息生产的流程③。针对传统媒体转型的研究已经意识到媒体融合的重要性和必要性。

我国媒体融合真正成为战略部署是在 2014 年，是在新时代背景下为更好满足受众需求，为受众提供更好的信息服务而提出的发展方向，由政府力量主导，提供政策支持。经过五年的初步探索，我国的媒体融合已经有

---

① 《中共中央办公厅　国务院办公厅印发〈关于加快推进媒体深度融合发展的意见〉》，http://www.gov.cn/zhengce/2020 - 09/26/content_ 5547310. htm，2020 年 9 月 26 日。

② 全称为"媒体大脑·MAGIC 短视频智能生产平台"。

③ 黄楚新：《"互联网 + 媒体"——融合时代的传媒发展路径》，《新闻与传播研究》2015 年第 9 期，第 107 ~ 116 页。

了一系列的阶段性成果，但技术背景、产业背景和消费者背景还不成熟，需要探索一条适应中国国情的发展路径。如今在"四全媒体"格局下，新闻流程、媒介形态、生产主体和传播效果等方面都面临重构挑战①。2019年县级融媒体中心呈爆发式布局态势，2020年在实现全覆盖的过程中需要更多机制、技术等方面的改革②；大型传统媒体融媒体转型中在内容风格、载体升级、技术使用等十个角度都面临结构性困境③；"智能＋"使得融媒体传播向智能化纵深发展，其中5G通信技术作为重要载体将带来技术变革的新意义与新问题④。

媒体融合转型的趋势越来越明确，目标越来越坚定，业界学界对此的关注热情也逐步上升，但大多集中于观念意识的加强以及资源渠道的整合，对于5G等新兴技术在融媒体建设中的应用案例研究较少。

本研究以2019年"5G商用元年"为背景，选择2019年12月正式揭牌运行媒体融合生产技术与系统国家重点实验室的新华通讯社为研究对象，具备较强的创新性与时效性。

二 媒体融合持续深化，传统媒体面临挑战

（一）用户注意力投放转移，流量新贵占据上风

进入21世纪，以微博、微信、移动客户端为代表的新兴媒介载体和新媒体平台逐渐成为社会目光聚焦的重点，传统报业的受众和广告大量流失。对于传统媒体而言，其成体系化的策划、采写、编辑、分发、反馈的生产和传播流程在以快速、大量为代表性特征的新兴媒体面前显得有些力

---

① 沈正赋：《"四全媒体"框架下新闻生产与传播机制的重构》，《现代传播》（中国传媒大学学报）2019年第3期，第8～14页。
② 黄楚新、刘美忆：《2019年中国县级媒体融合发展状况及趋势》，《新闻与写作》2019年第12期，第10～16页。
③ 朱鸿军：《颠覆性创新：大型传统媒体的融媒转型》，《现代传播》（中国传媒大学学报）2019年第8期，第1～6页。
④ 段鹏、文喆、徐煜：《技术变革视角下5G融媒体的智能转向与价值思考》，《现代传播》（中国传媒大学学报）2020年第2期，第29～34页。

不从心，而其统一古板的文字画面呈现形式也在新兴媒体所产出的立体化、沉浸式新闻信息前大大逊色。对于用户而言，相较于只能被动接收信息的传统媒体，能够充分参与、自己产出的新媒体平台显然更具自由度和吸引力，能够无时无刻关注到任意地区或领域的新闻事件并通过讨论评价产生影响更是新兴媒体为用户带来的一大信息生态新区。

近年来，以 B 站、抖音、快手甚至是淘宝直播等为代表的商业新兴媒体，都在以技术为支撑不断创新传播形式、深挖内容，扩张力和影响力与日俱增。2013 年 8 月 19 日，习近平总书记在全国宣传思想工作会议上提出媒体融合目标时指出："很多人特别是年轻人基本不看主流媒体，必须正视这个事实，加大力量投入，尽快掌握这个舆论战场上的主动权，不能被边缘化了。"① 传统主流媒体仅以进驻平台的方式吸引流量已不能在新媒体生态中与新兴媒体相抗衡，需要更多的技术探索和自主创新。

（二）"四全"时代多维冲击，集群格局不足应对

随着全媒体时代的到来，"四全媒体"的概念被正式提出。在 2019 年 1 月 25 日的中共中央政治局第十二次集体学习中，习近平总书记强调："全媒体不断发展，出现了全程媒体、全息媒体、全员媒体、全效媒体，信息无处不在、无所不及、无人不用，导致舆论生态、媒体格局、传播方式发生深刻变化，新闻舆论工作面临新的挑战。我们要因势而谋、应势而动、顺势而为，加快推动媒体融合发展。"② 在信息网络化、竞争市场化的新传播时代，以建立"四全媒体"的意识突破集群打造全媒体矩阵成为媒体转型发展的必然选择。

近午来，在现代化媒休集群效应的影响下，各大传统媒体纷纷建立由报章、杂志、网站、移动客户端、社交媒体、户外屏幕、电视等多元化媒体形态组成的传播集群，将优势资源集于一身。以新华社为例，作为中国

---

① 中共中央文献研究室编《习近平关于全面建成小康社会论述摘编》，中央文献出版社，2016，第 105~106 页。
② 《习近平在中共中央政治局第十二次集体学习时强调 推动媒体融合向纵深发展 巩固全党全国人民共同思想基础》，http://news.cctv.com/2019/01/25/ARTIZcQatXrGxt963PVqiXAf190125.shtml，2019 年 1 月 25 日。

国家通讯社和世界性现代通讯社，新华社所属企事业已涵盖所有媒体形态，拥有国家级新闻网络集群、各类媒体客户端 21 个，社交媒体账号集群等，新华社 "NEW CHINA" 账号在 Facebook、Twitter、YouTube 等五大海外社交媒体平台上总活跃粉丝数居世界媒体最前列。在这个移动互联和社交媒体浪潮汹涌的新传播时代，新华社以前所未有的气度和力度勇立潮头，凭借实时信息推送、多样性社交互动和全国最为丰富的资讯内容资源吸引了一批忠实用户。

但媒体融合不仅仅是传统媒体简单的互联网化，也不单单是各个不同媒体形态的块状分布，《意见》指出，要建立以内容建设为根本、先进技术为支撑、创新管理为保障的全媒体传播体系①。

（三）技术迭代场景革新，传统媒体亟待适应

2019 年我们已经迎来了 5G 元年，以 "大带宽、广连接、低时延、高速率" 为特点的 5G 通信网络带来传播格局的变化，这也意味着与之密不可分的媒体格局必将有所革新。

首先，低时延、广连接所带来的联动效应将深层次改变媒体与受众的互动关系。在与 AI 人工智能、大数据、云计算等技术的配合之下，5G 将驱动机器学习从被动走向主动、从机械模仿走向深度学习。用户将不再仅仅依赖手机客户端和小程序进行生活服务，而是通过身边更多的互联载体如电视、汽车、眼镜、手表等来满足信息和生活需求，媒体与用户之间形成多终端智能化的 "类人际交互关系"②，真正走向万物互联、万物皆媒。

其次，大带宽、高速率所带来的扩容能力将进一步提升用户体验甚至改变用户生活方式。在 5G 技术的加持下，VR、AR、全息投影等影像智能终端将实现颠覆性创新，实现无卡顿、无时延的虚拟场景真实化、真实场景远程化，让用户体验到强烈的沉浸式感官享受，或许在不远的未来，用户可以利用 VR 设备观看和参与演唱会、用 AR 技术参观博物馆和海洋馆、

---

① 何强：《人工智能在新闻领域应用的新突破——从全球首个 "AI 合成主播" 谈起》，《新闻与写作》2019 年第 5 期，第 93~95 页。

② 《中共中央办公厅 国务院办公厅印发〈关于加快推进媒体深度融合发展的意见〉》，http：//www.gov.cn/zhengce/2020-09/26/content_5547310.htm，2020 年 9 月 26 日。

随时随地发现关注远程新闻事件，拥有全新的实时在场体验感。

5G 时代下，媒体融合将从智能走向智慧，以更高效更具公信力的内容为用户提供更好的信息服务，以更个性化、更高新的手段形式提高用户黏性，传统媒体唯有转换思维，改革体制机制，适应新场景新逻辑，才能真正在智媒时代维护和放大自身社会影响力与舆论引导力。

实际上，上述种种挑战也同时为传统媒体带来了破茧重生的动力，新技术提供的新平台也为传媒在新场景下依托新产品、新业态打造全新格局、扩大社会影响力提供了新的支撑。

三　传统媒体融合发展探索——以新华社融媒体建设为例

（一）"媒体大脑"——人工智能重塑传播格局

MGC（机器生产内容）技术在 2018 年两会期间新华社"媒体大脑"的惊艳亮相引爆全媒体场域，这个由新华智云自主研发的国内首个媒体人工智能平台将大数据、物联网、人工智能、云计算等多项先进技术融会贯通，集全面收集、高效生产、多样呈现、广泛抵达等优势于一体，提供更加智能化的素材探索、信息收集、生产编辑、分发传播、监测反馈等全流程服务。

在 MGC 的生产方式下，一条视频新闻可以由机器自动组织稿件、自动生成解说词、自动配图配音配乐、自动剪辑。从某种意义上讲，新闻不仅仅是历史的记录，也反向成为数据信息的来源，塑造着一个全新的智能化 AI 内容生态系统。

这种对于生产资料的检索和调用将在一定程度上改变记者和编辑的工作方式，实现更高效能的人机协同，促进更广阔范围内的跨界融合。其中一个突出表现就是在 2020 年新冠肺炎疫情期间"媒体大脑"所发挥的重要作用。受疫情影响，各行各业都处于半复工状态，整体压力都在倒逼媒体机构在线化生产和传播。在这期间，新华智云紧急研发并上线推出疫情报道机器人，"媒体大脑"专设"疫情专题"7×24 小时收集疫情素材，同时采集微博、微信及各大网站对疫情的报道量，提供 2003 年"非典"时的各项病情及经济相关数据以便进行对比分析，此外也汇总了文娱行业、口罩制造生产等各方面的数据信息，并最终通过短视频的形式呈现给社会公众。2020 年 3 月统计数据显示，"媒体大脑"在疫情期间 19 天生产20 万条短视频，已成为中国最大的新闻短视频在线生产平台。通过 AI 人工智能技术和大数据助攻媒体"战疫"，让主流媒体在重大主题报道中再一次彰显原创生产力，提高其公信力，令媒体与用户之间建立更强更深层次的连接，使得信息传播的效能最大化。

以"媒体大脑"为代表的人工智能技术正逐渐扩展至新闻界的应用领域，截至目前，已有近千家媒体机构在媒体大脑上进行内容生产，在人工智能走向智慧走向智库的道路上，"媒体大脑"扮演着基础设施的支撑角色，成为 AI 内容的定义者和发布者、传播格局的重塑者和维系者。

（二）现场云——直播生态推动服务升级

现场云是新华社自主设计打造和管理的专注原创内容生产的公益性移动化全国服务平台。通过现场云平台，记者只需携带一部手机便可做到即拍即采并同步回传，同时后台编辑也可以实时编辑和播发。新闻报道不再局限于策划－采访－编辑－终审－宣发的线性模式，而是成为能够全程参与、全程关注、实时反馈的行进式报道。

两会报道是各级媒体第一次大规模运用现场云进行的重大主题报道，实现了全流程追踪、全链条发布的全程报道。会场以小视频的形式分解开来，受众可以移动观看和互动评论，走向"全息"传播；协调调动 PGC、UGC 内容，并开设直播间让人民可以和人大代表、政协委员直接对话，将街采等形式容纳于现场云的报道中，实现普通民众广泛参与的"全员"报道。两会期间，《地方两会进行时》的专题报道中还采用"连线传声筒"的形式实现内外场联动，将现场云二维码放入报刊版面以实现跨媒体跨平台的直播效果，各级地方媒体与主流媒体形成联动协同，提高新闻传播的抵达率和有效性。综合来看，这是一次以技术为前提对"四全媒体"建设的全面探索，不仅丰富了记者和新媒体编辑的业务范畴，也大大提升了协作效率，降低了人工成本，同时提高了传播效力。

对于现场云的成功应用还有很多典型案例，2020 年春天火爆全网的云赏樱、《大连晚报》全程直播迎接援鄂医疗队白衣天使回家、云游美酒博物馆、交通事故现场报道等，都是在不同场景下对直播生态进行信息服务的表现。

（三）卫星新闻——大数据创新报道样式

见惯了地面视角的平行画面，当卫星数据图把遥远的高空俯瞰垂直画面呈现在人们眼前时，直叫人惊叹称绝。

在新中国成立 70 周年之际，新华社首创将遥感卫星技术运用于现场新闻报道的"卫星新闻"报道样态，为传媒带来新鲜的创作活力，为公众带来全新的视觉体验。2019 年底，新华社推出《60 万米高空看中国》系列报道，突破传统拍摄方法利用卫星图像与无人机拍摄相结合的方式呈现出一镜到底的视觉效果，通过今昔对比、镜头变换在时间和空间的不同维度上全方位、立体化展现各地沧海桑田的变迁发展，在不同城市打造规模化 IP 产出，作品宣发覆盖了报纸、网站、电视台、微信、微博、客户端、户外大屏等各终端平台，总浏览量超 40 亿次、总互动量超 1.36 亿次，多次登上微博热搜，实现刷屏效果，被中宣部有关刊物评价为"堪称守正创新，运用新技术壮大主流舆论声音的标杆之作"，成为又一尖端技术承载下的成功"爆款"新闻产品。

而在 2020 年疫情之下，卫星新闻同样发挥了其巨大的生产效能和传播潜力，通过提取武汉上空卫星中的各种社会生活数据，从可视化的角度呈现出这座英雄之城在 76 天抗疫中表现出的强大生命力，让世界直观地看到中国应对危机的行动速度之快、规模之大、效果之强，凝聚全民族信心力量，共同见证生命的奇迹。

现如今，跨界融合已经成为媒体融合的趋势，卫星新闻不仅是利用卫星进行新闻实时成像的创新形式，也是中国新闻史上采用卫星拍摄现场新闻的重大突破性尝试。航天界与新闻界联动共创，为媒体融合又提供了一个新的思路。2020 年新华社成立了卫星新闻实验室，打造了空天地、海天地一体化的信息融合生产模式。

（四）AI 合成主播——前沿技术加持全新体验

在第五届世界互联网大会上，新华社与搜狗公司联合发布的全球首个合成新闻主播——"AI合成主播"颠覆了广播电视新闻生产格局,并引起了国际新闻界的广泛关注①。

AI合成主播是机器深度学习的成果,其根据真人主播的人脸、声音、动作、表情等细节特征,通过人脸识别、人脸建模、声音合成、动作合成、表情合成等多项技术实现"克隆",并最终以真人主播播报新闻的状态进行同样的信息播出。之前火爆的《主播说联播》短视频,不仅以新颖的形式吸引用户流量,更以主播深厚的文化素养和精神面貌以及时而幽默风趣时而严肃认真的互动风格圈粉无数。这是首次将新闻音频与AI真人形象合成的试验,是新华社利用前沿技术加深用户体验的一次成功探索,使得普通受众第一次真切感受到人工智能在新闻领域的实际应用和实践。之后随着资源数据库的扩大,这项技术也能够加深与外媒之间的合作和文化交流,形成全球化智库。

此外,人工智能技术的应用也逐步开拓媒体传播创新性思维,借助不同终端多平台打造全新的用户体验场景。在2020年疫情期间,新华智云推出声音照相馆祈福活动,设立天津西青,陕西榆林、宝鸡、商洛等14个祈福专区,利用AI语音合成技术发起读诗祈福活动,用户只需要在安静的环境下录制三句话,就可以进行声纹识别并生成属于自己的定制复刻声,同时生成"与自然相声共存""人类会战胜病毒吗""最勇敢的人""春到病除"等12种不同的包含故事情节的动画模板,将千万声的祝福汇聚成生命的"最强音",用声音的力量传递全国人民对新冠肺炎患者的美好祝愿,凝聚公众信心,也挑起人民面对国家危难的担当。

四 结语

(一) 机遇与挑战并存,转型融合任重道远

中国的媒体变革从互联网出现的那一天起就从未停歇过,尤其是2013

---

① 段鹏、文喆、徐煜:《技术变革视角下5G融媒体的智能转向与价值思考》,《现代传播》(中国传媒大学学报)2020年第2期,第29~34页。

年的"8·19"讲话之后，媒体融合之热度更是被不断炒起，弯道超车成为所有旁观者看好的未来，而转型升级也成为所有媒体人专注聚焦的任务。但前景光明不意味着路途平坦，在转型融合这条路上我国媒体还面临着很多结构性困难。

一方面，根据专门发布网站世界排名的 Alexa 的数据，我国网站排名前几位的仍然是各大商业网站和互联网新媒体，其中前五名分别是天猫、百度、腾讯、搜狐和淘宝，而主流传统媒体行列中只有新华网跻身第十名，这意味着在用户流量上传统媒体才刚刚成功迈入前列，中国互联网的大半个江山仍然由商业网站和新兴媒体占领。另一方面，从传统媒体影响力的流量分布来看，大多数主流媒体的传播力都体现在微博、微信、快手、都信、今日头条、一点资讯等第三方平台上面，其在这些平台上的粉丝量、互动量和影响力都远远超过其自有平台。在移动客户端领域也是同样一番景象甚至更为凸显，近几年来，手机新闻客户端的用户数量稳步增长，但在手机新闻客户端市场中占领绝对优势的依然是腾讯新闻、今日头条等商业类媒体，从平台数据来看，不难看出传统主流媒体面临的行业竞争仍在不断加剧。

对于传统媒体而言，技术创新和升级带来了更加强劲有力的竞争业态，但同时也带来了突破反转的良好机遇，在转型融合的道路上，机遇与挑战并存。

（二）供给与需求对标，权威话语引导舆论

影响力和公信力是传统媒体安身立命的根本，如今在互联网的格局之下，信息发表权扩至大众手中，用户生产、新媒体自产的内容自由进入市场，一定程度上打破了有着体制化约束和内容偏向的传统生产模式，但也带来信息质量参差不齐、难以筛选的负面问题，这时具有话语权的主流传统媒体的优势便显现出来。当各种网站新媒体甚至社交平台成为信息互动的主舞台，传统媒体首先应抓住这一内容特性进行供给侧结构性改革。

《意见》指出，要推动主力军全面挺进主战场，以互联网思维优化资源配置，把更多优质内容、先进技术、专业人才、项目资金向互联网主阵

地汇集、向移动端倾斜，尽快建成一批具有强大影响力和竞争力的新型主流媒体，逐步构建网上网下一体、内宣外宣联动的主流舆论格局①。传统媒体转型应充分利用自身优势特性，以提高主流媒体传播力、引导力、影响力和公信力为主旋律，打造以新华社《声在中国》和《60万米高空看中国》为例的"爆品"，在信息场上占据顶层设计的制高点，建立产品矩阵，从而带动渠道分发和IP打造。

（三）深度与广度并重，技术创新驱动未来

随着信息社会的深入推进，移动化逐渐演变成数字化，而在移动化和数字化的基础上又演变出智能化。在如今的融媒体时代，我们正经历着一场由点到面、由局部到整体的深度媒体变革。《意见》指出，要以先进技术引领驱动融合发展，用好5G、大数据、云计算、物联网、区块链、人工智能等信息技术革命成果，加强新技术在新闻传播领域的前瞻性研究和应用，推动关键核心技术自主创新②。媒体转型在内容为本的基础上还必须以技术为引擎，用技术和运营加持议题设置。

媒介技术发展到今天，以推荐算法在渠道分发领域的应用为主，新兴科技在内容生产环节以及生产全流程中都缺少创新变革。传统媒体需要做的是利用好技术基础和平台联动效应，将内容挖掘出新的话题点，巧妙地用科技元素为权威性注入趣味性和亲近性，将产品变得年轻化、富有活力。新华智云所研发的"媒体大脑·MAGIC短视频智能生产平台"是集成技术资源并应用于新闻领域的很好例子，此外新华社在科技赋能领域所做出的建立卫星新闻实验室等举措也非常值得传统媒体借鉴学习。

以技术为引擎，用科技赋能，加速拓展新闻深度与广度。媒体要善于利用5G、人工智能、大数据、云计算等先进技术创新生产方式和传播方式，适应UGC、PGC、MGC联动下的媒体与用户协同生产格局；善于将

---

① 何强：《人工智能在新闻领域应用的新突破——从全球首个"AI合成主播"谈起》，《新闻与写作》2019年第5期，第93~95页。

② 《中共中央办公厅　国务院办公厅印发〈关于加快推进媒体深度融合发展的意见〉》，http：//www.gov.cn/zhengce/2020－09/26/content_5547310.htm，2020年9月26日。

5G、4K/8K、AR、VR 等技术运用至直播态、沉浸式、交互式报道和互动体验中；善于以用户视角进行管理运营和舆论生态的引导；善于在技术融合创新中对标需求，成为融媒体发展前沿引领者，走向共享共生。

（四）体制与机制革新，主流引领转型大局

传统媒体在股权改革、管理调整方面比较迟钝，相比之下商业化媒体对市场有着足够高的敏锐性、反应能力和运营效率。一些僵化的体制导致传统媒体内部出现论资排辈等情况，缺乏内驱动力和活力，极大打压了年轻群体的生产状态。

《意见》指出，要深化主流媒体体制机制改革，建立适应全媒体生产传播的一体化组织架构，构建新型采编流程，形成集约高效的内容生产体系和传播链条。要发挥市场机制作用，增强主流媒体的市场竞争意识和能力，探索建立"新闻 + 政务服务商务"的运营模式，创新媒体投融资政策，增强自我造血机能[①]。应以新华社等主流媒体的转型带动更多传统媒体转型，注重运营体制方面的改革。

新华社在 2013 年成立新华新媒文化传播有限公司即新媒体中心，专门经营新媒体业务，统筹协调全社资源进行新媒体产品研发、经营管理、品牌运营、市场运作、业务拓展等，已打造出新华社客户端、新华社新媒体专线、中国网事新媒体、新华社多媒体数据库、新华社微博发布厅等多种新媒体产品，探索新的传播方式。2017 年，新华社又联合阿里巴巴成立大数据人工智能科技公司——新华智云科技有限公司，吸收一大批先进科技人才，将新兴科技运用于媒体运作中，打造出几十款媒体机器人，研发了近百个专利项目。

媒体融合是在信息生产传播流程上的创新，同时也需要管理体制机制方面的革新作为保障和支撑。各级传统媒体也应紧随新华社等主流媒体的步伐，积极进行适应现代化、智能化的体制机制建设，唱响媒体融合的主旋律。

---

① 《中共中央办公厅 国务院办公厅印发〈关于加快推进媒体深度融合发展的意见〉》，http：//www. gov. cn/zhengce/2020 – 09/26/content_ 5547310. htm，2020 年 9 月 26 日。

图 1　新华社融媒体矩阵

文创综合

新型文化业态的范围、本质与前景

袁宝东　王立荣*

摘　要: 新技术应用、产业跨界融合、消费市场的活跃需求，都为新型文化业态发展提供了土壤。本文详尽分析了新型文化业态的范围、探究新型文化业态的本质，并展望新型文化业态的前景。强调指出新型文化业态是文化产业自身更新迭代或与其他行业跨界融合、嫁接互联网和信息技术所形成的新型企业、商业乃至产业的组织形态。

关键词: 文化业态　文化产业　产业融合

新型文化业态是指文化产业自身更新迭代或与其他行业跨界融合、嫁接互联网和信息技术所形成的新型企业、商业乃至产业的组织形态。新技术应用、产业跨界融合、消费市场的活跃需求，都为新型文化业态发展提供了土壤，"科技引领""跨界融合""版权衍生""沉浸体验"等越来越成为文化业态创新的主要模式与发展方向。特别是新型技术不断为文化的呈现提供新载体，催生新内容、新题材，进而产生新业态、新模式，为文化产业带来了深度变化和发展机遇，必将重塑文化产业链条，催生全新消费形式，培育文化产业新动能。

---

* 袁宝东，中共河北省委宣传部文化事业产业发展处处长；王立荣，河北省教育技术装备管理中心图书科副科长。

一　新型文化业态的范围

数字化时代的到来，为"文化＋"提供了更多的可能性。无论是文化产业内部的联动，还是与相关产业的不断融合，都在助推新型文化业态的发生发展。随着 5G 网络、人工智能、物联网、云计算等前沿科技与文化内容对接，尤其是融媒体等新型服务平台的出现，互联网变成了文化产业发展的基础设施。目前我们众多日常行为已经迁移到线上，消费者的每一次决策都少不了数字技术的参与，生产者也格外注重数字技术在市场调研、产品设计、分销渠道等领域的应用。例如，随着云计算、VR、AI 等新型技术不断演进，互联网巨头企业竞相布局，移动电竞、互联网影视成为热点，影游漫文教联动和产业融合成为文化产业发展的趋势。总之，在科技创新、产业升级、消费驱动等多重因素的支持推动下，当代时尚生活潮流引领了传统、常态的文化产业向高端变革，产生了创意设计、动漫、网游、互联网经济、现代会展业、现代广告业、电子（数字）商务、网络电视台等大量新型文化业态和商业模式。

2018 年，国家统计局先后制定出台《文化及相关产业分类（2018）》《新产业新业态新商业模式统计分类（2018）》两个文件，以《国民经济行业分类》（GB/T 4754 – 2017）为基础，科学界定了文化新产业新业态新商业模式的范围，有效弥补了文化新产业新业态新商业模式的统计空白或漏洞，对实时监测分析文化产业活动的规模、结构和质量，系统推进文化消费习惯的升级、产业链各环节的完善、文化业态和商业模式的创新发挥了很大作用。当然，传统与新型是相对的概念，所包含的门类不是一成不变的。要跟随时代的脚步，将新型文化业态和新商业模式及时纳入新的统计分类，使快速发展的文化产业在统计体系中得到较充分的体现，为文化产业创新发展打开更加广阔的空间。

对照分析《文化及相关产业分类（2018）》和《新产业新业态新商业模式统计分类（2018）》的有关内容，可以看出，在《新产业新业态新商业模式统计分类（2018）》的 9 个大类、63 个中类、353 个小类中，文化及相关产业的新业态、新商业模式所占比例较大，涉及 6 个大类、14 个中类、52 个小类。

6 个大类，即先进制造业（02）、互联网与现代信息技术服务（05）、现代技术服务与创新创业服务（06）、现代生产性服务活动（07）、新型生活性服务活动（08）、现代综合管理活动（09）。

14 个中类，即新一代信息技术设备制造（0201）、先进石化化工新材料制造（0205）、现代信息传输服务（0501）、互联网平台（"互联网＋"）（0502）、互联网信息及其他服务（0503）、软件开发生产（0504）、数字内容设计与制作服务（0505）、现代信息技术服务（00506）、其他现代技术服务（0606）、现代商务服务（0705）、现代体育休闲服务（0809）、文化娱乐服务（0810）、现代旅游服务（0811）、现代城市商业综合管理服务（0902），其中基于现代信息技术和互联网平台的文化新业态是最大亮点。

52 个小类，由于篇幅关系，不再一一列举。但细数这 52 个小类，就会发现，它们就在我们的身边，与我们的日常生活密切相关。以中类"文化娱乐服务"为例，列入其中的数字广播影视及视听内容服务、数字化娱乐服务、数字新媒体服务、数字广播影视及视听节目服务、网络出版服务、数字创意与融合服务、数字博物馆等 7 个小类，全部都是基于数字化技术和互联平台的新型文化服务业态，而且在日常文化消费中占据了重要比例，有些新业态已经成为"90 后""00 后"们日常文化消费的"隐形冠军"。如旅行途中感到无聊时，拿出手机打开一部网络小说，便可轻松解闷；"爱豆"又有新电影上映了，不用排队直接在网上买张票就可先睹为快。

二 新型文化业态的本质

文化如水，具有极强的渗透性，与其他行业具有极强的关联性，文化与相关领域融合发展将有助于"互荣共生"。文化产业的新业态新模式就是将新技术、新思维应用嵌入原有业态中产生的，转型升级绝不是"一棍子打死"传统行业。跨界融合促使传统行业越来越接近文化产业的特质，而文化产业本身也借助新的手段不断地渗透其他行业并共同发展。例如，在文化元素的渗透下，传统零售业态变得不再单调，传统的旅游业得到内涵式发展，传统的城市商业综合体日益成为城市空间、生活社区和艺术增强互动的文化空间。文化产业内外产业链环节融合发展，塑造新型的产业和消费方式，实现传统产业自身的升级换代，极大提高了文化产业规模化、集约化、专业化水平。

培育新型文化业态，实质上是一种更加系统的发展思维，即通过更广泛的主体连接，推动文化价值和产业价值的互相赋能，从而实现更高效的文化生产、文化服务。新型文化业态充分利用新技术新手段，敏锐捕捉文化消费的最新需求，有效适应和满足了新的消费习惯，创新了文化供给内容与形式，提供了更加丰富多彩的文化娱乐产品来满足人们享受生活的愿望，满足了人民群众多方面多层次多样性的文化需求，增强了文化消费的体验感，拓宽了消费者的选择空间。培育新型文化业态将极大提升文化消费的满意度，在我国经济发展方式与结构的调整中凸显文化产业的更大效能，为推进文化领域供给侧结构性改革、构建完备的文化产业体系提供了强劲动力。

新型文化业态是转变文化产业发展方式的重要支点，也是助推经济结构转型升级、提质增效的新增长点。当前，中国特色社会主义进入新时代，不久将全面建成小康社会，人民美好生活需要日益广泛，尤其是对精神文化产品的需求不断更新，对文化产品内容和形式的需求更为多样。各地各级党委、政府坚持不懈、大力度调整产业结构，为文化产业腾出了大量的发展空间和倾注了发展资源，文化产业已经成为推动经济转型升级的重要抓手。随着文化业态的多元化，新商业模式正日益细化文化市场，满足个性化消费人群需求成为新的竞争方向。比如在泛娱乐化背景下，互联网巨头公司纷纷布局新型文化业务领域。腾讯目前在网络游戏、网络动漫、网络音乐、影视以及电竞等文化领域积极布局，形成了强大的互联网"泛娱乐"体系。成立于2015年3月的阅文集团，由腾讯文学与原盛大文学整合而成，实际上为资本参与腾讯在文化领域的布局提供了又一个新入口。市场对于网络文学企业上市的高度关注与热情，实实在在地反映了对新型文化业态发展的强烈信心。

三 新型文化业态的前景

新型文化业态引领文化产业创新发展，改造提升传统行业，日益成为推动经济跨越提升实现高质量发展的重要引擎。目前，文化产品和服务的生产、传播、消费的数字化、网络化进程不断加快，基于互联网和移动互联网的新型文化业态发展势头强劲，广播电视集成播控、数字内容、动漫游戏、视频直播、视听载体、手机出版、互联网文化娱乐平台等，已成为文化产业发展的新动能和新增长点。2019 年 12 月，国家统计局发布《文化产业实现规模效益双提升——第四次全国经济普查系列报告之五》，普查结果显示，2018 年全国规模以上文化企业实现营业收入 9.7 万亿元，其中文化新业态特征比较明显的 16 个行业小类①共实现营业收入 2.1 万亿元，比上年增长 22.4%，占比为 21.5%，所占比重比上年提高 4.2 个百分点。2019 年，全国规模以上文化及相关产业企业实现营业收入 86624 亿元，其中文化新业态特征较为明显的 16 个行业小类实现营业收入 19869 亿元，比上年增长 21.2%，占比为 22.9%，所占比重比上年提高 2.1 个百分点。

文化新业态的强劲发展、文化新领域的拓展创新，引领和推动着我国文化产业的发展。各地各级主管部门和广大文化产业从业者要始终坚持把发展作为第一要务，抓住新一代信息技术突飞猛进的重要机遇，借着 5G、人工智能、物联网等新基建的东风，积极应对疫情影响，化"危"为"机"，顺应市场需求，大力实施"互联网＋"和"文化＋"战略，加强大数据、人工智能等前沿技术应用，开发激活优秀传统文化资源，塑造新的文化体验和文化消费，不断打造推出新产品新模式，推进文化产业与旅

---

① 文化新业态特征比较明显的 16 个行业小类，指的是《文化及相关产业分类（2018）》中的广播电视集成播控，互联网搜索服务，互联网其他信息服务，数字出版，其他文化艺术业，动漫、游戏数字内容服务，互联网游戏服务，多媒体、游戏动漫和数字出版软件开发，增值电信文化服务，其他文化数字内容服务，互联网广告服务，互联网文化娱乐平台，版权和文化软件服务，娱乐用智能无人飞行器制造，可穿戴智能文化设备制造，其他智能文化消费设备制造。

游、体育、农业等相关产业深度融合，推动文化价值和产业价值的互相赋能，发展新型文化业态，加快转型升级。当前应着力做好三方面工作。

一是深入贯彻落实科技部等六部门《关于促进文化和科技深度融合的指导意见》（国科发高〔2019〕280 号），利用互联网、物联网、大数据、云计算、人工智能、区块链、移动通信等新技术，大力发展数字出版、数字文博、动漫游戏、电子竞技、数字娱乐、数字传播媒体等新型业态，促进新技术与内容生产相互渗透融合发展，培育知名文化品牌，提高质量效益和核心竞争力。

二是深入贯彻落实《国务院关于推进文化创意和设计服务与相关产业融合发展的若干意见》（国发〔2014〕10 号），着力推动技术创新、机制创新、制度创新，支持智能技术和创新服务在新闻出版、广播电视电影、文化艺术等行业中的应用，促进文化产业与人工智能相结合，加快文化产业和服务的数字化、协同化步伐，形成新的产业生态，培育新的经济增长点。

三是深入贯彻落实《国务院办公厅关于进一步激发文化和旅游消费潜力的意见》（国办发〔2019〕41 号），整合现有市场资源和力量，发展在线服务，促进文化消费线上线下融合创新，丰富产品供给，提高消费便捷程度，探索文化消费产品多渠道发布、多网络分发、多终端呈现，以供给创新释放消费潜力，以消费升级带动产业转型，让人民享有更加充实、更为丰富、更高质量的精神文化生活。

工艺美术老字号企业发展文创衍生品的知识产权困境及其解决

刘　蕾[*]

摘　要：发展文创衍生品是近年来工艺美术老字号企业较为普遍采用的一种做法。但文创衍生品的开发并不是简单的已有产品的重复性生产活动，其很大程度上依赖着工艺美术老字号企业的创新能力和对自身知识产权的保护与管理能力，否则容易出现纠纷，引发更多经营风险。从工艺美术老字号企业发展文创衍生品的已有实践看，一些企业存在的知识产权困境不利于文创衍生品持久、稳定发展。在新冠肺炎疫情导致工艺美术消费者的生活方式和文化需求发生改变的情况下，对这些知识产权问题需要客观分析，并从企业、政府知识产权管理部门、行业协会、知识产权服务机构多方面尽快采取措施解决，使工艺美术老字号企业能持续开发更多新文创衍生品。

关键词：工艺美术　老字号企业　文创衍生品　知识产权

网络技术高速发展的知识经济时代，各行各业都面临着新的竞争与挑战。在这一过程中，"科技和知识创新成为经济发展的原动力，经济主体的竞争能力取决于创新能力"。[①] 而新冠肺炎疫情的暴发，不仅影响了医疗

---

　*　刘蕾，博士，北京市社会科学院法学研究所助理研究员，研究领域为知识产权。
　①　张文显等：《知识经济与法律制度创新》，北京大学出版社，2012，第8页。

保健系统，还直接影响了我们的经济和文化，每一家企业都无法置身事外。对于工艺美术老字号企业来说，消费者生活方式因疫情发生的改变是企业未来生存和发展需要面对的首要问题，无论选择何种应对措施都须在梳理自身条件的基础上决定。

对于工艺美术老字号企业来说，要立足于当前的市场竞争，除了保留和传承已有的品质与文化特色，更需要通过提供多样化、有吸引力的产品，以及提高生产效率、降低生产和交易成本来提高竞争力。发展文创衍生品是近年来工艺美术老字号企业较为普遍采用的一种做法。开发利用文创衍生品，既能让老字号的技艺得到发扬，又能让年轻一代认识与青睐老字号，从而使老字号获得新时代的活力。疫情之下，工艺美术老字号企业开发文创衍生品以扩大内需、增强市场竞争力的做法估计会更为普遍。但文创衍生品的开发并不是简单的已有产品的重复性生产活动，其很大程度上依赖工艺美术老字号企业的创新能力和对自身知识产权的保护与管理能力，否则容易出现纠纷，引发更多经营风险。从工艺美术老字号企业发展文创衍生品的已有实践看，一些企业存在的知识产权困境不利于文创衍生品持久、稳定发展，需要尽快改变。

一 知识产权对工艺美术老字号企业
发展文创衍生品的意义

知识产权制度被认为是科技、经济和法律互动的结合点，"知识经济的运转基于知识产权的制度设计之上，正是知识产权的界定与保护支撑和撬动着知识经济的运行"。[①] 当前，知识产权制度对于老字号企业的作用已不仅仅是保护老字号企业经营活动中具体的某项产品或者技术创新，更重要的是让老字号企业从知识产权的角度考虑经营问题，进而以新的、知识经济的思维改变老字号企业的经营方式与理念，使老字号企业真正立足于知识经济激烈竞争的大潮中。

具体来说，保护知识产权对工艺美术老字号企业发展文创衍生品的意义主要体现在以下几个方面。

---

① 张文显等：《知识经济与法律制度创新》，北京大学出版社，2012，第38页。

（一） 使工艺美术老字号企业获得竞争中的独占优势

根据知识产权法律制度，未经许可或者出现法律规定的强制许可的情形，他人不得使用老字号企业享有专利权的专利技术或者专利方法生产专利产品；未经其许可，他人不得在相同或类似商品上使用与老字号企业的注册商标相同或近似的商标；未经许可，他人不得擅自使用、传播老字号企业享有著作权的作品等。这种独占性使得老字号企业作为知识产权所有人对符合法定条件的包括文创衍生品在内的各种智力成果享有独占权，能够排除他人随意使用凝结有其智慧结晶的知识成果，从而获得竞争中的独占优势。工艺美术老字号企业不同于常见的食品老字号企业的一个重要方面在于，它为社会提供的是文化消费产品。而"文化消费是一个经济分析和经济决策过程，追求经济效用目标最大化，也是一个心理过程及在社会环境中的行为过程，追求心理情感效用和社会积极评价效果。"[1] 因此，其产品需要工艺美术的技艺，凝聚文化的特质，既需要生产制造者具备较高的工艺美术修养，也需要消费者对其产品背后的文化意义有所了解、认可。因而，其文创衍生品既需要发扬其文化内涵，也需要通过获得知识产权的保护，排除他人随意模仿与利用，将文化特色转成市场优势。

（二） 有助于工艺美术老字号企业提高产品质量，赢得市场认可

从发展历史来看，工艺美术老字号企业产品多数是手工制品或者以手工操作为主的制品，工艺美术老字号企业发展文创衍生品，要从当下的市场趋势、消费需求出发做出产品设计，以其包含的文化含义为基础做出材料、设备、技术、方法或设计方面的若干创新。这是因为，"具有相同使用价值和技术含量的商品，其经济价值不仅可能由于使用功能和技术质量的改进而提高，而且更会由于其附加的文化含量的不同而上升"。[2] 对这些新材料、新设备、新技术、新方法、新设计予以知识产权保护，使工艺美

---

[1] 戴钰：《文化产业竞争力研究》，世界图书出版公司广东有限公司，2013，第27页。

[2] 戴钰：《文化产业竞争力研究》，世界图书出版公司广东有限公司，2013，第27页。

术老字号企业各方面的创新投入得到应有的回报，会激励它们继续探索创新方式，提供更好的产品，从而在新时期赢得市场认可。

（三）提升工艺美术产品的附加值，创造丰厚利润

根据商品定价理论，如果商品或者服务具有竞争优势，同样的生产成本，可以定价高一些，实现更多的附加值，从而获得更高的利润。故而，当知识产权所包含的技术、设计、品牌价值可以让老字号企业所生产的商品具有竞争优势时，该产品就可以实现较高的附加值，为企业创造更丰厚的利润。随着个性化、艺术化和多样化消费日益成为消费者的主流消费趋势，人们对于工艺美术文创衍生品的选择更多呈现鲜明的个性化需求。这就要求工艺美术文创衍生品避免同质化和低端化竞争，注重产品的时代创新，从艺术形式和题材内容各方面进行创新，以知识产权保护激励这些创新付诸商业化，进而提升工艺美术产品的附加值。

（四）增加工艺美术老字号企业的无形资产，提升企业经营实力

知识产权制度意味着知识利益的权属划分，工艺美术老字号企业拥有的知识产权越多，其通过知识产品可以获得的利益就越多。企业拥有知识产权的数量和质量已经成为当下衡量企业核心竞争力的重要因素。工艺美术老字号企业通过实施知识产权开发和管理，清理自身知识产权资产，通过申请、许可或者购买获得新的知识产权，能够增加企业的无形资产，提升企业经营实力。而发展文创衍生品，既能增加工艺美术老字号企业的知识产权数量，又能促使其思考更为合理的知识产权策略，实施有效管理。

（五）增强工艺美术老字号企业抗风险能力和持续发展能力

无形资产的增加、竞争优势的积累、产品质量与吸引力的改善，从不同方面加强了工艺美术老字号企业的竞争力，都可以增强其抗风险能力和持续发展的能力。一方面，新的设计、技术、设备、方法，可以使企业产品的内容跟上时代发展的要求，避免被淘汰；另一方面，完备的知识产权体系，可以使企业避免许多经营风险；此外，竞争优势的积累

使得企业有能力进行新的创新与改革，在更高的起点上获得更好的发展前景。

虽然遭受疫情，但是人们的文化休闲需求没有因此减少。发展文创衍生品，使得工艺美术老字号企业从产品质量、吸引力各方面获得能力的增强，可以提高竞争力。工艺美术老字号企业将疫情防控期间的生产销售活动与提升竞争力的调整措施同时开展实施，在分析整个行业未来的变化趋势之后做出应对，能够提升应对危机的能力。其中，知识产权的管理有助于企业发现自身开发文创衍生品可能产生机会的领域，如果在这一非常时期能够补足短板、发挥优势，未来将迎来更好的发展。

二 工艺美术老字号企业发展文创
衍生品知识产权现状分析

经过多年的市场教导和培育，工艺美术老字号企业知识产权工作普遍取得了一定的成果，但从知识产权战略的高度和实际深入调研走访的情况看，工艺美术类老字号企业也面临着一系列知识产权的实际问题，若不引起重视，会在发展文创衍生品方面成为知识产权困境。原因是，文创衍生品的开发是新创意的产物，涉及多种创意的保护；文创衍生品可以采取多种生产形式，发生多种合作，存在多种知识产权合作的可能；文创衍生品的宣传、销售需要新意，相应地，对企业知识产权保护、运营的经验要求高。若是企业知识产权能力不足，这些问题将直接影响文创衍生品的持续、稳定开发。

（一）文创衍生品的开发创造活动方面

创新是当下消费者对老字号企业产品的要求，根据笔者进行的有关老字号企业的问卷调查结果，"更潮一点""出更多创新产品"，是大多数被调查者对老字号发展的建议。在对"购买老字号产品时最不满意的方面"进行的调查中，"不够时尚"也是一部分被调查者的意见。而对于工艺美术老字号企业而言，创新也是其文创衍生品开发中的痛点和难点，反映到开发文创衍生品的知识产权上，则表现如下。

1. 体现创新的专利持有量不足

当前 "是科技的利用、转化和创新推动了文化产品的更新换代，推动着文化产品高科技含量的提升。越是古老的文化，越需要一种新的表现方式来呈现，而科技的融入是最好的一种包装"。① 工艺美术老字号企业发展新产品存在的科技利用、转化不足导致的创新不足，是工艺美术老字号企业发展文创衍生品的直接压力。无论是产品设计还是技术、工艺改进，创新都没有达到一定的高度，这使得开发的文创衍生品吸引力有限。这一问题在知识产权方面上突出表现为工艺美术老字号企业普遍缺少较高质量的专利。

企业能否获得长足发展往往并不取决于专利的数量，还在于专利的质量，更在于专利的积累和持续改进。目前工艺美术老字号企业的专利情况堪忧，不仅数量没有达到一定的量级，质量也不容乐观，更谈不上积累与改进，这表现在三个方面。第一，专利总量少，甚至许多企业还没有实现专利申请 "零的突破"。第二，专利技术含量低。在具体的专利申请和授权数据中，发明专利申请量少，授权数量极少，而且均停留在个位数状态，实用新型专利也不多，外观设计专利占了专利总量中很大比例。这不仅意味着获得专利的技术或产品创造性不强、技术含量偏低，还表明企业对于技术和产品能够获得专利保护的预期不高。第三，专利维持年限短。即使是已经获得外观设计专利的技术和产品，不少外观设计专利还因为没有缴纳年费而失效，受保护的时间相对较短。这使得工艺美术老字号企业发展文创衍生品时缺乏持续的技术和设计支撑，产品开发活动更多表现为偶发的、临时性创意开发，体现不出艺术与文化沉淀于其中的特点，也容易造成文创衍生品偏离企业特色、盲目跟风。

2. 品牌开发利用程度较低

品牌的开发利用，直接反映在商标的利用和管理方面。一方面，企业不仅要对使用或拟使用的商标进行注册，还要对一些近似商标进行注册，除了在自己主营行业进行商标注册，从业务拓展的长远发展考虑还应当在其他相关类别进行注册，以形成有效的企业商标体系，防止发生纠纷。简

---

① 周志民、彭妙娟：《文化科技融合下的文化品牌建设》，《文化产业研究》2015 年第3 期。

言之，除了主商标，还有必要为开发文创衍生品注册新的商标，形成子品牌。"只有当产品的名字与标识被大量展示与传播时，品牌才会产生价值"。① 而目前工艺美术老字号企业中除了少数企业，多数老字号企业的注册商标数量较少，不少企业仅有 1 件商标，这样的商标注册量显然无法保证企业能够建立有效的商标保护体系开展防御、维护工作，也无法为文创衍生品的开发提供更有特色的商标授权管理体系。另一方面，品牌开发利用需要积极对已有商标进行维权和专门的商业性开发利用管理。商标注册后，还有后续的大量工作要做，包括商标的档案管理、商标价值的评估和投资、商标被侵权后的维权等。只有这样才能充分发挥商标对品牌的整体功能，实现商标行为与经营行为统一。但是工艺美术老字号企业在商标注册之后的后续管理工作上，多数还没有建立专门的制度和规范，也缺乏专门的监测网络及维权系统，多数采用由办公室、财务、销售等部门兼管的方式，这导致工艺美术老字号企业对商标的管理程度有限，不能达到预期的商业化管理目标。

3. 开发文创衍生品的企业知识产权战略缺乏整体性

企业知识产权战略是企业在知识产权创造、保护、利用、实施和管理中，为提高企业的核心竞争力和谋求最佳经济效益，运用现行的知识产权制度而进行的整体性筹划和采取的一系列策略与手段，其具有一定的宏观整体性，需要企业站在一定的高度，从长远发展目标考虑。目前不少工艺美术老字号企业经营规模有限，对开发文创衍生品的预期不够明确，加上对知识产权的投入也受到经营情况的制约，因而在企业知识产权战略方面较多呈现缺失状态。这一状态引发的直接后果是企业知识产权管理缺乏必要的制度规范，各种知识产权行为由于目标不清晰而出现方向不一致，知识产权工作缺乏持续性。而知识产权的布局与管理从来就是一个持续、长期的工作，仅靠偶然的热情、间歇的行动无法为企业构筑起有效的知识产权体系，其必将造成知识产权工作疏漏，构成企业经营中的知识产权风险。

---

① 〔英〕大卫·赫斯蒙德夫：《文化产业》（第 3 版），张菲娜译，中国人民大学出版社，2016，第 7 页。

（二）工艺美术老字号企业开发文创衍生品面临知识产权新情况

工艺美术老字号企业开发文创衍生品，除了和普通企业一样要面对各种难题，还因为工艺美术老字号企业的产品特点、市场需求而面临着若干知识产权领域的新挑战。

1. 网络经营与线下销售需要不同的知识产权策略

工艺美术老字号企业网上经营的一个突出担心，是线上盗版侵权。尽管当下许多工艺美术老字号企业在天猫、京东等网络平台上开设了网上经营店面，工艺美术产品类企业如工美、珐琅厂也开设了网上商店，但相比其他老字号企业，它们展示的商品种类很少，销量与粉丝数量也都一般。这一现象在某种程度上反映工艺美术老字号企业在网络销售积极性方面相比其他老字号企业有所欠缺。但客观而言，这也反映了工艺美术老字号企业面向的消费者群体本身的特点，即大额工艺美术产品消费者对于网络购买的需求有限。

试想，作为一个想要购买价格高达数千元甚至数万元的工艺美术品的消费者，他购买工艺美术品的动机显然不是单纯的使用、消费，工艺美术品背后的艺术和文化内涵，才是他购买与否的决定因素。他会把这件工艺美术品作为自身艺术品位的体现，这样的顾客，怎么会仅仅通过浏览网页就下单付款购买呢，他又怎么会愿意购买一个销量很高、很多人都拥有的量产产品呢？因此，这类顾客对于工艺美术产品的特色需求很高。对于工艺美术老字号企业来说，提供的产品要有足够的特色。而工艺美术产品的特色往往体现在花色、图案等设计上，一旦在网络上公开，模仿和跟风的产品有可能很快充斥市场。

但数字化、网络化经营，在已经改变的市场环境中已经是不可避免的经营方式。因此，对工艺美术老字号企业而言，其在实体和线上销售的产品种类及相应的知识产权策略应当不同。为扩大吸引力、增强工艺美术产品对企业蕴含的文化的传承和发扬作用，线上销售的文创衍生品有必要走平价路线。对此，知识产权方面需要考虑的问题也与实体销售中的知识产权问题有所区别。在开发文创衍生品时，更需要企业能够站在市场和产品本身特点的基础上理性分析，采用分层级、有区别的知识产权策略。

2. 工艺美术品知识产权保护体系存在漏洞

应当承认，我国目前的老字号知识产权保护体系并不完善，这一体系存在漏洞也是当下工艺美术老字号知识产权保护的一个大问题。对于商标侵权，老字号可诉诸法律，但对于包装、特色产品或名称的被模仿，由于缺乏可以申请知识产权保护的权利，很难实现有效维权。例如，2014 年北京 APEC 会议上，工美集团花丝镶嵌《繁花》手包套装作为国礼送给与会领导人配偶，不到一周，电商平台上有 60 多家店铺卖仿制品。但是由于对产品的这些特色在《知识产权法》上没有明确的权利，企业并不能对此进行及时维权。

3. 工艺美术老字号企业对新型知识产权保护方式有需求

在可以采用的知识产权类型方面，工艺美术老字号企业存在保护期限上的特别需求，在常见的外观设计、商标保护之外，地理标志和传统知识具有明显的地域性特征，而且保护期限长，如果老字号企业能够在这方面实现突破，也将增强老字号企业知识产权保护的力度。但是将包括地理标志在内的新型保护方式变成对文创衍生品实际有效的知识产权保护形式，除了企业本身的努力，还需要行业协会、政府部门的共同参与，汇集多方力量，这是一项庞大的工程。

三　前述知识产权困境成因分析

与其他高新技术企业面临的知识产权形势不同，老字号企业对其品牌的传承与发展有特定的历史基础，因此，在技术创新和产品创新的实施方面面临更为复杂的局面。这也是当前工艺美术老字号企业知识产权保护面临一系列实际困难的原因。

（一）老字号企业自身原因

1. 现实的经营压力使老字号企业无力全面、长远考虑知识产权问题

工艺美术老字号企业所属的行业，仍存在非理性的同业竞争。各企业

之间相同或相似的产品扎堆前进、相互交叉，价格竞争激烈，利润不高。知识产权的布局、维持和管理都需要企业投入一定的资金、人力和精力，而从调研的情况看，除了少数企业，多数工艺美术老字号企业目前仍有经营压力，还做不到全面、长远考虑知识产权问题。这使得它们的文创衍生品开发有一定的随机性，知识产权活动更易表现为带有偶发性，如零星进行申请、做不到持续规模申请等，看不出来规划性和长期性，而这样会导致企业知识产权工作缺乏系统与规划。

2. 老字号企业现阶段知识产权管理、运用能力有限

多数的老字号企业经营理念仍处于相对传统的状态，创新能力有限，人才存在各种断层，同时经营规模较小，造成它们在知识产权管理、运用方面的综合能力有限。对于知识产权维护、管理中的很多新问题，老字号企业处理经验不足，进而无法有效实施管理和维护职能。

（二）知识产权对老字号企业的实际价值没有得到体现

知识产权对老字号企业的实际价值没有体现于日常经营之中，是老字号企业看不到知识产权重要性的根本原因。经过多年政府宣传、培育，老字号企业对于知识产权有所了解，但是对其重要性仍没有实际的认知。

目前，知识产权为多数老字号企业带来的收益是有限的。由于没有发生实际的侵权诉讼、赔偿，老字号企业用于知识产权的各项投入均被计入经营成本，并不能直接在收益、利润中体现，这导致企业始终不能把知识产权放到足够高的位置。而一旦发生严重的侵权诉讼、赔偿责任，企业在意识到知识产权重要性的同时经营活动也遭受了极大的打击。

（三）社会原因

老字号企业普遍存在知识产权保护力度不够的问题，不善于通过法律手段保护自己的知识产权，对侵犯他人知识产权的危险也缺乏重视。这一方面是由于知识产权教育和意识的缺乏，另一方面则是由于针对老字号企业知识产权服务的社会机构较少。知识产权管理存在诸多困难，导致企业

知识产权保护能力提升有限。

尽管 2015 年国家多部门联合印发了《企业知识产权管理规范》，但是具体到老字号企业，这一管理规范有大量内容未能落实。第一，该文件确定的主要目标是"引导大部分具有创新优势的企业建立知识产权管理体系，企业知识产权运用和保护能力大幅提升，知识产权对企业竞争优势的贡献显著增强"。而老字号企业由于历史和现实的客观原因，很难归为"具有创新优势的企业"。第二，该文件在"优化企业知识产权管理体系"的重点任务部分指出，推动各类企业实施本规范，建立与经营发展相协调的知识产权管理体系，引导企业加强知识产权机构、制度和人才队伍建设，将知识产权管理贯穿生产经营全流程。而从工艺美术老字号企业的情况看，这个任务还远未完成。

四　促进工艺美术老字号企业发展文创衍生品知识产权的建议

疫情之后，工艺美术老字号企业肯定会在经营模式、理念上做出调整，为了应对网络化、数字化的经营现实，对于文创衍生品的开发会迎来高峰。因此，提前对促进工艺美术老字号企业发展文创衍生品的知识产权工作做出改进，将有助于解决可能陷入的知识产权困境，使其能持续开发更多新文创衍生品。

（一）企业

对企业来说，在发展文创衍生品方面的知识产权问题包括四个方面。知识产权权利及其行使层面：知识产权种类不多，数量偏少，开展知识产权许可、运营业务有限。知识产权管理制度方面：没有建立专人负责、专门部门管理的知识产权管理制度，没有专门的企业知识产权管理文件和制度。企业知识产权规划和具体事务方面：尽管具体的知识产权申请工作聘请了专门的服务机构，但企业整体知识产权规划并不明确，缺乏近期、中期、远期知识产权规划，企业主要精力仍集中在销售经营活动上。知识产权文化教育和知识产权意识培养方面：虽然知识产权的概念经过宣传已经在各层面被传播，但是对于知识产权的重要性、知识产权发挥作用的形式等方面，仍然不足。

针对这些问题，首要的任务是工艺美术老字号企业客观定位发展文创衍生品的目标，建立与该定位经营发展相协调的知识产权管理体系。工艺美术老字号企业发展文创衍生品，除了需要在设计等方面创新，更关键的是需要在市场价格和目标消费人群判断上都做出调整，这实际上是一整套新的经营模式的确立。在此过程中，建立和完善企业的知识产权管理制度，保障企业在知识产权事务的主要环节和流程上协调有序，既要与政府保持业务联系，也要与行业协会积极沟通，还要和专业服务机构深度合作。同时参加和开展各类知识产权教育，定期对员工提供必要的知识产权普及教育，针对企业内部不同部门及岗位确定应具备的各种知识产权知识及技能，制定合适的培训方案。

（二）政府知识产权管理部门

知识产权的创造、保护（执法）和运用是紧密联系的环节，管理则贯穿三个环节的始终。无论是加强工艺美术老字号企业开发文创衍生品过程中的知识产权创造、保护，还是促进运用、提高管理水平，都需要政府知识产权管理部门为其提供相应的服务与指导。而这些服务与指导的最终目的，应当是提高工艺美术老字号企业的知识产权能力，使其能够应对知识产权风险。疫情对于工艺美术老字号企业的冲击是持续性的，在政府知识产权管理部门针对老字号企业知识产权的工作方案中，有必要确立如下制度以增强管理老字号企业知识产权工作的能力。

1. 老字号企业知识产权奖励、资助制度

知识产权的保护和管理乃至知识产权的运用，均需要以一定的知识产权数量为基础，企业没有知识产权，这些活动都无从谈起。当前工艺美术老字号企业中还有一些是没有商标和专利权的，为了引导它们重视知识产权的申请和维护工作，同时考虑到适度减轻其知识产权申请和维护的成本负担，有必要在多个层级设立老字号企业知识产权奖励、资助制度。这种奖励、资助制度的具体设计，除了参考现有的知识产权资助制度，还应考

虑老字号企业发展的实际情况，确定具体的资助目标，例如资助知识产权突破企业、奖励知识产权有效期长的企业，以期让资助制度更有实效。

2. 工艺美术老字号企业知识产权维权援助制度

工艺美术老字号企业中，除了少数具有知识产权维权经验，多数尚在摸索中，因此有必要由知识产权政府管理部门出面，在工艺美术老字号企业需要知识产权维权的时候提供包括知识产权信息、纠纷解决信息、知识产权服务机构指引等在内的有效援助。

鉴于当前的知识产权侵权行为呈现各种复杂形态，知识产权查处、行政执法、诉讼均需要充分的证据支持，而这正是企业的弱项。对此，由知识产权管理部门出面组织实务部门为工艺美术老字号企业制定专门的侵权判断手册、证据材料收集指引手册，可以方便企业收集维权线索，提升企业维权能力。

3. 工艺美术老字号企业知识产权专项支持服务

鉴于老字号企业目前普遍经营压力大、知识产权工作能力有限的现实，由政府知识产权管理部门提供工艺美术老字号企业知识产权专项支持服务。按照工艺美术老字号企业发展状态的不同，提供不同层次的服务，主要分为四种。

（1）知识产权事务咨询服务。该服务针对具体的知识产权操作性事务提供，意在为想要利用知识产权制度但对知识产权制度具体运行不了解的企业提供基本指引，引其入门。这部分工作与现有的知识产权培训、辅导会有部分重叠，但是要更侧重于具体的知识产权操作性工作。

（2）知识产权人才培训服务。该服务针对工艺美术老字号企业知识产权人才缺乏的状态，意在为企业提供可以与服务机构对接、处理企业知识产权具体事务的人才。

（3）知识产权专题研讨服务。该服务针对具备一定知识产权工作经验的工艺美术老字号企业，为其发展中的知识产权问题组织专家召开有针对性的专题研讨，帮助其更有效地开展知识产权工作。

（4）知识产权定点辅导、培育、开发服务。该服务针对具有特色产品、服务的工艺美术老字号企业，以保证知识产权制度对其特色的保护作用。如发挥引导作用，帮助工艺美术老字号企业获得地理标志保护，满足工艺美术老字号企业对产品在知识产权保护期限上的特别需求。

这些服务的落实，需要知识产权管理部门做好企业知识产权情况的摸底排查，了解企业的知识产权真实情况，与企业建立长期信任合作关系。只有这样才能了解老字号企业的真实发展状态和真正的知识产权认识水平，也才能保证知识产权服务有的放矢。因此，作为基础，还应当建立详细的老字号企业知识产权信息登记统计制度。

4. 在全社会培育知识产权文化

知识产权文化以"尊重知识、崇尚创新、诚信守法"为基本理念，是基于对知识产权的创造、运用、保护和管理全流程精神需求基础上的新型文化心态。这种文化的形成有利于激发知识产权人的创新热情，维护知识产权人的合法权益，促进知识产权的转化，形成全社会和谐分享人类文明成果的样态。政府加强对社会知识产权文化的培育，有助于知识产权制度与知识产权文化融合，有利于营造鼓励创新创业的人文环境，为老字号企业知识产权发展创造良好的外部条件。

（三）行业协会

行业协会要考虑在如下方面为工艺美术老字号企业发展文创衍生品的知识产权保护发挥作用。

（1）发挥对工艺美术老字号企业海外维权的引导作用，促进老字号企业的海外维权趋于专业化与系统化。

（2）通过组织培训学习等方式加强工艺美术老字号企业工作人员知识产权专业能力的培养，提升其商标保护意识与能力；整合老字号企业维权的经验、相关规章制度，构建商标保护知识库，增加老字号企业在商标保护方面的知识积累。

（3）在各成员企业的委托下对于所辖范围内的老字号商标进行系统的侵权预防工作，委托代理机构对老字号商标进行商标公告监测与市场监测。协助老字号企业进行国际商标的注册，同时在老字号企业申请商标异议、进行海外诉讼的过程中为其提供必要的帮助。

（4）探索建立工艺美术老字号企业同行业知识产权联盟，以联盟为基础，齐心协力应对知识产权挑战，在同行业企业内进行相关经验传递。由于企业所属行业相同或相近、发展水平接近，也便于组织开展分析教育。同时，在行业内可以积极推进行业标准的设立，掌握行业专利动态，建立行业的专利保护体制，推进联合创新。在地理标志等知识产权的取得方面，更是需要行业协会出面开展组织、协调、制定标准等活动。

（四）知识产权服务机构

对于知识产权服务机构而言，工艺美术老字号企业对知识产权服务的需求与其所提供的服务未能有效对接，是当前工艺美术老字号企业知识产权需求与知识产权服务业服务供给衔接中面临的障碍之一，也是服务机构追求的知识产权服务特色化、精准化的难点。知识产权服务机构应深入工艺美术老字号企业创新活动，更全面了解企业技术体系，确保服务质量。这一方面需要企业和服务机构在知识产权服务上建立更加密切的联系、加深了解，确保具体个案实现有效的沟通与联络；另一方面，则要知识产权服务机构多提供对知识产权的社会培训，提升企业技术人员、知识产权管理人员对知识产权制度的了解和认识，促进对知识产权服务的接受与认可。

文化产业：高能级城市的主导产业

苏雪串　李高婷*

摘　要： 根据城市能级与产业结构相关性，文化产业与城市能级相互促进，文化产业通过优化城市产业结构和提升产品的文化内涵与价值提升城市能级。高能级城市已经进入以文化为核心驱动力的发展阶段，其文化产业具备主导产业的基本特征——经济增长的主要驱动力、较强的产业关联效应和创新能力。高能级城市具有发展文化产业的比较优势，表现为其经济和文化的多样性、文化产品生产的区位优势和市场需求潜力，以及技术人才等要素的供给能力和资源优势等，为文化产业成为主导产业提供支撑。

关键词： 文化产业　高能级城市　主导产业　产业关联效应

世界上许多国家和城市都越来越重视经济发展中的文化驱动，文化产业也成为各级城市经济的重要组成部分。我国经济发展已经进入以提高质量为重点的阶段，经济高质量发展需要提升城市能级。文化产业是提升城市辐射力的重要载体，增强城市的经济和文化辐射力从而提升城市能级，也需要发展文化产业。在全球城市体系中，高能级城市也是世界舞台的重要角色，占据全球经济文化活动的制高点。并且高能级城市已经进入文化

---

* 苏雪串，博士，中央财经大学经济学院教授，主要研究领域为城市和区域经济；李高婷，中央财经大学经济学院西方经济学专业研究生。

作为核心驱动力的发展阶段，能够成为发展文化产业的主要空间依托，其经济基础、资源禀赋和城市环境等决定了文化产业应成为高能级城市的主导产业。

一 文化产业与城市能级

城市能级是指城市对其他地区渗透和辐射的范围和程度，渗透和辐射范围越大，能级越高。城市能级与其产业结构相互依存和促进，城市能级决定了产业发展的基础和环境，产业发展又进一步影响城市能级[①]。文化产业兼具经济属性和文化属性，文化属性体现为文化产业集聚了人类的知识、感性以及创造力等文化因素；经济属性体现为文化产业生产知识密集型产品，具有高附加值以及就业和经济增长效应。高能级城市[②]拥有发展文化产业的资源和市场优势，同时，文化产业通过优化城市产业结构和提升产品的文化内涵提升城市能级。

（一）文化产业通过优化城市产业结构提升城市能级

城市能级的大小主要取决于主导产业及其集聚程度。作为高端服务业，文化产业的发展能够优化城市产业结构并提升城市能级。在后工业化阶段，城市的文化功能增强，并依托文化产业提升城市能级。比如，作为伦敦的战略产业，文化产业发展不仅促进了伦敦的就业和经济增长，而且扩大了城市的辐射力和文化魅力。

（二）文化产业通过提升产品的文化内涵和价值提升城市能级

文化产业能够提升商品的文化内涵和价值，主要原因有两点。第一，

---

① 苏雪串：《世界城市的理论与实践及其对北京的启示》，北京出版社，2010，第 82～86 页。

② 英国的全球化与世界城市研究网络（Globalization and World Cities Study Group and Network，简称 GaWC）根据在全球贸易体系特别是在全球高端生产性服务业中的网络关联度，对世界主要城市进行评级排名。根据其 2018 年测算的世界城市等级体系，最高层级 Alpha＋＋包含两座城市伦敦和纽约，中国的香港、北京、上海以及日本东京、法国巴黎等城市位于第一层级的 Alpha＋。

商品的市场价值可分解为使用价值和观念价值，使用价值是客观的具有一定使用功能的有形商品，主要由科技创造形成，而观念价值是主观的可以体会和感受的无形附加物，因文化渗透而生，是附加的精神观念。随着消费水平的提高，商品的观念价值对于商品的市场需求起更重要的作用。只有以文化色彩和精神气质构筑的高附加值的商品，才有高品位和竞争力。第二，商品文化价值就是通过产品所倡导或体现的文化影响公众的价值观念、生活习惯等使公众了解和接受。产品所包含的文化个性和文化精神，使产品在一定的消费区域和消费层次增值并产生辐射作用，依托文化的渗透力增强产品的辐射力。因此，文化产业能够提升产品的文化内涵从而提升城市能级。

二　文化产业作为高能级城市主导产业的特征

美国经济史学家罗斯托（Walt Whitman Rostow）从经济的部门结构研究经济发展的规律，提出主导产业的概念，认为主导产业在经济总量中的比重较大，具有较强的扩散效应、技术创新和迅速应用新技术的能力[①]。高能级城市的文化产业具备主导产业的基本特征。

（一）文化产业是高能级城市经济增长的主要驱动力

文化产业在经济总量中所占比重的上升是经济发展和产业结构升级的一般规律。20 世纪 70 年代以来，西方发达国家进入后工业化阶段，在产业结构转型中，文化产业已经成为许多高能级城市经济的主体。1997 年，英国政府提出"文化产业"这一新经济战略概念，力图把英国的经济模式转型至"创意经济"，使伦敦成为"创意城市"[②]。

---

① 〔美〕W. W. 罗斯托：《经济增长的阶段》，郭熙保、王松茂译，中国社会科学出版社，2000，第 53 ~ 54 页。

② 伦敦创意委员会主席迈克尔·J．E．弗莱（Michael J E Frye）认为，纵观历史，是创意推动了伦敦的发展，伦敦的创意产业对伦敦几乎所有行业产生了广泛的影响，从金融服务到计算机软件，从制造业到旅游业。伦敦未来的经济、文化、道德和社会健康都和创意产业发展状况有关。

作为全球城市体系中最高能级的城市，伦敦已经成为全球文化产业的领导者。伦敦的文化产业产值和就业比重较高且呈不断上升态势，2015 年伦敦文化产业就业和产值比重均超过 11%，2011 年至 2016 年，文化产业就业岗位增长了 25.4%，超过伦敦整体就业岗位增长率（17.5%），成为伦敦近年来经济增长的主要驱动力。图 1 和图 2 是近年来伦敦文化产业增长率和对经济增长贡献率与总体状况的比较。

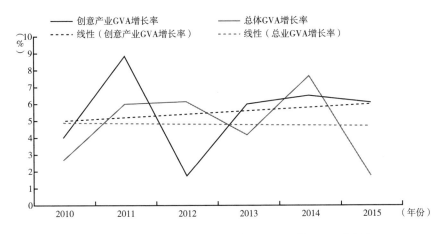

图 1　2010～2015 年伦敦文化创意产业及总体 GVA 增长率

资料来源：由大伦敦政府经济报告整理所得。

图 1 和图 2 的数据显示，无论是增长率还是增长的贡献率，文化产业总体上都大于平均值，表明文化产业是伦敦经济增长的主要驱动力。

（二）文化产业具有较高的产业关联度

文化产业具有较强的产业关联效应，对其他产业的带动能力强。根据北京 2012 年投入产出表①中相关数据，测算出北京文化产业与对各产业的直接分配系数、完全分配系数、直接消耗系数和完全消耗系数，

---

① 北京投入产出表并不是按年度统计的，而是每隔 2～5 年由北京市统计局主导编制一次，最近编制年份分别为 2017 年、2012 年、2010 年、2007 年、2005 年、2000 年、1997 年、1995 年、1992 年、1990 年。然而 2017 的北京市投入产出表尚未公布，本文选取 2012 年的北京市投入产出表进行分析。

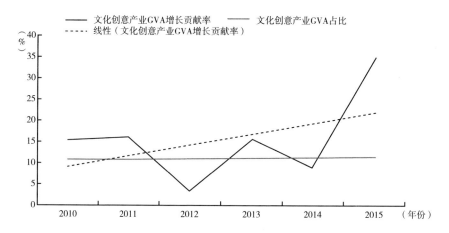

图 2　2010～2015 年伦敦文化创意产业经济增长贡献率

资料来源：由大伦敦政府经济报告整理所得。

这些系数值的大小反映了文化产业与其他产业之间的关联度①，如表 1 所示。

表 1　北京市文化产业与各产业之间的产业关联度

产业	直接分配系数	完全分配系数	直接消耗系数	完全消耗系数
第一产业	0.001141263	0.042647136	0.004244351	0.079586058
第二产业	0.253065787	1.844727506	0.950563739	4.307194321
第三产业	0.305002025	1.016866676	1.217842566	2.714197346
文化产业	0.041088897	0.604327447	0.079586058	0.710709814

资料来源：根据 2012 年北京投入产出表计算。

表 1 数据显示，不论是直接分配系数和完全分配系数，还是直接消耗系数和完全消耗系数，都表明北京的文化产业与第二产业和第三产业的关

---

① 直接分配系数反映了其他产业所使用的本产业的产品在本产业总产值中所占的比重，可以衡量一个产业与其他产业之间的前向联系程度。完全分配系数表示产业之间通过直接和间接方式产生的产品和服务分配的总和，可以衡量一个产业与其他产业直接和间接的前向关联度。直接消耗系数表示一个产业所投入的另一产业的产品和服务在本产业产值中的比重，可以衡量一个产业与其他产业的直接后向关联度。完全消耗系数表示某产业每生产一个单位最终产值对另外一个产业产生的全部消耗值，可以衡量一个产业与其他产业直接和间接的后向关联度。

联度较大，即文化产业发展对第二产业和第三产业能够产生较大的带动作用。都市型工业应成为北京产业结构的重要组成部分，北京文化产业与第二产业较高的产业关联度也支持这个结论。因此，发展文化产业，能够带动第二、第三产业发展。

（三）文化产业具有较强的创新能力

20 世纪 80 年代产生的内生增长理论把创新视为经济长期持续增长的关键因素，斯托珀尔（Michael Storper）用创新解释城市之间发展水平的差异，认为创新是导致城市收入水平高的主要原因[①]。对高能级城市而言，土地约束、资源约束或环境约束使得文化、知识和技术在城市发展中成为最为重要的要素，即创新成为城市发展的重要因素。

文化产业具有较强的创新能力，因为文化产业是技术与文化的融合。文化与技术的交融创新，能够增强文化和知识生成功能，从而促进创新驱动，并且通过把想象力和创造力与科学、技术和信息通信技术结合，形成新的产业和市场。韩国文化产业成功向全球传播和扩散的主要原因之一就是技术创新，把科技作为文化扩散的媒介，致力于用科技发展推动文化传播。比如，借助数字技术和超高速网络推广文化产品[②]。联合国 2019 年发布的《创意经济展望》指出，英国创意产业的特点之一是技术与产业的融合发展，认为 Createch 是英国创意产业增长的主要领域，可以拆分为 Creativity 和 Technology 两部分，其中，技术激发创造力，创造力又催生新技术。把创造力和 STEM（科学、技术、工程和数学）技能进行融合的公司有更高的生产率和增长率。根据大伦敦政府经济报告[③]，伦敦市 2015 年所有部门人均 GVA 产值为 58442 英镑，英国所有部门人均 GVA 产值为 42918 英镑，除伦敦外其他地区人均 GVA 产值为 39339 英镑。文化产业 2015 年人均 GVA 为 71435 英镑，伦敦文化产业人均产值较伦敦所有部门高出 22%。

---

① 迈克尔·斯托珀尔：《城市发展的逻辑：经济、制度、社会互动与政治视角》，李丹莉、马春媛译，中信出版集团，2020，第 63~81 页。
② 韩史编《文化创意之亚洲三雄》，《经济管理文摘》2019 年第 4 期，第 5~26 页。
③ *GLA Working Paper 87: Productivity Trends.*

三　高能级城市发展文化产业的优势和条件分析

高能级城市的经济基础、资源禀赋、文化环境等为发展文化产业提供了优势和条件。

（一）经济和文化的多样性

多样性是高能级城市的主要特征之一。一方面，高能级城市具有多样化的经济功能和密集的内部社会关系，拥有各种产业特别是高端服务业，并向其他地区提供商品、服务和信息，因而具有较强的辐射能力。随着收入水平的提高，消费者越来越重视商品和服务的审美属性和符号属性，而高能级城市的高辐射力导致其产品的价值认同度较高。另一方面，文化产品市场的不确定性和文化表达的多样性使得创新成为文化产业持续增长的主要驱动因素，而创新需要多样性的环境。因为多样性更有利于不同的人、文化、学科之间的碰撞和交流，产生新思想或激发人们的灵感。伦敦能够成为世界创意产业中心，受益于其多样性的文化和人口。伦敦是一座崇尚多样性的城市，多样性反过来又滋养了伦敦的创造力。

（二）高能级城市是文化产品生产的空间集聚地并有较大的市场需求潜力

文化产品的生产与消费的空间特征主要表现为生产或生产的部分环节向大城市集聚，而消费则具有更广阔的市场网络。在全球化背景下，一些地方的文化甚至遭到侵蚀，文化传统和标准受到严重威胁，而另一些地方的文化则在不断扩大其受众。高能级城市则成为文化向全球辐射的主要源泉，其提供的文化产品在世界范围内传播和销售。高能级城市居民的收入水平和消费需求层次较高，从而对文化产品产生较大的需求。本地及全球市场决定了高能级城市文化产业发展的市场容量和潜力。资料显示，近几年到伦敦的文化游客早已超过了商务游客，特别是在数字内容、音乐、设计和时尚等领域[①]。

---

① 韩史：《英国：有创意的国家》，《经济管理文摘》2019 年第 3 期，第 77 页。

（三）高能级城市具备文化产业发展的技术人才供给能力和资源优势

文化产业的发展依赖于创意阶层或富有创造力的人才的积累规模。理查德·佛罗里达（Richard Florida）认为，"创意阶层的显著特点就是其成员从事着旨在'创造有意义的新形式'的工作，创意阶层由两种类型的成员组成。一种是'超级创意核心'群体，包括科学家与工程师、大学教授、诗人与小说家、艺术家、演员、设计师与建筑师；另一种群体是现代社会的思想先锋，比如非小说作家、编辑、文化人士、智囊机构成员、分析家以及其他'舆论制造者'"①。高能级城市拥有丰富的创意技术人才。同时，文化产业通过创造新产品等让人们获得新体验、探索新的生活方式等，又会进一步吸引创意阶层人员的流入。

高能级城市一般还拥有丰富的文化基础设施和文化积淀，这成为发展文化产业的基础；还有市民广泛参与的丰富的文化活动，这些活动显示了城市的文化活力，也成为文化产业发展的一种优势。

高能级城市日益成为提高国际竞争力和国家文化软实力的重要依托。在全球城市体系中，我国高能级城市数量及其能级在不断增长，政府应营造适宜的环境，采取相应的产业政策，优化文化产业的空间集聚模式，促进我国高能级城市文化产业的发展。

---

① 〔美〕理查德·佛罗里达：《创意阶层的崛起》，司徒爱勤译，中信出版社，2010，第80页。

文化产业人才需求及培养现状研究

杨　昆*

摘　要：随着中国进入新时代，文化产品和文化服务的消费比例持续上升，将推动文化产业加快发展。文化产业属于智力密集型产业，发展的核心动力源于人才。本文从文化产业人才的需求现状入手，根据精神经济学理论、生产需求理论以及人力资本理论，分析文化产业人才需求和供给的关系及其影响因素，推导文创人力资本的生产函数，归纳高校文化产业人才培养的投入产出要素，试图构建人才培养绩效评价模型，探索高校培养文化产业人才的模式，为提高文化产业人才培养质量、增强人才对产业发展的支撑作用做出贡献。

关键词：文化产业　人才　需求　生产模型　绩效评价

新时代是精神经济的时代，社会经济增长方式面临新的机遇和挑战。精神经济将颠覆传统的产业序列，文化创意成为驱动经济增长的第一产业。在这样的背景下，人才资源变得前所未有的重要。文化产业不同于传统制造业或服务业，它以市场为主导，以创新精神内容为根本，以文化创意为生产、经营和管理的对象，以人才为智力依托，遵循产业经济的一般运行规律。人才是发展壮大战略性新兴产业的首要资源，要加快推进人才

---

* 杨昆，博士，南京财经大学副教授，紫金文创研究院副研究员。

发展政策和体制创新，保障人才以知识、技能、管理等创新要素参与利益分配，以市场价值回报人才价值，全面激发人才创业创新动力和活力，弘扬工匠精神和企业家精神①。根据经济规律，人才属于生产要素，在广泛的社会生产中自由流动。按照企业人力资本投资收益分担原则②，文化产业人才创造的效益由整个社会、文化企业和人才个体共享。这就需要进一步完善文化产业人才的开发制度，从政府、企业和高校各自承担的责任层面促进人才开发的主体投入和社会支持。

文化产业的核心——人力资本是文化产业发展的重要驱动力，也是高校人才培养的重要部分。文化产业发展的速度取决于创新的效率，而创新的主体即文化产业人才。因此，无论是政府、企业还是高校，都对文化产业人才的培养表现出迫切的需求和浓厚的兴趣，有不少学者专门对此问题进行研究。亚当·斯密在《国富论》中就表达了以人为中心，重视教育的思想。他认为个人获得技能与知识，不仅关系到个体的前途和提升，也促进了社会的发展，这其中需要投入相当的费用，是对个人固定的投资。舒尔茨在20世纪60年代就提出了人力资本理论，提出人力资源是经济和社会发展的重要原因，强调重视教育的经济功能。教育的过程实际上是人力资本的生产过程，是对经济隐性的贡献，在国家及社会层面可改变文化业态，提高国家整体生产力。

一 文化产业人才需求的行业背景

（一）文化产业颠覆传统产业，需求规模、质量、速度全面领先

进入新时代，中国社会正在向高质量发展转型。文化产业也面临产业结构升级和生产要素的重新优化配置，各层次的人才需求必将随着产业结构的调整而变化。文化产业核心生产要素已不再是自然资源和资

---

① 《"十三五"国家战略性新兴产业发展规划》。
② 陈树文、李晓尘、姜海：《企业人力资本投资收益与风险研究》，《大连理工大学学报》（社会科学版）2010年第3期，第7~10页。

本，而是个体的智力、创造能力和创新精神。当下文化产业人才供求失衡，存在结构性因素。文化体制转型，原有文化体制内人才在市场化转型中不能适应市场需求，造成供给短缺。而且由于文化产业本身成长性高，发展速度快，行业对人才的需求规模大、质量要求高、更新速度快，但文化产业人才的培养是一个系统工程，具有周期性和滞后性，人才知识观念和思维方式的转变非一朝一夕之事，短时间内难以达到人才队伍规模化扩张的效果，因此，文化产业人才供需双方的脱节成为常态。

我国文化产业的发展还不充分不平衡，文化产业人才的聚集刚刚开始，人才的群体效应还未完全体现。文化产业人才属于"知识型员工"，主要提供智力服务，几乎不具有替代性。近五年来，文化产业快速发展，产业增加值占GDP比重逐年上升，2019年，全国文化产业及相关产业增加值为44363亿元，同比增长7.8%，占GDP的4.5%。文化企业增速平稳，从业人员需求量大。每年高校文化产业毕业生与市场需求存在的总量性供不应求和结构性南辕北辙并存，很多高校毕业生被企业抱怨理论没学好，实践更是无从谈起。

社会对文化产业人才的需求，一方面体现该行业的增长速度与发展趋势，另一方面也体现高校人才培养方面的缺陷。而专业人才的缺乏一定程度上阻碍了文化产业的发展速度，影响了文化企业的利益最大化。

（二）文化产业业态加快更新，文化科技融合加剧，对文化产业人才的需求增加

我国产业发展正经历着结构性变革，对精神内容的消费逐渐增加，此阶段典型的特征是科技、知识日益取代资本成为生产要素构成中最重要的因素，从而导致科技密集型、知识密集型的文化产业日益发展。文化产业的快速发展，需要有与产业发展相匹配的生产力的支撑，生产力的创造主体即文化产业人才。人力资源是一种特殊的资本，具有主体性和特殊性。文化产业人才的主体性表现为其自我认知以及推动其他资源的能力，有自我提升和开发其他资源的欲望和动机。面对新科技对文化生产力的提升所带来的文化业态的变革，文化产业人才会发挥主观能动性，产生学习新知识、研究新领域的欲望，进而努力提高自我的生产创新能力。文化产业的发展对产业人才的促进是正向的，市场配置资源促使资本流向人力资本投资，人力资本投资会决定文化产业人才的开发培养状况，因此人才对产业变革的回馈也是正向积极的。在科技、产业、人才之间形成一个良性循环的链条。

（三）文化产业与各行业加快融合，人才需求更加多样化

文化产业的发展是与传统制造业、现代服务业等行业的融合发展。"文化+"促生了许多文化新业态，为传统行业的发展带来新契机。此过程中，对专业人才的需求就更复杂、更多样化。首先是文化产业人才的结构需求。文化产业人才属于一种社会资源，归属于整个社会又回归某个具体的社会经济单位，具有再生性、社会性。这种资源可以循环持续使用，不断产生收益。其次是文化产业人才的素养需求。文化产业人才须具有知识的开放性，体现在对不同产业领域知识的融合性吸收、消化和创造上。

（四）国际文化竞争激烈，对文化产业人才的需求更加职业化、专业化

中国加入 WTO 等各类多边贸易组织，在开放市场上有履约义务。与此同时，以美国为代表的一部分国家，贸易保护主义抬头，国际文化贸易的各类壁垒更加严重。文化是价值观，是国与国竞争的终极内容，对文化产业人才要求更高，需求更迫切。中国发展的国际化，需要文化先行。加强文化的对外贸易、文化产业的国际化，需要更多国际化人才。在新经济时代，创新是文化产业之魂，新兴技术和市场推广，都需要文化产业人才，而此类人才更追求个人发展的可持续性、个人价值的实现、在职场工作的自主空间以及事业成就的外在评价。因此，有眼光、有实力的文化企业都深知自己核心竞争力的构建靠的就是文化产业人才，于是，它们纷纷放眼全球人才市场，不惜代价相互争夺高端人才。

二　文化产业人才的基本特征和分类

分析文化产业人才的需求供给状况，关键在于了解文化产业人才的内涵。1982 年的全国人才工作会议上，提出人才的三大特征：有知识、有能力；能够进行创造性劳动；在政治、精神、物质三个文明建设中做出贡献。在此基础上，今天的文化产业人才还需要增加对文化艺术产品的了解，具备文化产业经营管理的能力。文化产业人才不同于艺术管理人才，艺术管理人才重在生产力管理，需要具备在特定条件下整合资源、完成项目目标的能力。例如，美术馆策展人员，需要对展出的艺术品、创作者、背后的故事、艺术价值等有一定的掌握，要具备展览布展的能力。而文化产业人才则重在研究生产关系层面文化与产业链相架构，是以达到社会效益和经济效益最大化为目标的管理类人才。例如一部影视作品中的出品人和制片人，需要兼顾影视作品项目策划、投融资、宣传发行、生产组织等多种工作，综合性较强。

（一）文化产业需要复合型人才

文化产业属于综合性学科，涉及经济、管理、文化和技术等领域，范围广泛、跨越性强，与传统学科只专注于本专业的纵向研究不同。懂经济的不通文化，搞技术的轻视人文，人为制造学科间的壁垒，实际上是画地为牢。文化产业需要复合型的 "T" 字形人才，在深入研究文化产业管理理论知识的同时，还要有较高的思想认识水平，要对社会学、管理学、经济学、艺术学等各学科有一定程度的了解。只有高水平的文化企业管理人才、文化经济人才、文化技术人才、表演人才和文化包装策划人才等，才能演奏文化产业宏伟磅礴的交响乐[①]。

1. 掌握意识形态的一般规律

文化产品的生产是劳动力对精神内容的加工和创造，含一般商品的属性，也具有文化的本质特征，带有明显的意识形态特征。社会主流意识形

---

① 李向民、王晨：《文化产业：变革中的文化》，经济科学出版社，2005。

态主要是通过文化产业人才作用于精神内容的生产。文化产业同时具有社会效益和经济效益，且社会效益优先。因此文化产业人才的意识形态水平决定了他对内容的选择，决定着文化企业或者整个行业的价值观念和发展方向。因此，文化产业人才需要具有一定的政策把握能力，积极主动地学习党的理论政策。要保证自己的文化生产内容所反映的不能与主流意识形态的要求背道而驰。

2. 具有一定的文化艺术素养

文化产业人才需要懂文化，具备较高的文化素养和鉴赏能力。文化产品的生产，是产品外形设计和内容驱动的完美融合，精神内容在其中的价值引导体现的是文化的魅力，只有文化元素的注入才能整体上实现文化产品的精神附加值。因此，文化产业人才不仅需要学文化、懂文化，还需要对文化具有融会贯通的理解和信手拈来的灵感。例如，发展较快的动漫游戏行业，日本的制作技术和宣发能力都处于领先水平，他们制作的很多游戏都基于中国传统文化元素，曾经风靡一时的日本光荣株式会社研发的历史模拟类游戏《三国志》，有着对我国三国历史细致的考据，融入三国时代的政治、军事架构。因此，优秀的文化产业人才一定是具备丰富的知识储备和专业的文化素养的。

3. 具有较强的经营管理能力

文化产业人才要懂管理、会管理，首先要具备战略思维，对文化市场有整体的判断把握，了解企业所拥有的资源状况和所处经营环境，清楚企业面临的系统风险和非系统风险，做好及时有效的战略规划。其次要具有打造团队、设计组织的能力。在建立团队时，能够知人善用，合理分配工作；在架构组织时，能够合理制定规则，建立企业文化。

4. 具备基本的科学技术知识

人才的创新精神是文化产业发展的核心竞争力，如今的创新已离不开科技的支持。科技已渗透文化产品和服务的创作、生产、销售、消费等各个环节，成为文化产业发展的重要支撑。科技创新是推动文化生产方式变革的有力杠杆。文化产业人才的科技水平直接影响其创新和生产能力。

5. 掌握相关的政策法律法规

文化产业的基本运行建立在法律与政策的规范与保障机制上。由于文化产品和服务具有精神内容的原创性、易复制性和强意识形态属性，文化产业的法律包括文化基本法、文化专门法以及相关的文化部门法。产业人才需要对这些法律有相当程度的了解，把握好政府部门制定的文化产业政策，例如准入政策、文化资源保护政策、文化人才政策等。只有具备较强的法律掌握力和娴熟的政策运用力，才能保证文化产业健康快速可持续发展。

6. 具备较强的语言表达能力

文化产业人才在工作中会面临文化营销、谈判、公关等事务，需要具备深厚的文字功底、较强的口头表达能力，以及一定的沟通技巧。文化产业人才具有强烈的自我价值实现需求，被马斯洛称为"高峰体验"，因此他们也更重视自我表达。此外，文化产业人才为"知识型员工"，此类人才往往需要较多的自由空间，不宜用太多的规则去约束他们的日常行为。

（二）文化产业人才分类

1. 根据受教育方式

通常高端和初级人才的分类是基于职业的教育水平进行的。受过文化产业或相关专业领域高等教育的人才工作后往往能从事创意、管理等具体工作，比如影视制片人、艺术品拍卖行经理等；没有接受过类似专业教育，只是经过短期的职业培训，处于文化产业上游行业的从业者，属于文化产业初级人才，比如文创产品生产者、艺术品加工者等。有些工作需要专门的资格，比如经纪人资格就需要考试。

2. 根据行业分类

根据国家统计局发布的《文化及相关产业分类（2004）》和《文化及相关产业分类（2012）》等规定，将文化产业分为核心层、外围层和相关层三个层次，据此文化产业人才也相应地分为核心人才、外围人才和相关人才。其中核心人才包括新闻服务人才，出版发行和版权服务人才，广播、电视、电影服务人才，文化艺术服务人才；外围人才包括网络文化服务人才、文化休闲娱乐服务人才、其他服务人才；相关人才包括文化用品、设备及相关文化产品的生产人才，文化用品、设备及相关文化产品的销售人才等。

3. 根据在产业链的不同环节

根据在产业链的不同环节，文化产业人才分为文化产业管理人才、文化产业营销人才、文化产业服务人才。文化产业的生产经营本身分为生产、经营、消费三个环节，根据人才从事的不同岗位工作，可以对文化产业人才进行分类。文化产业管理人才是指在文化企业中处于管理岗位的从业者，主要负责文化企业的管理经营，总体把握企业发展方向；文化产业营销人才主要指负责文化产品、文化创意等精神产品销售推广的人才，例如影视公司的宣发专员等；文化产业服务人才主要包括在文化企事业单位工作的管理人员以外的从业者，例如博物馆、展览馆、电视台、旅行社等领域的从业者。

4. 根据核心到外围的关系

根据核心到外围的关系，文化产业人才分为核心人才、辅助人才和镶嵌人才。虽然按照行业来划分产业人才比较方便，也容易统计，但是当文化产业逐渐成为我国国民经济支柱型产业，成为新经济的主要推动力，出现众多新型文化业态之后，文化产业人才就具有了新的统领意义。因此，对文化产业人才的培养模式的创新，需要考虑到分散在各行业中的文化产业从业人员，也要剥离在文化企业工作的非专业人才。核心人才指为文化产业创造出精神内容的群体，是文化产业中销售、消费、管理等环节的直接劳动力。辅助人才是与文化产业相关的从业人员，例如文化企业中的财务人员等其他管理人员。镶嵌人才指的是非文化企业中文化产业的从业者，例如传统制造业中的文化创意人员、农业生产中的创意农业从业者等。

三　文化产业人才需求的特征与影响因素

（一）文化产业人才需求特征

文化产业人才需求跨越产业本身。文化产业的特性决定它具有动态流动的性质,因此文化产业人才也不会长期限制在固定的生产环节中。创意工作通常也不会停滞不前,与科技、金融等的融合发展是必然趋势。文化产业人才的需求已经不仅是文化遗产、创意开发、艺术创作、影视娱乐等行业的专属,现在许多传统行业的企业也在逐步跨入文化产业领域,如苏宁涉足文创影视行业,京东进军艺术品市场等,社会各行业对文化产业人才均有大量需求。

文化产业人才需求具有区域性。由于我国经济发展存在区域性差异,各地的文化消费水平差异性较大,文化产业发展意识与现状也不同。文化产业人才的需求状况与该地区的产业发展呈明显正相关关系。我国文化产业区域集聚性强,整体而言,东部地区发展优于中西部地区,文化产业人才需求量也较大。具体而言,北京、山东、广东、湖南、河南、江苏、浙江等地区经济发展基础好,无论是文化企业数量、法人单位数量还是产业从业人数,都排在全国前列。文化产业区域人才结构优化与该产业结构升级的协同发展是客观规律的要求。

文化企业对相关职位的实践经验要求高。从事文化产品和服务事业的企业,大多为应用型企业,而非理论研究型单位,所以对文化产业人才的招聘要求越来越多。要具有行业实践经验,这一条对刚刚毕业的大学生来说有致命的打击。

(二) 文化产业人才需求的影响因素

经济环境。习近平总书记在十九大报告中指出,中国特色社会主义进入新时代,我国社会主要矛盾转化为人民日益增长的美好生活需要和不平衡不充分的发展之间的矛盾。这里的"美好生活需要",某种意义上是消费升级催生的新需求,人民日益增长的美好生活需要高质量、高科技、高创意的文化产品,是未来经济结构调整升级的发展方向。国家的经济发展形势决定了行业的发展态势,也决定了行业对人才的需求。经济具有周期性波动风险,属于系统性风险,倘若发生,对许多行业的打击是摧毁性的,通常无法通过投资的技术性调整而规避。但我国经济的宏观调控能力较强,出现这种风险的可能性微乎其微。

行业发展。文化产业的结构、文化产业未来的前景等都决定了对文化人才的需求。近年来,文化产业增加值占 GDP 比重逐年增长,且增长速度逐年提高,从整个行业的发展周期来看,文化产业正处在快速发展期,此阶段文化企业的新增速度以及企业的发展规模都呈现迅速膨胀的态势。鉴于政策的稳定性和当今科技的更新速度,"文化+"的新业态变革将成为未来行业发展的重点,未来五年之内,此发展趋势不会改变。行业的影响具体体现在文化企业对人才的需求中,文化企业的成长周期也影响了对文化产业人才的需求,从萌芽期、成长期、成熟期到衰退期,不同时期的企业对文化产业人才需求的质和量是完全不同的。但由于在我国文化产业尚属新型专业,学科成立较晚,专门的文化产业人才在总量上并不能满足市场需求,如今文化产业从业人员素质参差不齐,专业理论较为缺乏,因此,未来行业对文化产业人才的需求将呈现几何级的上升趋势。

经济环境和行业发展会影响文化产业人才需求弹性。当外部环境较好、产业发展前景良好时,薪酬的变动对人才的数量影响较大,此时文化产业人才的选择性更多,弹性越大。但对于文化企业而言,为了争取到更多更优质的产业人才,也愿意提供更高水平的薪酬,反之同理。

薪酬水平。文化产业人才的普遍薪酬水平一定程度上影响了市场对人才的需求,不同层次的人才有不同水平的薪酬,但普遍薪酬水平会影响文化企业对人才数量和专业素养的需求,而且用人单位也会根据提供的薪酬水平对人才的产出贡献有一个预期,并且会根据实际的生产能力调整薪酬,这是一个相互作用的动态过程。

从企业层面进行行业人才需求量的测算分析,是业界常用的一种测算方法。例如,对一家文化企业测量等效全职员工数的时候,往往需要按照全职和兼职的志愿数量进行分别统计,也需要有兼职员工参与程度的相关信息,估计工作小时数也是一个比较广泛的实用方法。因为文化产业的特殊性——不是制造业的流水线工作模式,同一时间段大家生产水平差别不大——所以文化产业中,衡量标准应该是人才的生产力,主要表现为个体创造的价值,而不是简单的工作时间。同样的工作时间不同能力水平的人创造出的价值和为企业带来的效益会有很大的差距。但此处人才的生产力的衡量极为困难。这种困难不是技术性的,而是个体的生产力往往在一群人的关系网络中纠缠不清[①]。除此之外，由于区域间经济基础的差异和文化产业发展水平不同，不同地区的文化产业人才薪酬水平是有整体性差异的。

此处采用托维斯特指数进行比较测算：

$$L_{ij}^{TT} = \prod_{k=1}^{K} \left[\frac{L_{jk}}{L_{ik}} \right]^{\frac{v_{ik}+v_{jk}}{2}}$$

其中，L_{ik} 为在第 i 个文化企业中，第 k（$k=1$，2，……，K）类劳动力的量，v_{ik} 为在第 i 个文化企业中，第 k（$k=1$，2，……，K）类人才产出效益所占公司整体效益的比重。

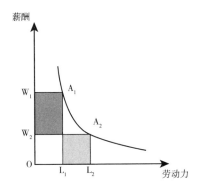

图1 薪酬水平与劳动力需求的关系

从图1中可以看出，对于一家文化企业，A_1 时的薪酬水平要高于 A_2，A_1 对应的是 L_1 水平的劳动力，当其他因素不变，只有薪酬水平下降时，企业的劳动力需求量会增加到 Q_2。$W_1 A_1 L_1 O$ 是 P_1 水平下企业的劳动力成本，$W_2 A_2 L_2 O$ 是 P_2 水平下企业需要承担的劳动力成本，二者的面积大小即薪酬和劳动力数量的变动幅度对劳动力总成本的影响力度的大小。该弹性取决于该企业需求函数决定下的需求曲线的斜率，即该函数的弹性。在完全竞争市场下的理想的经济环境中，常常将需求曲线抽象为一条向右下方倾斜的直线，该需求函数的弹性就是斜率：

---

① Medoff，James，C.，and Katharine Abraham，"Are Those Paid More Really More Productive? The Case of Experience"，*Journal of Human Resources*，1981（16）：186 – 216.

$$斜率 = \frac{\Delta\ \text{薪酬水平}}{\Delta\ \text{劳动力数量}} = \frac{\Delta W}{\Delta L}$$

需求曲线越平坦（斜率绝对值越大），薪酬水平变动对劳动力数量的影响就越大；需求曲线越陡峭（斜率绝对值越小），薪酬水平的变动对市场劳动力需求量的影响就越小，文化产业人才的需求具有刚性。当然，这样的需求模型只存在于较理想的市场中，文化产业人才都被视为在既有消息限制下，其经济动机与目的是完全理性的。

科技水平对文化产业人才需求的影响是一种结构上的影响，新技术的变革，很有可能会催生新的文化业态，也会需要文化产业人才的培养进行结构上的调整，而且，技术变革的主体是人才，因此，二者的影响是相对相生的。

如图 2 所示，科技水平的提升，导致文化产业人才需求曲线外移，带来的是文化产业人才需求整体的提升。这是因为，科技的创新会带来产业生产力的变革，从而提高生产效率，改善生产关系，催生出新的文化业态，对文化产业人才的知识结构和人才数量有了新的要求。

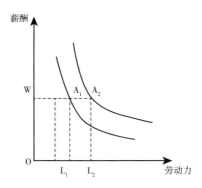

图 2　科学技术对劳动力需求的影响

四　高校文化产业人才培养现状分析

高等教育是在完全中等教育基础上进行的专业教育，是培养高级专门人才的社会活动。如今发展文化产业的核心就在于产业人才，既然高等教育是高级专门人才最直接的培养产出活动，而且文化产业专业人才是该产业发展的动力基础，那么解决产业人才现存问题，针对行业市场需求，调整高校人才培养模式，促进专业人才供给数量和质量的提升就顺理成章了。

（一）行业需求与人才培养

行业需求引导高校人才培养的方向。对于高校而言，要以自身为主体，建立与企业需求紧密联系、与政府推动和社会支持相结合的人才培养模式。企业的要求、政府的政策和社会的支持反映了行业的需求，通过对高校外界环境的影响，促进资源的流动配置，进而调节高等教育文化产业人才培养的动力，引导高校人才培养的方向。

高等教育对文化产业具有重要支撑作用。高等教育投入与文化产业人才数量和质量呈正相关关系。随着专业教师人数增加，相应设备、场地的扩充以及专项资金政策、人才培养政策、学科体系设置的鼓励，文化产业人才数量和质量就会提升，产出的精神产品也会更加丰富，这是可以解释的。但这个资源的流动过程需要一段时间，不是一蹴而就的短暂行为，随着时间的增长，效果会逐渐显现。资源配置调整初期，高校培养产出的增长态势并不明显，这是因为文化产业人才培养的过程相对高等教育投入具有一定的延时效应，科研成果、创意产品等精神产品的产出相对高等教育投入也具有一定的延时效应，所以，高等教育对文化产业的支撑是一个长远战略。

高等教育投入与企业经济绩效呈正相关关系。人力、物力、财力等高等教育投入的增加，对文化产业人才的文化创意产出和对企业的经营绩效有积极促进作用，高等教育的促进作用具有传递性。

社会需求与高校文化产业人才培养的对接。组建创业服务网络，加大创业孵化器等基础设施的投入力度，探索多种人才培养、实践形式，是社会与高校人才培养对接的有效桥梁。落实支持高校科研人员创办科技创新型企业的激励保障办法，扶持鼓励高校教师创业，通过税收优惠政策以及专项奖励等手段加大对教师创业的政策扶持力度，促进此类创新型企业成为产学研结合的桥梁，是文化创意走向市场的捷径。企业、政府和高校的良性互动，有助于促进资源流动，提高资源配置效率，实现多方利益最大化。

（二）高校文化产业人才生产的理论基础

高等教育属于公共产品，体现为教育资源享用的公平性。但现实生活中，高等教育同时具有消费的竞争性和技术的收益排他性。文化产业相关的高等教育在招生的时候会筛选掉部分考生，意味着有一些人被排除对高等教育资源的享有权。个人接受教育、培养出文化产业人才，是个人、企业、社会、政府的共同需要，除了受教育者直接受益，还有正的外部效果，多方受益，企业、社会和政府获得的益处往往大于个人的获益。因此，高等教育属于准公共产品范畴，但无论各方受益多少，教育作为公益事业，在每个国家基本上都是政府在发挥投资主体作用。

高校对文化产业人才的培养反过来也刺激着文化产业人才的需求。Rosenbaum 发现，大学教育水平有非常显著的效果；尤其对那些地区大学的受教育者而言，较高的学校教育水平能带来比想象中大得多的影响力[①]。高校对人才的培养在经济学中可以视为生产供给。从规模层面而言，如果开设文化产业专业的高校数量较少，全国该专业人才招生规模总体不大，但市场需求量大，则会出现供不应求的现象，容易形成卖方市场，以高校的培养模式为主导；倘若情况相反，高校文化产业毕业生超出了市场需求，形成的是买方市场，文化企业对毕业生就有更大的挑选余地。一方面会造成一部分毕业生暂时失业或者无法找到适合本专业的工作岗位；另一方面是文化企业的选择标准会促使高校调整人才培养模式，培养出更符合企业要求的文化产业人才。从质量层面而言，高校的培养更多以理论为主，而且教授的都是国内外该行业最为领先的知识埋论，培养出的专业人才能给行业注入新鲜的思想，有助于激发企业的创意，带动创新领域发展，从而刺激行业对人才的需求。

根据人力资本理论，人才的培养在经济学中可以视为教育的生产活

---

① Rosenbaum, James, "Careers in a Corporate Hierachy", In *Research in Social Stratification and Mobility*, Vol.1, edited by D. Treiman and R. Robison, Greenwich, CT: JAI Press, 1981.

动。人力资本一词最早由哈佛大学教授 J. R. Walsh 提出，经济学家更喜欢用这个概念来描述劳动力品质的高低。人力资本是开发和利用资源、创造和积累社会财富的主体。人才的培养可以通过教育投资和人才流动来实现，但是其能力不是自然就有的，需要一个由应用资源到现存实体（即人类）变化产生的过程。应用资源通过配置产生出具有生产力的人才的过程，称为教育。文化产业人才的培养即如此，需要通过各种资源投入的高等学校的专业培养和社会实践而产生出具有专业生产能力的人才的过程。经过高等学校文化产业专业的教育训练，人升级为受过教育或训练的人才，他的生产力提高了。这种提高会反映出一系列增加的服务价值，此服务价值可以在市场上流通，从而满足企业、社会的需要。教育所消耗的资源，可以视作一项投资，而增加的服务价值，就是投资所带来的收益。简而言之，对人力资本的投资，就是使用有效的资源与时间，来达到增进个人未来生产力的目的。

舒尔茨曾指出，教育的投资，除了财务上列示的资本性支出、维修费、学费、住宿费、劳务费、教师工资、课时费、专用材料等外，还应包括经济上讲求的机会成本。他认为教育收益率的计算可以解决教育投资问题以及资本积累、教育资源分配和经济增长等问题。根据人力资本理论，教育的过程实际上可以理解为人力资本的生产过程，这里的人力资本指的就是本文提到的人才。培养文化产业人才，对国家经济有所贡献，在国家及社会层面可改变文化产业及国家整体生产力，提高人才在整个社会的流动力；在个人层面可以提高个人创意、管理能力，增加个人经济收入，提高国民所得再分配能力。从供给需求的角度来分析，文化产业人才的培养对该产业的市场需求形成了一定程度的刺激。中国文化产业的根本问题还是在供给侧。从微观来说，文化产业是一个供给制造需求的行业①，而高校文化产业人才培养也是人力资本生产制造的过程。行业的市场需求可以为高校人才教育提供引导，而高校文化产业人才的培养产出，也是一个培养文化企业和社会人才需求的过程，同样也可以制造出市场对文化产业人才新的需求。现阶段，文化业态

---

① 李向民：《文化产业供给侧改革要做好"加减法"》，《新华日报》2016 年 7 月 22 日，第 14 版。

不断变革，其中很重要的一点是科技创新。科技可以催生出新的文化业态，促进文化产业供给侧改革，从而刺激人们对文化产品的消费需求。而科技创新的主体和核心就是文化产业人才。

（三）高校文化产业人才培养现存问题

1. 学科定位不明确

学科定位是一个专业发展的根本。文化产业管理本科专业是培养高级文化产业管理人才的初阶形式和规范模式，对文化产业管理人才的培养起到了基础性的支持作用[①]。文化产业专业的教育在我国起步较晚，2004年教育部在中国传媒大学、中国海洋大学、山东大学、云南大学四所高校首批试办文化产业管理本科专业，授予管理学学士学位。2011年，教育部修订本科专业目录，将文化产业管理正式纳入其中，但其学科定位问题，一直是业界讨论的话题。在专业成立（试办）伊始，教育部《普通高等学校本科专业目录》中将其归属为管理学 - 公共管理类。2012年，文化产业管理专业由试办专业转为正式专业，归属管理学 - 工商管理类，教育部规定可授予管理学或艺术学学士学位，因此就出现了文化产业管理专业在不同的高校存在于不同的学科体系中的情况。例如，南京大学将其列入商学院，北京大学将其列入艺术学院，中国传媒大学将其列入经济与管理学院，南京艺术学院成立了独立的文化产业学院，山东大学和华中师范大学将其列入历史文化学院等，各不相同，缺乏统一性和规范性。

2. 人才培养目标不清晰

文化产业管理专业教育的主要目标是为社会输送文化产业人才，实现投入资源最大效率地转化为人才的质和量。行业中对文化产业人才的需求稳定性和动态性并存，人才不仅需要具备一定高度的思想水平和专业知识，还需要具备较强的实践能力和创新思维。但实际中，市场需求的信息无法完全传递到高校培养体系中，高校对文化产业人才培养目标不明确，无法满足市场的实际需求。

[①] 向勇：《创意创业家精神：文化产业管理专业人才培养的探索》，《中国大学教学》2017年第10期，第26~30页。

3. 专业设置不健全

专业设置是文化产业管理专业建设的基础，但由于学科定位问题尚未解决，目前该专业缺乏全国教学指导委员会。除了 2007 年胡惠林、李向民教授受教育部委托起草了《高等教育自学考试文化产业管理概论》本科教学大纲之外。普通高校文化产业管理专业尚未建立统一的教学大纲，导致专业课程体系缺乏系统性、长远性和稳定性，各高校间该专业开设的课程迥异，缺乏统一指导，存在课程设置分散、课程内容重复等问题。

4. 教材体系不完善

教学中缺乏权威教材体系。如今尚没有形成统一的文化产业管理专业教材体系，权威教材无法满足庞大的教学市场需求，教师教书无法。而且现行教材深度、广度欠缺，大多立足于学科基础，缺乏更深层次的研究型教材，且缺乏系统性的分类教材。教师教学基本上根据自身的知识结构和对文化产业管理专业知识的理解自行安排教学结构，具有较强的主观性，学生的学习受限于教师的知识层次，这不是可持续发展的培养模式。

5. 师资队伍不成熟

教师是高等教育的灵魂，但我国目前文化产业专业教育师资队伍不成熟，结构不完善，逐渐成为阻碍专业教育发展的主要问题。首先，教师专业背景较为复杂，此问题的出现有其客观原因。文化产业管理专业属于新兴学科，而且学科交叉性、综合性较强，对专业教师的职业素养有着特殊的要求。一方面，目前教师来源主要依靠传统学科的人才转移，教师缺乏文化产业专业背景；另一方面，许多高校师生比较低，难以保证教学质量。

6. 培养模式滞后

教学模式是教育体系中的钢筋水泥，先进的教学模式往往能提高教育的生产力效率，带来最优的资源配置，实现效益的最大化。但文化产业管理专业现在的人才培养模式滞后，存在不少问题。人才培养中重视理论教学，轻视实践教学，缺乏教师引领性。目前文化产业管理专业的教学模式较为传统，主要偏重理论教育，与传统型学科的教学无异。但文化产业管理专业的特殊性要求它的教学模式不能拘泥于理论的传授，而要注重实践。教师教学更多的是引领，而非填鸭式灌输。应开展与文化企业联合的产学研教育，包括实际项目的操作锻炼，使学生都有机会了解产业的整体运营流程。

（四）高校文化产业人才培养的影响因素

文化产业人才的培养受很多因素的影响，主要分为外部环境和内部动力。外部环境主要是一些宏观层面的影响，包括经济基础、人才培养政策、科技发展、文化产业人才市场需求等；内部动力落点在微观层面的影响，包括高校的人力、物力、财力三方面的投入。

1. 外部环境

外部环境对于高校文化产业专业的建设和人才的培养具有重要的支撑作用。国家健全法律制度、教育部提倡学科发展，营造了有利于文化产业人才培养的良好氛围。合理的资源配置能够保证文化产业人才的产出质量和数量，最大限度地将人才培养转化为社会经济效益。高校文化产业人才的培养需要政府环境和行业环境的支持。政府环境包含经济周期、产业政策、贷款政策、人才培养政策、产学研政策等；行业环境主要来源于文化企业，包括针对文化产业人才培养而进行的资金投入、激励机制、创新资源使用、创新成果转化等方面的举措以及行业风险等。外部影响因素对人才培养生产函数的影响是结构性的、整体性的，对生产曲线的影响表现为整条线的变动。

2. 内部动力

内部动力反映了高校培养文化产业人才将人力、物力、资金等投入要素转化为文化产业创意、管理、生产能力的过程，从质和量的角度反映出文化产业人才培养的发展动态。政府、高校、企业是相互独立的主体，高校培养出的产业人才需要在各主体间流动，内部动力促使其流动，传递价值。在流动的过程中，文化产业创意、管理、生产的能力又进一步转化为精神产品，创造了新的价值，转化为绩效。精神产品是文化产业人才能力的市场价值的显性体现，也是高校培养文化产业人才的市场化评判标准。

投入要素对人才培养的影响是具体的，每一个自变量的调整，会使产量沿生产曲线变动。

人力要素主要是指高等院校中从事文化产业教育的教师，是人才培养投入的灵魂要素。文化产业专任教师不仅需要专业理论背景，同时也需要一定的实践经验和相关学科知识储备；既需要通过前沿理论研究来提升自我价值，又需要培养学生来满足社会需要。人力要素具体可以从专任教师的数量、教师专业背景、教师职称结构等方面进行统计。

物力要素指对文化产业学科建设所进行的资本性支出，是培养人才的物质基础。主要包括教育用地、固定资产、设备维护、教学专用材料等基础物资投入。

财力要素指文化产业人才培养的资金投入，是教学运行的血液。资金的来源主要有财政拨款收入、上级补助收入、事业收入、经营收入、附属单位上缴款项以及社会捐赠。

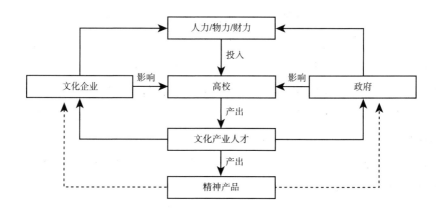

图3 高校文化产业人才生产流程

五 高校文化产业人才培养绩效评价

当下文化产业人才供求失衡，很重要的原因在于供求信息不对称，高校培养文化产业人才的能力和水平缺乏绩效评价体系。文化产业人才培养的绩效评价可以量化为企业投资的绩效评价模型，由于投入变量的类型不同，数据间无横向可比性，笔者认为可选取数据包络分析（DEA）设计评价模型，决策单元的最有效率指标与投入指标值及产出指标值的量纲选取无关，无须对数据进行无量纲化处理，适合本研究需要。根据上文分析得出的培养文化产业人才的投入产出要素，选取组合单元，设计出绩效评价模型的输入输出指标，得出人才培养的效率。

（一） 决策单元（DMU）选取

将每所高校的文化产业学院（专业）视作一个决策单元，不同学校间文化产业发展状况不同，有些是成立单独学院或者研究院，有些是放在管理学院或者艺术学院下设立为单独专业，不同规模的专业设置其技术效率如何、规模效率如何，显然有加以分析的必要。

（二） 投入产出指标选取

根据上文理论分析，本文选取的投入产出指标具体如表1所示。

表1　文化产业人才培养投入产出指标

	一级指标	二级指标	单位/备注
投入指标	人力	专任教师人数	人
		师生比	%
		高级职称教师比	%
		专任教师博士学历比	%
		师资队伍建设经费	元
		教师工资/课时等人员经费	元
	物力	教学设备购置费	元
		教学专用耗材	元
		图书购置费	元
		网络数字化建设经费	元
		重点实验室建设经费	元
		艺术工作室建设经费	元
	财力	教学事业支出	元
		教改支出	元
		课程建设支出	元
		科研事业支出	元
		课题经费	元
		艺术创作实践专项经费	元
		产学研专项经费	元
		捐赠收入	元

续表

	一级指标	二级指标	单位/备注
产出指标	毕业生	毕业生人数	人
		就业率	%
		专业领域就业比	%
	产学研	科研创作数量	项
		省部级精品课程数	门
		特色专业	0/1
		企业合作项目经费	元

(三) DEA 绩效评价模型

1. CCR 模型[①]

假设有 n 个 DMU_j （j = 1，2，3…，n），投入评价指标有 m 个 x_i （i = 1，2，3…，m），输出指标有 s 个 y_r （r = 1，2，3…s），CCR 模型线性规划模式为：

$$s.t. \begin{cases} \sum_{j=1}^{n} x_{ij}\lambda_j + s_i^- = \theta x_{io} & i \epsilon I_D \\ \sum_{j=1}^{n} x_{ij}\lambda_j + s_t^- = x_{io} & i \epsilon I_N \\ \sum_{j=1}^{n} y_{rj}\lambda_j - s_r^+ = y_{ro} & r = 1,2,\cdots,s \\ \lambda_j \geq 0 & j = 1,2,\cdots,n \end{cases}$$

上式表示 CCR 模型所求出第 k 个决策单位的技术效率值，为强度因素，隐含 DMU_k 在现行产出下，其投入因素须使用的最大比例；而 S_r^-、S_r^+ 为差额变数，表示决策单位在因素投入与产出须改善的空间。当 S_r^-、S_r^+ = 0、=1 时，则 =1 时表示 DMU_k 达到最适生产边界；当 S_r^-、S_r^+ > 0 且 < 1、< 1，表示此 DMU_k 为技术无效率的单位。

[①] William W. Cooper, Lawrence M. Seiford and Joe Zhu, "Data Envelopment Analysis: History, Models and Interpretations", *Journal of Econometrics*, 1990: 7 – 38.

2. BCC 模型

BCC 模型与 CCR 模型主要的差异，在其增加一项限制条件，即 $\sum_{i=1}^{n}\lambda_j=1$，在确保合成单位与 DMU_k 有相似的生产规模，以求出纯粹技术效率。模型如下：

$$s.t.\begin{cases} \sum_{j=1}^{n} x_{ij}\lambda_j + s_i^- = \theta x_{io} & i\epsilon I_D \\ \sum_{j=1}^{n} x_{ij}\lambda_j + s_i^- = x_{io} & i\epsilon I_N \\ \sum_{j=1}^{n} y_{rj}\lambda_j - s_r^+ = y_{ro} & r = 1,2,\cdots,s \\ \lambda_j \geq 0 & j = 1,2,\cdots,n \\ \sum_{j=1}^{n} \lambda_j = 1 \end{cases}$$

根据模型运算结果，可得出人才培养的综合效率、技术效率和规模效率。DMU 整体效率值，依其强度分四类。强势 DMU：技术效率 =1 且参考次数 >1；边缘 DMU：技术效率 =1 且参考次数 =1；边缘非 DMU：0.9 < 技术效率 <1；明显非 DMU：技术效率 <0.9。

（四）Malmquist 生产力指数模型

DEA 绩效评价模型得出的结论适合与同一年度或期间不同院校间横向对比，但忽略了导致产出提高的原因除了要素投入量的增加，还有可能为总要素生产力（Total Factor Productivity，TFP）的增加，忽略了时间因素的影响。Malmquist 生产力指数模型可以很好地解决这个问题，对文化产业人才培养进行全效率分析。给定时间范围，可分析出高校人才培养的技术效率变动、技术进步、纯技术效率变动、规模效率变动。

$$M_i^{t+1}(y^{t+1},x^{t+1},y^t,x^t \mid CRS) =$$
$$EFFCH_i^{t+1}(y^{t+1},x^{t+1},y^t,x^t \mid CRS) * TECH_i^{t+1}(y^{t+1},x)$$

其中，CRS 表示固定规模（Constant Return to Scale，CRS）若 $x^t = x^{t-1}$ 且 $y^t = y^{t+1}$，表示两期间的投入与产出都没变化，即表示生产力没变化，即当 $M=1$，此时技术变动（TECH）与效率变动（EFFCH）互为倒数。

当 $M>1$ 时，表示从 t 期到 $t+1$ 期生产力提升；若 $M<1$，代表从 t 期到 $t+1$ 期生产力衰退。至于生产力的变动是来自效率改变还是技术改变，则可以通过分解上式求得。同样，也可用在技术变动（TECH）与效率变动（EFFCH），当 EFFCH >1，显示从 t 期到 $t+1$ 期效率提升，反之，当 EFFCH <1，代表从 t 期到 $t+1$ 期技术效率降低；当 TECH >1，表示从 t 期到 $t+1$ 期技术进步，反之，当 TECH <1，显示从 t 期到 $t+1$ 期技术退步。

$$PTECH_i^{t+1}(y^{t+1},x^{t+1},y^t,x^t \mid VRS) =$$

将研究扩充到变动规模报酬（Variable Return to Scale，VRS）。纯技术效率变动（Pure Technical Efficiency Change，PTECH）与规模效率变动（Scale Efficiency Change，SECH），EFFCH = PTECH × SECH。

$$SECH_i^{t+1}(y^{t+1},x^{t+1},y^t,x^t)$$
$$= \frac{F_i^t(y^t,x^t \mid CRS)/F_i^t(y^t,x^t \mid VRS)}{F_i^{t+1}(y^{t+1},x^{t+1} \mid CRS)/F_i^{t+1}(y^{t+1},x^{t+1} \mid VRS)}$$
$$= \frac{s_i^t(y^t,x^t)}{s_i^{t+1}(y^t,x^t)}$$

纯技术效率变动小于 1，显示在变动规模报酬下从 t 期到 $t+1$ 期技术效率退步；反之表示纯粹技术效率进步。规模效率变动大于 1，表示从 t 期到 $t+1$ 期较接近固定规模报酬；反之则越来越偏离规模报酬。其中技术效率变动可以分解为纯技术效率变动和规模效率变动，TFP 生产力指数可以分解为纯技术效率变动、规模效率变动与技术变动。

六 结论

新时代下文化产业的发展有助于满足人们日益增长的对美好生活的追求，文化产业逐步成为我国经济发展的支柱性产业。产业的快速发展催生了行业对人才的需求，无论是在数量规模方面还是在质量要求方面，对高校文化产业人才培养都是一种考验。

在人才培养的战略层面，政府对文化产业人才培养开发的态度是关键。文化产业人才的培养，不仅需要整体战略，更需要对传统的培养体制与机制进行完善和创新，从法律及政策层面为文化产业人才的培养提供相应的制度保障，而且要以国际化的视野重视文化产业人才的培养，重视人才培养的职业性和专业性，政府、社会、企业、高校之间应形成合力，共同为文化产业人才的培养做出贡献。只有培养出一定规模高质量的人才，才能保持文化产业的可持续发展。

在人才的培养机制方面，未来须注重以人民文化消费、行业需求为导向的文化产业人才链的构建。同时需要完善高校文化产业管理专业的学科建设，明确学科定位，优化资源配置，提高人力、物力、财力等投入要素的数量和质量，提高生产效率，培养出符合行业需求的优质文化产业人才。

文化生活圈诠释美好生活新生态

亓 冉 齐 骥[*]

摘 要：文化生活圈是属于场景空间营造的一种文化形态，以文化融入生活的方式去发挥"以文化人"的作用，其从空间营造的导向出发，在居民日常生活中进行文化的空间设计，营造生活化的文化生态。它强调文化作为一种生长因子在人们日常生活当中的蔓生作用，让文化的教化作用在文化活动与各种文化服务当中发酵，让人们在参与、交流与学习过程当中逐渐建立起一个体系化的学习社会，从而进一步完成人自身素养的提升，让区域空间完成城市风貌的提升，让在地文化完成生生不息的生活传承。作为新时代城市发展一个极具活力与动能的生态单元，文化生活圈将为满足人民对于美好生活的向往提供最佳的生活文化方案。

关键词：文化生活圈 美好生活 空间营造 公共文化服务

文化生活圈虽然其名带有"文化"与"生活"，但是事实上其涉及的不仅仅是文化与生活两个独立存在的方面，还需要从社会治理、产业发展、空间设计、社区营造、城市更新等各个方面去进行系统性的设计与综合性的考量。因为文化本身便离不开周围环境的作用，文化生活圈

---

* 亓冉，中国传媒大学文化产业管理学院博士研究生；齐骥，博士，中国传媒大学文化产业管理学院教授、博导，芝加哥大学访问学者。

所强调的文化与生活的互融共生，不仅让文化扎根在生活里，也让生活在文化的作用下得到升华。我国大陆地区的文化生活圈从文化事业的角度出发去进行设计，台湾地区文化生活圈从在地文化传承的角度去进行设计，虽然两者出发点不同，但是其最终目的皆是以文化与生活的融入去实现人的发展，回归到人的价值本位，二者殊途同归。文化生活圈的营造还要从可持续发展的角度去进行文化空间、文化事业、文化产业、传统文化等方面的综合规划。文化生活圈强调文化的"经营"，通过各种文化相关要素的有机链接打通地方文化发展的脉络，让地方重新以文化的力量焕发出新的发展活力，为地方的经济社会建设提供发展新思路。

一 美好生活升级：从生活圈到文化生活圈

生活圈作为生活空间组织的概念最先出现在日本。日本为拯救百废待兴的国家经济，在经历了三期国土开发计划之后，通过生活圈层级的划分，以各种生活设施在不同数量的服务人口、不同范围的服务半径、不同的服务时间内的有效合理分配，达到平衡城乡的目的。而文化生活圈作为生活圈概念的文化延展，将"文化"作用于居民的生活空间，产生了更多潜移默化的"化学"反应。

（一）以生活时间规划换取文化生活空间延展

生活圈是居民生活活动所及的空间范围所形成的圈域范畴。在城市规划当中，大多数也是以时间概念来对生活圈进行层级划分。日本在《第三期全国综合开发计划》当中，根据不同的服务半径、服务时间、服务人口等生活元素，划分出定居圈－定居区－居住区三个层级。[①] 直至现在，时间概念已经成为生活圈层级划分的主要依据，在城市规划中也进一步凸显了生活服务的便捷化内涵，比如北京提出构建"15分钟生活圈"，上海也

---

① 戴婧：《日本"生活圈"理念探究和剖析》，《建筑工程技术与设计》2016年第7期，第69页。

在《上海市城市总体规划（2016～2040）》当中提出构建"15 分钟生活圈"。近年来，文化生活圈在中国的城市规划当中，也大多数凸显时间概念，强调文化服务的便捷化，也同样强调用短时间勾勒出来的小尺度空间去满足较大范围内居民的文化生活需求，从而在空间上形成一个互联互通的文化生态。在中国，文化生活圈首先出现在台湾地区，是台湾社区营造计划的后续发展，目标是让各地民众于平均 30 分钟的车程内，就可以享受到文化资源服务。居民可以在这个生活圈之内，满足对于文化网点的需求、增强文化活动的参与、提升文化的素养。台湾地区通过文化生活圈的概念，提升全民的文化参与度，创造与分享文化资源，并建构文化经济发展的平台。

（二）从硬设施空间布局到软文化环境营造

生活圈是指以居民家为中心，由通勤、教育、日常购物、社会交往、休闲运动和医疗保健等各种活动的组织所形成的行为空间。生活圈时空尺度突出，关键点是以人为本，塑造流线和空间来贴合城市交往活动①，即在一定的圈域范畴之内，布局居民生活活动所需的各类设施，如学校、商场、医疗卫生机构等，一方面让居民在较短的时间内即可享受各种生活服务，另一方面可以进一步平衡城乡差异，缩小城乡差距，避免设施的过度集中所带来的城乡失衡。"文化生活圈"的基本手段仍然同"生活圈"一样，是以基本文化设施的布局来为居民提供均等化的文化服务，而实际上，一般意义上的"生活圈"由于文化的浸润作用，硬体的文化设施所提供的诸多服务造就了许多软性价值。

所谓的文化生活圈，是指依地区内居民各种不同的文化活动性质与关系所划分出来的一种圈域及其体系，在此圈域范畴内，居民所从事的文化活动的频率、特性和空间范畴相近并且和其他地方不同。一般而言，文化生活圈可分为一般性的文化生活圈与功能性的文化生活圈。真正的文化生活圈不仅仅是一个固定的生活圈域，还会因为不同区域文化在空间的流

---

① 李琳琳、赵彬：《城市新区宜居生活圈设计研究》，《山西建筑》2019 年第 10 期，第 8～9 页。

动、在生活当中的融入、冲破空间的阻隔，从而呈现功能性的模糊现象①。文化生活圈概念强调文化作为一种生长因子在生活当中的蔓生作用，它在不知不觉当中对人的生活活动以及人自身产生影响，这应该是文化生活圈构建的根本作用所在，并不仅仅是让人享受到设施带来的文化服务，而是让人完成自身素养的提升，让区域的空间完成风貌的提升，让在地的文化完成生生不息的传承。

（三）从基础生活参与单元到有机文化生态单元

作为城市规划概念的文化生活圈，虽然皆通过文化资源的有机整合、文化硬体设施的建造与丰富的文化活动，来为居民提供便捷化与均等化的文化服务。但是由于有社区营造的基础，其内涵还是强调通过设施的建造与活动的交流，以形成一个体系化的文化学习社会。在笔者看来，这正是文化的浸润作用在文化生活圈中的核心体现。因此，与其将文化生活圈定义为文化活动的空间圈域，不如说这是一个有机的文化生态单元。

一个社区、村落抑或一个城市皆可以作为一个基本单元。基于在地的文化，不管是在地的居民还是文化从业者，都可以享受到各类文化硬体设施提供的文化服务、文化活动交流以及文化创造。就在这种简单的文化氛围当中，以文化资源的共享实现文化与生活的融入，以文化基因建构的交流互动潜移默化地实现人自身文化素养的提升和文化品性的养成，进而提升整个区域的文化品质，地方的文化特色也在简单的文化生活当中实现生生不息的传承。与此同时，外界的文化资源或者各类文化信息也在不断进入基本单元当中，打破空间的阻隔，实现单元之间的融通互动，进而使整个单元不断地产生变化与创新。单元里的文化因子促使人们不断地去交流、创造与学习，潜移默化地影响着人自身与更大范围区域空间的文化风貌，在不断的吸入与吐纳当中，实现文化生态单元的有机运行。

---

① 古宜灵、辛晚教：《文化生活圈与文化设施发展之研究》，《都市与计划》1997年第1期，第43~68页。

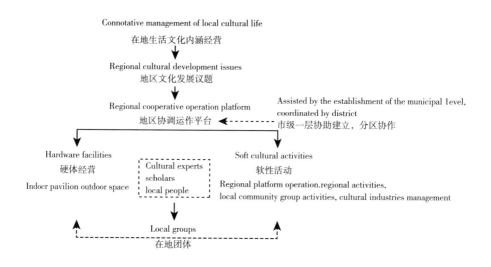

Connotative management of local cultural life
在地生活文化内涵经营

Regional cultural development issues
地区文化发展议题

Regional cooperative operation platform
地区协调运作平台

Assisted by the establishment of the municipal 1evel,
coordinated by district
市级一层协助建立，分区协作

Hardware facilities
硬体经营

Indocr pavilion outdoor space

Cultural experts
scholars
local people

Soft cultural activities
软性活动

Regional platform operation.regional activities,
local community group activities, cultural industries management

Local groups
在地团体

图1　有机的文化生态单元

图片来源：作者自拟。

二　美好生活创想：构建优质共享的文化生活圈

文化生活圈以公共文化服务为依托，一方面，通过有效的文化供给，统一公共文化服务中"15分钟服务圈"设施配置标准，进一步缩小城乡间、区域间、群体间的公共服务供给差距，实现圈内均等均质，优质共享；另一方面，以生活圈内的人口分布为依据，精准分析各项人口特征，结合城市空间规划发展目标，精准分析公共文化服务设施配置的科学性和合理性，从而根据人口结构变化做出文化供给的精准配置。

（一）以"15分钟"定义步行时间

近年来，"15分钟文化服务圈""5分钟社区生活圈"等与文化生活圈相近的释义成为各地政府进行公共文化服务体系建设的主要措施。一方面，在"15分钟""10分钟""5分钟"等时间分层，通过布局不同类型的配套设施，在不同的步行时间内满足不同层级与不同功能的文化生活需求。另一方面，较短的步行时间规划，强调生活圈域内设施布局与生活消费的便捷可达。2018 年，河北雄安新区发布的《河北雄安新区规划纲要》中提出构建社区、邻里、街坊三级生活圈。社区中心配置中学、医疗服务机构、文化活动中心、社区服务中心、专项运动场地等设施，形成"15 分钟生活圈"。邻里中心配置小学、社区活动中心、综合运动场地、综合商场、便民市场等设施，形成"10 分钟生活圈"。街坊中心配置幼儿园、24 小时便利店、街头绿地、社区服务站、文化活动站、社区卫生服务站、小型健身场所、快递货物集散站等设施，形成"5 分钟生活圈"①。雄安新区的三级生活圈规划对于生活设施的配套做出了明确且极其精细化的功能分层，在打破以往社区空间功能单一、生活业态碎片化分布局面的同时，也更加强调社区生活的重要性。社区与社区外形成互动机制，让社区居民能够在不同的圈域范畴内满足不同的消费需求。

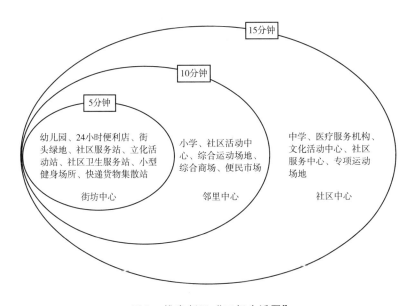

图 2　雄安新区"三级生活圈"

图片来源：《河北雄安新区规划纲要》。

---

① 河北雄安新区规划纲要编写组：《河北雄安新区规划纲要》，人民出版社，2018。

(二) 以"小尺度全领域"定义功能空间

"小尺度全领域"的文化生活圈,可以更好地解决布局依据单一、布局结果供需不匹配、设施资源条线分割、居民获取服务便捷性不够等问题。应关注服务人口数量及结构、"15分钟服务圈"半径,关注实际需要的设施类型,关注设施建设运营模式的多样性、灵活性,共享共建,参考国际先进经验,确保标准设置的前瞻性、先进性①,构建全新的美好生活功能空间。就我国现实情况而言,文化生活圈构建大部分是以公共文化基础设施建设与多元丰富的文化活动为抓手来实施推进的。如北京在全面推进全国文化中心建设过程中,构建"15分钟文化服务圈",以基层文化设施的普及覆盖来不断完善和延伸公共文化服务体系。上海市在2016年发布的《上海市15分钟社区生活圈规划导则》同样以基础保障类设施、品质提升类设施建设以及康乐多样的社区文化活动服务来覆盖不同人群需求,在居民步行可达范围内,配备生活所需的基本服务功能与公共活动空间,形成安全、友好、舒适的基本生活平台,强调类型丰富与便捷可达的社区服务②。由此可以看出,我国文化生活圈更多偏向公共文化服务圈的功能空间建设,通过划分合理的服务区域单元与配备合理的公共文化服务设施,让居民在家门口便可以享受到多元的文化服务。

不管是以时间定义空间,还是以空间拓展功能,文化生活圈为社区居民营造了一个良好的学习环境。社区、文化场馆、民间组织与文化企业联合,共同创造一个能够可持续运行的文化生态,公民的文化权利在此圈域内得到全方位的实现,可以享受到各类文化服务,参与任何文化活动。文化创造的潜力也得到最大限度的激发,文化成果也可以得到有效的保护,从而提升整个圈域的文化活力与文化品质。

---

① 李志豪、郑峰:《构建"5+3+X"体系　打造15分钟生活圈》,《浦东开发》2018年第6期,第36~37页。
② 上海市规划和国土资源管理局、上海市规划编审中心、上海市城市规划设计研究院:《上海15分钟社区生活圈规划研究与实践》,上海人民出版社,2017。

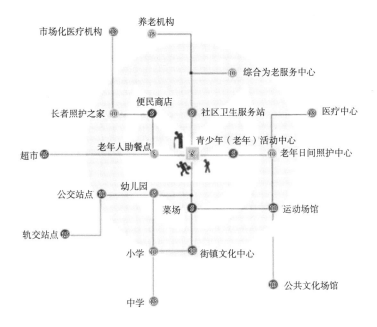

图 3　上海市 15 分钟社区生活圈示意

资料来源：《数据局．十五分钟生活圈，你家小区达标了吗？》，
http：//www.sohu.com/a/211733726_483389，2019 年 3 月 21 日。

三　美好生活蔓生：营造共生共享共栖的文化生活圈

文化生活圈是一个大生态，包括基本的文化资源的整合、文化硬体设施建设、小尺度的空间设计和文化经济发展、文化学习单元建构、全域文化风貌的提升。它是一个文化容器，也是一个文化磁场，不断地以文化元素产出社会效益与经济效益。

（一）从文化资源有机整合到文化产业效益簇生

以文化资源有机整合促进区域生活空间有效利用。文化资源的整合是文化生活圈构建的基本。台湾地区的文化生活圈计划也同样经历了由单一文化馆舍经营到多个文化据点联合发展的过程。一方面，松散、单一、非体系化的公共文化场馆使得居民难以享受到多元丰富的文化服务，而多个

文化场馆联动的服务模式恰好弥补了这个缺陷。文化场馆的松散分布造成了城市空间的极大浪费，并且近几年来博物馆、图书馆等各类文化场馆都在积极转型，在场馆功能方面有一定的交叉重复现象。文化生活圈通过文化场馆之间的联合互动与统筹协调，整合各类文化资源，使得各类文化场馆的功能效用与城市空间都能够得到合理配置与有效利用。另一方面，除去公共文化资源，具有地方特色的文化资源也可以通过资源的整合形成联合互动体系。台湾地区文化生活圈的构建就是通过结合各地区域性政策发展，由各县市提报中长期区域性规划，借助现有文化网点的改善，整合地方文化空间、人文特色、景观、文化产业，并通过各空间的活化经营、交通线路串联，形成伙伴关系与策略联盟，以实现文化生活圈的建立。

以文化资源开发带动地方文化产业发展。文化生活圈的构建以文化企业与居民生活社区的良性互动创新企业经营模式，带动当地经济的提质增效；以地方特色人文景观风貌等特色文化资源的保护开发带动地方文化旅游业的发展，促进当地产业的升级转型。北京 CBD 核心区的一角，以旧厂房改造而成的郎园 Vintage 文化产业园区，以开放式的社区生态成为连接商业与文化生活的大院儿。丰富的社群活动成为企业员工与社区居民之间交流联系的纽带，开放包容的运营心态、共建共享的运营理念，将文化产业园区与人们的生活社区无缝融合，打造出和谐共生的邻里单元，丰富了首都"15 分钟文化服务圈"内的文化内容生产。而在远离城市中心区的乡村，在美丽乡村建设、乡村振兴战略的背景下，也同样可以文化升级、服务深化、旅游发展、老城活化组合创造出经济效益。2018 年，贵州省计划推出 1710 个乡村旅游村，以特色文化旅游推动产业发展与当地农民重新就业；河南孟津县平乐村培训农民画牡丹，年创作牡丹画 40 万余幅，作品远销国内外，销售额达 1.2 亿元。一系列案例表明，乡村振兴的一个重要方面在于文化振兴，并以文化振兴带动产业振兴。文化生活圈在乡村，在乡村振兴的基础之上，农民不仅仅是文化服务的享受者，同时成了文化从业者，以营销地方特色带动地方文化的资产升值、产业更新、消费升级。

（二）从文化场馆硬体设施建设到文化学习单元建构

以硬体设施立体化发展满足居民多元文化需求。文化生活圈以多元公共文化服务的提供满足居民的精神生活，又在潜移默化当中实现对人的教育作用，完成人文化素养的提升与文化品性的养成。文化对人最大的作用在于文化攻愚，在过去，地方文化馆的工作者便是教人读书识字的教育者，而在今天，人们的物质生活和精神生活极大丰富，不管是各类文化场馆还是在地的文化企业都发挥着提供公共文化服务的作用，通过举办各种文化活动来充实社区居民的精神生活。国家图书馆在 2018 年的"文化和自然遗产日"推出了一系列非遗宣传展示活动，其中包括 25 部非遗纪录片展映、7 场非遗专题讲演、1 场特别活动、国家典籍博物馆和国图少儿馆系列活动等，以此来增进人们对于非遗保护的认识和意识，引领公众从生活中发现非遗、了解非遗，从而营造保护非遗的良好社会氛围。公众就是在一次次日常生活的文化活动参与当中，学习了文化知识、培养了文化兴趣，从而实现文化素养的提升以及文化品性的养成。

以文化权利的保证激发居民文化创造活力。文化生活圈的构建，保证了公民享有平等的文化权利，从文化享受到文化参与，从文化创造到文化成果保护，公民的文化权利得以保障，从而得以构建一个全民参与的文化学习单元。台湾地区的文化生活圈建构，以社区营造为基础，非常注重社区文化生态的养成。例如北京市东城区的史家胡同，以"史家胡同文创社"的建立从普通居民当中发现文创"艺术家"，探索出一条"从群众中来，到群众中去"的文创产品开发推广模式。在朝阳门街道的领导下，目前史家胡同文创社开发设计制作了四大主题、十大系列的文创产品，营造出极具活力的社区文创生态。营造出一个新社区、新社会和新人，在这个"造人"的过程中，依赖社区公民和知识分子的互相学习、自我学习和自我改造，建立一个体系化的社区学习社会和学习共同体①，也成为文化生活圈构建的应有之义。

---

① 李宜欣：《社造与文化生活圈的跨域整合》，《文化生活》2013 年第 72 期，第 6~9 页。

（三）　从小尺度文化空间设计到全域文化风貌提升

以地方特色文化保存延续地方文化发展脉络。地方文化特色的保存是构建具有本土特色的文化生活圈的重要内容。地方特色文化是凸显地方特质、实现区域差异化发展的重要资源。中国大陆地区的文化生活圈规划强调公共文化服务，却往往忽视了能够带动地方差异化发展的特色文化的传承表达。一方面，政府通过文化生活圈的构建，以小尺度的文化空间设计让在地的文化特质得以保存。例如广州八大区提出构建"15分钟社区步行生活圈"的工作计划，其中一个方面是以"微设计"提升历史街区、公共空间品质和居民生活质量，通过选取数个城市历史街区、历史建筑，开展更高水平的城市设计，形成若干个尺度宜人的城市客厅，同时还将通过道路交通渠化改造，促进老城交通"微循环"①。另一方面，政府通过对地方历史文化资源的深入挖掘和开发，实现传统文化资源的创造性转化与创新性发展，使其成为彰显地域特色的文化标签。广东省中山市火炬开发区在构建"5分钟文化生活圈"的过程当中，对当地特色的祠堂文化和宗族文化进行了大力度的保护，其中包括利用丰富的文化资源，投入400多万元对原有的郑氏宗祠进行改造，保留祠堂"原汁原味"。② 文化生活圈的构建离不开地方特色文化的传承与保护，地方的文化脉络也在此过程当中得以延续。

以区域联合互动提升城市文化生活空间品质。从城市角度来说，文化生活圈完成的是对整个区域文化品质的提升。通过地方文化资源的有效整合与合理开发带动地方特色产业发展，提升地方文化空间经济效益；通过各类文化硬件设施的立体发展，提升地方文化空间的文化学习与创造活力；通过地方文化空间的小尺度更新与微观改造设计，提升全域文化风貌。与此同时，区域之间互动联合也是构建文化生活圈、提升区域文化品质的重要方式。近年来随着京津冀一体化以及粤港澳大湾区城市群建设

---

① 张月胜：《城市色彩规划编制初探》，《山西建筑》2013年第16期，第3~5页。
② 《治国理政新思想新实践·新战略带来新气象》，http://www.sohu.com/a/122665253_162758，2019年4月5日。

划的不断推进，区域之间的联合互动越来越紧密，交通越来越便利，区域之间也在不断探索构建区域生活圈。目前，京津冀三地在全国率先实现区域交通一卡通的互联互通，交通一体化先行实现旅游、教育、体育等产业资源的打通，构建了"京津冀 1 小时生活圈"①。自国家提出粤港澳大湾区"9＋2"城市群发展计划以来，随着港珠澳大桥完工，香港与珠海两地的交通成本从过去的 3 小时缩短为 30 分钟。交通成本的降低促进了三地文旅产业的发展，粤港澳三地优势互补、发挥协同效应。城市群的建设，除了实现基础设施的互联互通、提升市场一体化水平之外，对于当地居民而言，只有打造高品质的文化生活圈才是最为直观的感受。

---

① 《京津冀正在形成一小时轨道生活圈》，http：//www.xinhuanet.com//2019 - 02/12/c_1124105477.htm，2019 年 4 月 8 日。

区域文产

京沪文化产业发展主要指标
比较及对北京市的启示

——基于"十三五"的数据分析

刘　敏　程婧瑶*

摘　要：本文通过分析规模总量和营业收入，把握京沪两市文化产业发展的总体情况和趋势；通过核算分类和统计分类的分行业比较，得出京沪两市内容创作、创意设计及相关产业、文化娱乐休闲、文化装备和终端生产等行业的差异特征，提出构建"高精尖"现代文化产业体系、健全多层次文化产品市场、加强文化创意分类标准建设等经验启示。

关键词：文化产业　文化服务业　文化创意　北京市　上海市

一　京沪两市文化产业发展总体比较

（一）总量情况

从总量上看，"十三五"以来，北京市文化产业发展势头较为强劲，上海市文化产业保持了较为平稳的发展态势。2015～2017年，上海市文化产业增加值占地区生产总值的比重从6.5%增至6.8%，北京市文化产业增

---

* 刘敏，博士，国家地理空间信息中心副研究员；程婧瑶，博士，国家地理空间信息中心高级工程师。

加值占地区生产总值的比重从 13.8% 降至 9.6%，同期全国平均水平为 3.97% 和 4.2%。2018 年上海市文化产业增加值占地区生产总值比重为 6.09%，高于全国平均水平 1.61 个百分点，北京市因统计口径变化，不再发布增加值指标数值。

（二）营业收入情况

从营业收入看，2015 年末，上海市文化及相关产业法人单位实现营业收入 10365.6 亿元，占我国文化及相关产业营业收入的比重为 9.2%；北京市文化及相关产业法人单位实现营业收入 9040.9 亿元，占我国文化及相关产业营业收入的比重为 8.0%，低于上海 1.2 个百分点。2018 年末，上海市文化及相关产业法人单位实现营业收入 11080.3 亿元，占我国文化及相关产业营业收入的比重增至 8.5%；北京市文化及相关产业法人单位实现营业收入 13454.9 亿元，占我国文化及相关产业营业收入的比重为 10.3%，高于上海 1.8 个百分点。2019 年，北京市规模以上文化产业实现收入 12849.7 亿元，同比增长 8.2%。

表 1　2015 年、2018 年京沪两市文化及相关产业营业收入情况

单位：亿元，%

	2015 年		2018 年		年平均增幅
	总量	占全国比重	总量	占全国比重	
北京市	9040.9	8.0	13454.9	10.3	14.2
上海市	10365.6	9.2	11080.3	8.5	2.2
全国	112904.1	—	130185.7	—	4.9

资料来源：《2016 中国文化及相关产业统计年鉴》，中国统计出版社，2016；《2019 中国文化及相关产业统计年鉴》，中国统计出版社，2019。

表 2　2015 年、2017 年、2018 年京沪两市文化及相关产业增加值情况

单位：亿元，%

	2015 年		2017 年		2018 年	
	总量	占 GDP 比重	总量	占 GDP 比重	总量	占 GDP 比重
北京市	3179.30	13.80	2700.40	9.60	—	—
上海市	1632.68	6.50	2081.42	6.80	2913.08	6.09
全国	112904	—	130185.7	—	34722	—

资料来源：《北京文化创意产业发展白皮书（2016）》、《2018 年上海文化产业发展报告》、国家统计局、上海市统计局。

二 京沪两市文化产业发展分行业比较

（一）按核算分类比较

北京市文化及相关产业法人单位营业收入主要来源为文化服务业企业，上海市文化及相关产业法人单位营业收入主要来源为文化批发和零售业、文化服务业企业。2015 年北京市文化及相关产业法人单位营业收入中文化制造业、文化批发和零售业、文化服务业比重分别为 4.9%、24.8%、70.3%，2018 年分别为 3.8%、19.9%、76.3%；2015 年上海市文化及相关产业法人单位营业收入中文化制造业、文化批发和零售业、文化服务业比重分别为 13.6%、46.2%、40.2%，2018 年分别为 10.6%、40.8%、48.6%[①]。

在文化制造业方面，北京市文化制造业法人单位营业收入始终低于上海市，但差距逐步缩小。2015 年北京市文化制造业法人单位实现营业收入 441.4 亿元，约占全国的 0.8%；上海市文化制造业法人单位实现营业收入 1409.9 亿元，约占全国的 2.6%，两者相差 1.8 个百分点。2018 年北京市文化制造业法人单位实现营业收入 512.8 亿元，约占全国的 1.1%；上海市文化制造业法人单位实现营业收入 1178.2 亿元，约占全国的 2.5%，两者相差 1.4 个百分点。

在文化批发和零售业方面，北京市文化批发和零售业法人单位营业收入始终低于上海市，但差距逐步缩小。2015 年北京市文化批发和零售业法人单位实现营业收入 2243.9 亿元，约占全国的 8.8%；上海市文化批发和零售业法人单位实现营业收入 4792.5 亿元，约占全国的 18.8%，两者相差 10 个百分点。2018 年北京市文化批发和零售业法人单位实现营业收入 2681.6 亿元，约占全国的 9.6%；上海市文化批发和零售业法人单位实现营业收入 4519 亿元，约占全国的 16.3%，两者相差 6.7 个百分点。

---

① 《2019 年上海文化产业发展报告》，http://www.ce.cn/culture/gd/202004/23/t 20200423_34764201.shtml。

在文化服务业方面，北京市文化服务业法人单位营业收入始终高于上海市，差距呈现逐年拉大的态势。2015年北京市文化服务业法人单位实现营业收入6355.6亿元，约占全国的19.1%，上海市文化服务业法人单位实现营业收入4163.2亿元，约占全国的12.5%，两者相差6.6个百分点。2018年北京市文化服务业法人单位实现营业收入10260.5亿元，约占全国的18.3%[①]，上海市文化服务业法人单位实现营业收入5383.1亿元，约占全国的9.6%，两者比值差距扩大到8.7个百分点。

表3 2015年京沪文化及相关产业法人单位营业收入差异

单位：亿元，%

2015	文化制造业		文化批发和零售业		文化服务业		营业收入合计
	总量	占比	总量	占比	总量	占比	
北京市	441.4	4.9	2243.9	24.8	6355.6	70.3	9040.9
上海市	1409.9	13.6	4792.5	46.2	4163.2	40.2	10365.6
全国	54137.9	48.0	25448.4	22.5	33317.8	29.5	112904.1

资料来源：《2016中国文化及相关产业统计年鉴》。

表4 2018年京沪文化及相关产业法人单位营业收入差异

单位：亿元，%

2018	文化制造业		文化批发和零售业		文化服务业		营业收入合计
	总量	占比	总量	占比	总量	占比	
北京市	512.8	3.8	2681.6	19.9	10260.5	76.3	13454.9
上海市	1178.2	10.6	4519.0	40.8	5383.1	48.6	11080.3
全国	46300.0	35.6	27789.5	21.3	56096.2	43.1	130185.7

资料来源：《2019中国文化及相关产业统计年鉴》。

（二）按统计分类比较

2015年，北京市、上海市文化产业采用不同的统计分类标准，仅有文

---

① 《北京市文化和旅游局2018年度、2019年度、2020年1~7月规模以上文化产业情况》，http://whlyj.beijing.gov.cn/。

化艺术服务、新闻出版发行服务、广播电视电影服务三个行业可进行对比分析。其中，北京市文化艺术服务、新闻出版发行服务两个行业发展优势明显，均实现了两位数增长，高于上海市同期指标数值。上海市则在广播电视电影服务行业具备比较优势，增加值略高于北京市水平。

表5　2015年上海市、北京市文化产业增加值

单位：亿元，%

2015 年上海市			2015 年北京市		
类目	增加值	同比增速	类目	增加值	同比增速
地区生产总值	24964.99	6.9	地区生产总值	23014.6	7.9
合计	1632.68	16.8	合计	3179.3	12.5
文化艺术服务	52.09	7.6	文化艺术	132.1	14.3
新闻出版发行服务	36.84	5.0	新闻出版	278.4	16.1
广播电视电影服务	54.92	14.5	广播、电视、电影	223	11.3
文化信息传输服务	208.49	30.1	软件、网络及计算机服务	1842.8	14.8
文化创意和设计服务	789.43	31.4	广告会展	217	−1.5
文化休闲娱乐服务	31.46	4.1	艺术品交易	64.3	14.4
工艺美术品生产	59.25	13.2	设计服务	132	3.4
文化产品生产的辅助生产	212.49	9.2	旅游、休闲娱乐	107.2	7.5
文化用品的生产	126.69	−11.5	其他辅助服务	182.5	12.9
文化专用设备的生产	64.03	−24.5			

资料来源：《2016 中国文化及相关产业统计年鉴》。

2018 年以来，北京市不再发布文化产业增加值指标数值，改为发布规模以上文化产业营业收入指标数值，上海市则沿用了规模以上文化产业增加值指标。由于统计口径的不一致，课题组不能对京沪两市同一年度文化产业进行直接对比分析，而分别对 2017～2018 年上海市文化产业增加值、2018～2020 年上半年北京市规模以上文化产业收入进行分析判断变化趋势，得到结论如下。

1. 京沪两市文化相关行业快速发展

2018 年、2019 年，北京市文化核心领域行业规模以上营业收入占全市文化产业总收入的比重分别为 87%、89%，文化核心领域行业规模以上营业收入由 9292 亿元增至 11448.2 亿元，文化相关领域行业规模以上营业收

入 1411.0 亿元降至 1401.5 亿元。2017 年、2018 年上海市文化核心领域行业增加值占文化产业总增加值的比重分别为 74.9%、72.7%，文化核心领域行业增加值由 1558.53 亿元增至 1594.54 亿元，文化相关领域行业增加值由 522.88 亿元增至 598.54 亿元。

表6　2018～2020 年上半年北京市规模以上文化产业收入

单位：亿元，%

类目	2018 年		2019 年		2020 年 1～7 月	
	收入	同比增速	收入	同比增速	收入	同比增速
合计	10703	11.9	12849.7	8.2	6979.4	-3.7
文化核心领域	9292	14.1	11448.2	9.9	6389.8	-0.2
新闻信息服务	2558.3	20.7	3692.7	25.8	2072.8	3.3
内容创作生产	2005.2	8.7	1899.4	2.5	1365.5	33.5
创意设计服务	2771.1	17.8	2852.8	0.0	1732.1	-2.5
文化传播渠道	1826.9	7.2	2876.8	8.3	1161.0	-23.3
文化投资运营	30.5	-7.7	19.8	-4.8	13.2	-2.7
文化娱乐休闲服务	99.8	9.2	106.7	2.7	45.2	-37.1
文化相关领域	1411.0	-0.6	1401.5	-3.7	589.6	-30.3
文化辅助生产和中介服务	654.8	6.6	737.9	2.4	306.7	-33.3
文化装备生产	168.3	-3.0	121.9	-26.9	44.3	-40.1
文化消费终端生产	587.8	-7.0	541.8	-4.6	238.6	-23.4

资料来源：《北京市文化和旅游局 2018 年度、2019 年度、2020 年 1～7 月规模以上文化产业情况》，http：//whlyj.beijing.gov.cn/。

表7　2017～2018 年上海市文化及相关产业增加值

单位：亿元，%

类目	2017 年		2018 年	
	增加值	占比	增加值	占比
合计	2081.42	—	2193.08	—
文化核心领域	1558.53	74.9	1594.54	72.7
新闻信息服务	197.10	9.5	184.37	8.4
内容创作生产	520.05	25.0	579.73	26.4
创意设计服务	454.45	21.8	549.27	25.0
文化传播渠道	184.74	8.9	183.23	8.4
文化投资运营	140.69	6.8	44.67	2.0

类目	2017 年		2018 年	
	增加值	占比	增加值	占比
文化娱乐休闲服务	61.49	3.0	53.27	2.4
文化相关领域	522.88	25.1	598.54	27.3
文化辅助生产和中介服务	310.89	14.9	273.07	12.5
文化装备生产	79.04	3.8	188.97	8.6
文化消费终端生产	132.95	6.4	136.50	6.2

资料来源:《2018 年上海文化产业发展报告》《2019 年上海文化产业发展报告》。

2. 四个行业领域存在差异特征

(1) 内容创作。随着文化产业发展逐步呈现内容化、移动化、智能化、深度融合的趋势特征,以数字技术为载体的内容创作生产类文化产业快速崛起,并已成为文化产业发展的重要核心竞争力。上海市文化产业内容创作生产能力较强,随着出版、影视、新闻等传统产业转型升级步伐加快,全球影视创制中心建设有序推进,在网络视听内容、网络文化等数字化内容生产方面能力也日趋凸显。

2018 年,上海市以出版服务、广播影视节目制作、创作表演服务、数字内容服务、内容保存服务、工艺美术品制造、艺术陶瓷制造等为主的内容创作生产增加值占文化产业增加值的比重为 26.4%,较 2017 年增加 1.4个百分点;以新闻服务、报纸信息服务、广播电视信息服务、互联网信息服务为主的新闻信息服务增加值占文化产业增加值的比重为 8.4%,较2017 年降低了 1 个百分点;以出版物发行、广播电视节目传输、广播影视发行放映、艺术表演、互联网文化娱乐平台、艺术品拍卖及代理等为主的文化传播渠道增加值占文化产业增加值的比重为 8.35%,较 2017 年降低了 0.5 个百分点。

2018 年北京市规模以上内容创作生产收入占文化产业营业收入的比重为 18.7%,2019 年降至 14.8%,但在 2020 年 1～7 月,北京市内容创作生产逆势上扬,营业收入同比增长 33.5%。2018 年、2019 年、2020 年 1～7月,北京市规模以上新闻信息服务收入占文化产业营业收入的比重持续上升,分别为 23.9%、28.7%、29.7%;2018 年、2019 年北京市规模以上文化传播渠道营业收入占文化产业营业收入的比重由 17.1% 增至 22.4%，2020 年 1~7 月降至 16.6%。

（2）创意设计及相关产业。随着数字经济、互联网、大数据和人工智能技术的迅猛发展，互联网文化娱乐平台等新型传播渠道和文化内容平台建设为文化产业发展提供了重要载体和窗口。上海市文化创意设计与相关产业加速融合，2018 年，在上海市文化核心领域中，以广告服务、设计服务为主的创意设计行业实现增加值 549.27 亿元，占文化产业增加值的比重为 25.0%，较 2017 年增加 3.2 个百分点。北京市规模以上创意设计收入占文化产业营业收入的比重则由 2018 年的 25.9% 降至 2019 年的 22.2%，2020 年 1~7 月增至 24.8%。

（3）文化娱乐休闲。随着居民生活水平稳步提高和市场供给端长足进步，文化娱乐休闲成为文化产业发展的又一新增长点。上海市加快文旅融合发展步伐，借助文化场馆、城市演艺、文化节庆等契机，积极促进文化娱乐休闲消费，释放产业活力。2018 年，上海市以娱乐服务、景区游览服务和休闲观光游览服务为主的文化休闲娱乐服务业实现增加值 53.27 亿元，占文化产业增加值的 2.4%。北京市规模以上文化休闲娱乐服务业收入占文化产业营业收入的比重则由 2018 年的 0.9% 降至 2019 年的 0.8%，2020 年 1~7 月仅为 0.6%。

（4）文化装备和终端生产。上海市依托长三角国际文化产业博览会等平台，加快实施文化装备产业链布局，推动文化装备产业发展专项金融支持体系建设等举措，在文化装备领域的优势不断扩大，且随着虚拟现实、可穿戴智能设备等技术的发展，数字化的新兴文化消费终端不断产生，成为上海市文化产业发展的新增长点。2018 年，上海市文化装备生产增加值为 188.97 亿元，占文化产业增加值的 8.62%，较上一年有较大幅度增长，而文化消费终端生产与上一年度基本持平。2018 年，北京市规模以上文化装备生产收入仅占文化产业营业收入的 1.5%，2019 年降至 0.9%，2020 年 1~7 月降至 0.6%；文化消费终端生产收入占文化产业营业收入的比重为 5.5%，2019 年降至 4.2%，2020 年 1~7 月降至 3.4%。2018 年、2019 年北京市规模以上文化装备生产营业总收入分别较上一年减少了 7%、4.6%，文化消费终端生产营业总收入分别较上一年减少了 3%、26.9%。

2020 年 1～7 月北京市规模以上文化装备生产营业总收入同比减少 40.1%，在九大门类里降幅居首。

三　对北京市的主要启示

（一）加快构建"高精尖"现代文化产业体系

针对文化产业复合型特征，按照新兴业态着力发展产业链中内容研发、新技术应用、文化资源数字化转化等高端环节和高附加值环节的原则，确立未来北京市文化产业发展的着力点，应主要包括创意设计、出版发行、广播影视（含网络视听）、动漫游戏、演艺娱乐、文博非遗和艺术品交易等，推动传统文化产业转型升级，培育和发展各类文化新业态、新模式，搭建各类文化科技融合的承载平台。

（二）健全多层次文化产品市场

适应消费升级新趋势，以市场需求为导向，以北京市丰富的文化资源为依托，优化文化供给结构，鼓励文化企业不断丰富和创新产品与服务。积极培育以数字、网络和移动媒体为载体的新兴文化市场，加强文化产品内容创新、形式创新、服务创新，优化文化产品流通渠道。

（三）加强文化创意分类标准建设

着力完善文化创意产业分类标准，推进完善博物馆、美术馆、文化娱乐场所等重点文化承载平台和基础设施的质量和检测标准体系，加快制定数字创意、非物质文化遗产保护、动漫、网络文化、文化艺术、演艺娱乐、创意设计、文化装备等领域的标准，形成一批具有北京文化特色的标准。

知识经济时代下舞蹈作品版权的困境与出路

——基于舞蹈专业的调研问卷分析

周凯丽*

摘　要：近年来，我国人民文化生活日益丰富，舞蹈艺术也被更多的人接受和喜欢，促进了舞蹈行业的发展和舞蹈作品的创作。但是在舞蹈行业逐步进行市场体制机制改革的同时，暴露出严重的知识产权保护问题，打击了舞蹈行业从业人员创作热情，阻碍了舞蹈行业发展。舞蹈作品内涵丰富，对其版权的保护涵盖众多环节，且舞蹈作品往往包含复杂的情感、思想、创意等无形元素，因此在实际操作中，舞蹈作品版权的界定和分配存在一系列难点。为保护舞蹈作品版权，我们应增强舞蹈作品版权保护意识，加强行业标准制定，规范行业管理，强化舞蹈行业组织运营，从而助力舞蹈行业产业化发展。

关键词：舞蹈作品　版权　知识产权保护

以知识经济为核心的发展模式已成为我国经济发展的主要方向之一。在新的时代发展背景下，文化产业转型升级发展，舞蹈作为文化产业的一个分支，在文化体制改革的浪潮中同样需要走出一条专业化、市场化的发展道

---

* 周凯丽，中央民族大学舞蹈学硕士，东莞理工学院师范学院教师，研究方向为民族舞蹈、文化产业。

路。一方面，随着人们对舞蹈艺术"买欣赏"观念的逐步建立，舞蹈逐渐成为人们文化消费的内容之一。另一方面，舞蹈作品被模仿现象严重，同一类型的舞蹈作品，在风格特点、表现形式、舞段编排以及思想情感上都几乎相同，舞蹈作品的版权纠纷屡现，被侵权方大多委曲求全而无所作为，这些已经给舞蹈产业的创新性发展带来了不利影响。因此，剖析舞蹈作品版权的困境和探讨其发展出路，对于舞蹈产业实现市场化发展意义重大。

一 舞蹈作品版权的内涵及特点

（一）舞蹈作品版权的内涵

舞蹈是一种身体语言，不像文字有固定的读音和形状，舞蹈作品通过情感和动作来综合表现。《中华人民共和国著作权法》中对于舞蹈作品的定义为舞蹈是"通过连续的动作、姿势和表情等表现思想感情的作品"。一个舞蹈作品由多方面组成，会涉及诸多类型的表达元素。首先是精神层面的舞蹈作品的创意、策划、构思等方面的表达，而这些表达元素并不受到法律的保护。其次是舞台剧本的创作或者舞台台本的创作，这些元素能受到版权的保护。再次是舞蹈编排，舞蹈表演本身综合肢体、动作、造型、表情、音乐等动态与静态元素。最后是呈现舞蹈时候的场景、角色、音乐、人物造型、舞美、灯光等。这些元素被编导创造、有机结合起来，便呈现出来一个完整的舞蹈作品。舞蹈作品的价值体现较少凝聚在有形实物之中，例如邓一江根据曹禺先生的话剧《雷雨》创排的舞剧《情殇》，这个只有"四块板、六个人"的舞蹈，在当年文化部举办的"全国第三届舞剧观摩演出"中获得了高度的评价[①]。而版权价值作为一种价值形态，可以说是凝结在商品中的创造性抽象劳动[②]，因此在舞蹈作品创作的各个环节都蕴含着丰富的版权价值。

[①] 于平：《舞蹈叙事的语汇创生与结构建模》，《中国文化报》2019年12月2日。

[②] 段桂鉴：《版权价值导论》，商务印书馆，2017。

（二）舞蹈作品版权的特点分析

舞蹈作品版权具有概念难界定以及权利难鉴定的特点。

1.舞蹈作品版权的概念难特点分析

一个舞蹈作品主要通过无形的创意和思想实现表达。然而思想与创意难以用有形的实物表达，而仅仅从舞蹈动作的表达来看，舞蹈者对动作的表达都不会完全一致，这样导致了舞蹈作品在版权鉴定的时候出现了难题：一个舞蹈作品是指舞蹈动作的设计还是指舞蹈动作的设计加上舞蹈演员的表演，舞蹈作品由哪些部分构成。

2.舞蹈作品版权的权利难特点分析

通常来讲，一个舞蹈作品很难由单个权利人独立完成，它往往是综合性的艺术作品，通常由编导、排练、编剧、舞者等多人参与，多个参与人之间的复杂关系往往影响舞蹈作品进入商业流通领域后利益和名誉的合理分配，这导致舞蹈作品版权的权利人难以鉴定。

二　知识经济时代下舞蹈作品版权发展的现状
——基于舞蹈专业的版权调研问卷分析

为深入了解舞蹈作品版权发展的现状，本文从舞蹈专业人员的认知意识、舞蹈作品的传播渠道、舞蹈作品版权的发展环境等几个方面对舞蹈类专业人员进行问卷调研。本次调研对象为舞蹈从业人员、舞蹈专业学生或舞蹈爱好人员。调研对象之所以限制为舞蹈领域相关人员，主要是为了更贴近调研的需求，更能发现实务中的问题，从而确保问卷调研结果的专业性。本次调研共发放问卷200份，线上线下回收有效问卷174份，问卷有效回收率为87%，最终回收率符合统计的要求，可保证调查的可靠性和真实性。相关调研情况具体分析见下文。

（一）舞蹈作品版权的认知意识

舞蹈专业人员对舞蹈作品版权的认知意识不强，对舞蹈作品的认知能力有限。调研结果显示，在观看欣赏或学习舞蹈时，仅有 57.5% 的受访人员会关注该作品的版权信息；当有自创的舞蹈作品/研究成果时，有近一半的受访者表示不会对自己的作品进行版权登记；33.3% 的受访者并不知道舞蹈作品可以进行版权登记；60.9% 的受访人员对舞蹈作品版权知识没有了解过；仅有 13.8% 的调研对象对舞蹈版权的使用比较具有权利意识（见图 1、图 2）。

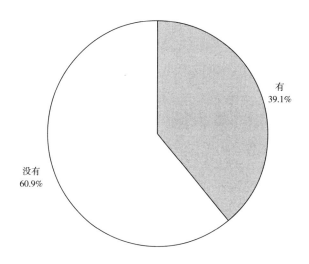

图 1 对舞蹈版权作品版权知识的了解情况

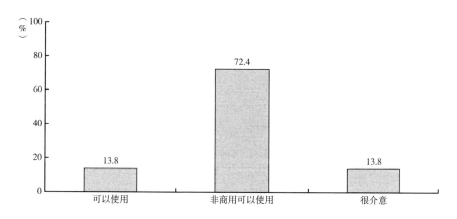

图 2 舞蹈作品无偿使用的意愿

受访人员舞蹈版权意识不足，对于版权保护的关注往往是在出现纠纷和问题之后，对舞蹈版权事前登记的关注，还没有形成共识。受访人员对于舞蹈版权保护的权益和权利人享有的权利认知度较低，因此，对于如何具体运用法律武器确认自己的权利、如何在遭到侵权时有效取证等具体法律条文的宣传还有待加强。

（二）传播渠道

线上传播渠道已经成为现在舞蹈作品传播的主要渠道。短视频平台成为主要渠道。调研结果显示，爱奇艺、腾讯、优酷等视频平台成为舞蹈相关人员学习或欣赏舞蹈作品的主要渠道。值得一提的是，近年来，迅速崛起的抖音、快手等短视频平台已经成为主要渠道，有 63.2% 的受访者表示习惯用抖音、快手等短视频平台学习或观赏舞蹈作品（见图 3）。

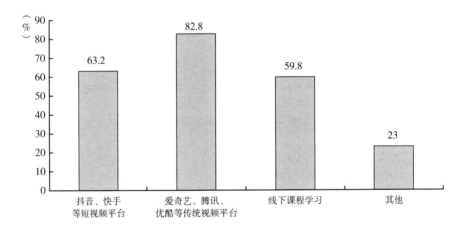

图 3　舞蹈作品传播渠道

在自媒体时代，只要有一部手机、一个软件在任何时间、任何地点都可以实现舞蹈作品的编辑、传播和再生产，但是自媒体对舞蹈作品版权的侵权行为隐匿性高、举证难、成本低，这导致舞蹈作品的版权保护产生了诸多困惑。信息技术的发展特别是各类短视频平台的出现不仅影响着舞蹈作品的传播方式，同时也让舞蹈作品版权的登记及维权更加艰难。

（三） 舞蹈作品版权的发展环境

1. 法律环境

根据调研结果，59.8%的受访者表示现在舞蹈作品版权的法律环境有待改善，现有法律环境不能满足日常需要。其中更有11.5%的受访者表示在舞蹈作品版权被侵权时基本找不到相关对应法律（见图4）。

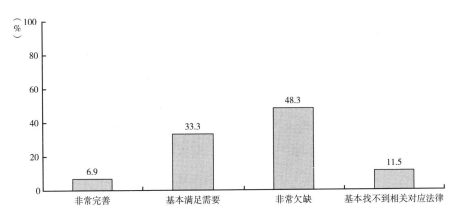

图4 舞蹈作品版权保护的法律环境

在调研中，笔者发现，虽然经过多年的普法教育，广大版权权利人对于依法维护自己的合法权益，已经有了较强的法律认识，知道应该积极地运用法律武器打击侵权行为，但他们很难找到更好的适合自己的方法来维护被侵犯的权益。可以说，不能有效保护舞蹈创作者的合法权益，就很难去确保创作者有激情和聚焦精力去创新创造舞蹈作品。

2. 市场环境

舞蹈作品版权获得登记的数量不多，侵权案件常有。调研发现，关于身边是否有舞蹈版权作品登记或是否了解登记的流程，仅有11.5%的受访者表示现在市面上的舞蹈作品进行版权登记的数量较多，25.3%的受访者表示没有接触过舞蹈的作品版权登记甚至根本不了解舞蹈作品的版权登记流程；关于是否有接触舞蹈作品侵权案件，有36.8%的受访者表示接触或听说过此类侵权案件。舞蹈作品的桥段被人模仿、内容高度雷

同的现象时有发生，演出机构、创作者和表演者也多因版权归属不明而
意见不合。

三　知识经济时代下舞蹈作品版权保护的困境

（一）舞蹈作品版权的多重属性

舞蹈作品版权具有经济属性、社会属性等多重属性。信息经济学理论
认为，知识是一种特殊商品，具有公共产品的某种属性①。舞蹈作品作为
知识产品的一种，事实上兼有公私两种产品属性，且表现出如下基本特
征。一方面创作者难以控制舞蹈作品这一知识型创新成果，扩大传播与获
取价值回报常陷入两难境地。另一方面舞蹈作品作为一种无形的信息资
源，其被公开，无论何时何地何人观看，并不影响别人分享作品。而作为
具有公共产品属性的舞蹈作品，因为其版权难以鉴定，无疑会遭遇到保护
的困境。

（二）舞蹈行业版权鉴定标准混乱

实践中，舞蹈作品的版权保护遇到了如下一些问题。首先，舞蹈作品
的概念在我国著作权法中比较模糊和狭窄，对于什么是舞蹈作品，法学界
和舞蹈学界认识一直不一致，即使在法学领域里，对舞蹈作品的认识也存
在差别②，这使得很多非常态创意类舞蹈形式并不能在法律上获得保障。
其次，舞蹈作品的构成决定了舞蹈作品的哪些因素可以获得法律的保护，
这在理论界是有分歧的，舞台表演包括角色、情节、场景、音乐、舞美、
灯光，这些内容如果属于独创性表达，则均具备受著作权法保护的可能
性③。最后，随着信息技术的发展和自媒体等新型业态媒介的传播，现阶
段舞蹈作品侵权纠纷频发。但是直接涉及舞蹈的规定较少，仅根据宏观的

---

① 段桂鉴：《版权价值导论》，商务印书馆，2017。
② 杨华权：《论著作权归属的一般原则在舞蹈作品上的适用》，《舞蹈》2016 年第 4 期。
③ 王军：《论舞蹈作品知识产权的保护策略》，《北京舞蹈学院学报》2016 年第 6 期。

规定，不足以对舞蹈作品版权的相关问题进行明确的处理，没有相关的行业细则。因此，舞蹈行业的版权鉴定体系亟待构建与完善。

（三）舞蹈版权法律制度不全

虽然，从法律保护上来说，舞蹈作品的版权是明确受到我国版权相关法律规定保护的。但是在现有的法律文件规定下，只有《中华人民共和国著作权法实施条例》对舞蹈作品做了一个非常狭窄的界定。在现有法律制度框架下，受到保护的舞蹈作品主要指人体动作的设计作品，而对于其他舞蹈的表达元素并没有明确的保护框架。现有的舞蹈法律制度难以保护舞蹈作品的发展与创新。

（四）管理组织欠缺

舞蹈作品是一种无形资产，原作者很难控制和占有。舞蹈作品带来的巨大利益与利润给了侵权者很大的"动力"[1]。在舞蹈领域中，未经版权权利人同意，随意进行表演尤其是商业演出非常普遍。这些行为既侵犯了版权人的人身权利，又侵犯了版权人的财产权利。在调研中笔者发现，作为创作者没有太多的时间和精力来仔细追究每一个侵权行为，希望有一个机构可以为舞蹈创作者提供这方面的咨询和服务。相较于其他艺术门类著作权保护，舞蹈著作权保护组织建设任重道远，如音乐、电影等行业都已经建立了相关的保护组织，搭建了保护平台，行使合法权益。

四 知识经济时代下舞蹈作品版权的出路探讨

（一）提高舞蹈作品版权保护意识

很多舞蹈版权权利人遇到舞蹈作品侵权问题时认为侵权行为涉及金额较少，维权成本较高，没有必要通过请律师进行诉讼来解决，或发现被侵

---

[1] 江毅：《关于舞蹈知识产权保护的思考》，《艺术研究》2012年第1期。

权后仅联系对方作删除处理，使得侵权成本太低。而对于著作权保护的实际问题的解决仍存在困难，大多数人的法律意识仅仅停留在表面。因此，解决舞蹈作品版权保护问题最终落脚点还是实际从事相关工作人士对综合知识的学习。针对相关人员，包括舞蹈专业学生、舞蹈相关从业者以及相关舞蹈机构和个人，可定期开展相关知识培训，增强相关人员的综合知识，从而提高版权权利人的版权保护意识。

（二）加强行业标准制定、规范行业管理

舞蹈作品版权缺乏行业管理标准，应运用现代科技手段和已有的舞蹈约定规定，对舞蹈形态特征、审美表意内涵以及语言基质进行分析、判定，在实践中逐渐形成统一的科学标准。此外，在现有的市场环境下，建议加强舞蹈作品版权保护体系的构建，与行业联合共同管理。例如，建立地方舞蹈行业协会，逐步建立舞蹈作品服务管理制度，制定业务指导目录和会员准入原则，依法实行行业准入管理等。

（三）强化舞蹈行业组织运营

从舞蹈作品版权保护的现状来看，舞蹈作品版权在组织运行方面有待加强，因此，强化舞蹈行业的组织与运营是助力舞蹈作品版权保护的重要内容。通过相关代表机构或者舞蹈行业版权集体组织，连接舞蹈著作权人与作品使用人，强化舞蹈作品保全与法律保护之间的关系。建立舞蹈作品著作权集体管理组织，需要在做好机构职能论证的基础上，凝聚各舞蹈专业以及知识产权专业的人才，保障机构运行的实效性和专业性。由权威性的职能部门或群众团体牵头（聘请有关专家），建立以保护舞蹈知识产权为己任的相关组织，结合我国目前通行的著作权法，针对舞蹈本体特质，为相关法律法规出台建言献策，争取尽早出台有利于舞蹈版权保护的补充条例。

（四）助力舞蹈行业产业化发展

舞蹈作品版权作为公共物品的社会属性制约了舞蹈作品的版权保护。公共属性的舞蹈，现阶段大多通过政府的行政扶持和政府拨付的专项经费

满足大众的娱乐需求。政府引导虽然可以调动社会办文化、共同建设精神文明的积极性，但不利于舞蹈产业化发展。应积极运用市场机制，通过项目设计及营运对舞蹈行业进行极为有利的探索，从而开发出舞蹈的商业价值，创造出更多的商业利益。应充分发挥舞蹈行业的市场属性从而在内生机制上实现对舞蹈作品版权的保护。

北京文化产业发展现状及对策建议

景俊美　胡　云[*]

摘　要：近两年来，北京文化创意产业发展变化凸显。一方面，政策服务体系不断完善，产业结构优化升级，整体态势向上向好。另一方面，新冠肺炎疫情及直播风口为文创产业增添了巨大的压力，同时也为文旅融合的推进提供了新的契机。文化创意产业发展过程中存在的精品内容缺乏、产业园区集聚优势未能充分发挥、传播力不足等问题亟待有效解决。未来，需要在创意内容生产、加强产业链关联以及实施互联网新逻辑新打法等方面继续着力。

关键词：文化创意产业　文化传播　文化中心　文旅融合

2020 年是全面建成小康社会的决胜之年，也是"十三五"规划的收官之年，北京作为首都城市，将继续推进全国文化中心建设，提升北京文化产业的影响力、竞争力和辐射力。文化是城市的名片，文化产业既是国民经济的重要组成部分，也是满足人民精神文化需求的重要途径。北京是一座千年历史文化名城，既享有丰富的历史文化资源，又得到了一批高精尖现代科技的加持，在发展文化创意产业方面拥有得天独厚的优势。2020 年，一场突如其来的新冠肺炎疫情对各行各业都带来了沉重的打击，文化

---

* 景俊美，文学博士，北京市社会科学院副研究员，主要研究方向为民族艺术与文化产业；胡云，北京师范大学新闻传播学院 2018 级硕士研究生。

创意产业也不例外。北京既是首都，也是一座大型国际交流城市，虽然有较为充分的应对举措，但也承担着巨大的防控压力。基于"外防输入、内防反弹"的常态化防控策略，北京市积极寻求变革，通过一系列举措减轻疫情的负面影响，为文化创意产业的平稳发展保驾护航。

一　文化创意产业的时代之需

北京特殊的政治、经济、社会和文化地位，决定了它承担着引领全国文化建设工作的责任。近年来，北京坚持"四个中心"城市战略定位，鼓励发展文化创意产业，推出各项帮扶措施，实现了经济效益、社会效益和文化效益的统一。2019 年，北京市文化产业增加值占全市地区生产总值的比重为9.6%，继续位居全国首位，比全国高 5.4 个百分点。在政策、经济、社会、文化等各方面支持下，北京市文化产业保持着良好的发展势头。

（一）塑造新时代国家形象的现实需要

文创产业可以以创新的形式更好地弘扬和传播中华优秀传统文化，满足新时代国家形象的塑造和传播。习近平总书记在十九大报告中指出："没有高度的文化自信，没有文化的繁荣兴盛，就没有中华民族的伟大复兴。"一方面，文化产业的重点在于文化，以文化资源为核心，这是它和其他产业的根本区别，而要促进文化产业的繁荣昌盛，就要做好文化资源的开掘、利用和保护工作，这是支撑文化产业不断发展的动力和源头。

我国历史悠久、文化底蕴深厚，璀璨的中华文化是发展文化创意产业的根源和基础。发展文化创意产业就意味着以文化资源为根基，以更高更广的视野进行顶层设计，用创造力激发文化的内在潜力，并通过互联网、人工智能、大数据等现代科技实现艺术、审美与价值的高度融合和统一。对不同的城市而言，文化创意产业的差别深受其文化积淀、城市精神及产业条件的影响。

整体看，文化属于上层建筑的重要组成部分，其产品属于精神消费，其内容不可避免地会被植入意识形态基因。不同国家和地区的文化具有各自的特点，也拥有不同的导向，比如西方所崇尚的个人英雄主义在漫威、迪士尼系列的文化作品中得到了充分体现，而东方的儒学思想、集体主义等也会在文化作品中得以反映。北京的古都文化、红色文化、京味文化、创新文化也必将在文化产业发展中得到更好的体现。因此，我国的文化产业在发展中承担着弘扬和传播优秀传统文化、讲好中国故事的神圣使命。这其中包含两层含义：一是文化创意产业通过创新的形式给传统文化更全面的保护和更良性的传承；二是通过发展壮大文化创意产业形成有代表性的民族符号，更好地向世界展现中国风貌，这也是提高我国综合国力的一个重要组成部分。

综观全球，日本动漫、美国好莱坞在国际上有口皆碑、广受认可，但中国作为文化大国，迄今为止还没有典型的文化品牌。在中国经济不断发展、全球化进程加速进行的大背景下，推动本土文化"走出去"，提升中华文化的国际认知度，增强文化软实力已迫在眉睫。对此，弘扬中华优秀文化将成为文化创意产业发展的重要战略任务。

（二）实现产业转型升级和结构调整的必然选择

文创产业作为新兴产业在国民经济发展中扮演着越来越重要的角色。从党的十七大提出增强"文化软实力"到十八大明确指出要"将文化产业打造成国民经济支柱性产业"，再到十九大习近平总书记强调要"坚持文化自信"，文创产业已经成为国家战略性产业，在国民经济建设中占有十分重要的地位。

2020年，受新冠肺炎疫情影响，我国经济发展受到一定阻碍，文化产业损失较大，各类文化活动和娱乐场所受到管控，线下营业收入骤减，文化企业面临较大生存压力。据国家统计局数据，第一季度，全国规模以上文化及相关产业企业实现营业收入16889亿元，比上年同期下降13.9%。在文化及相关产业9个行业中，文化娱乐休闲服务营业收入降幅最大，比上年同期下降59.1%，其中娱乐服务和景区游览服务分别下降62.2%和61.9%。不过与此同时，"互联网＋文化"新业态表现良好，线上文化消费保持高速增长。以互联网搜索服务、数字出版、游戏动漫等为代表的行业实现营收5236亿元，相较于上年同期增长15.5%。

文化创意产业以创造力为核心，通过创新的形式对文化进行开掘，具有知识性、高附加值性以及低污染性。诚如有学者所强调的："文化创意是知识经济的重要内容，是知识经济的核心和动力，更是当代经济的重要表现形式。"因此，文化创意产业旨在通过创新内容或创新形式推动产业发展，在呈现形式上具备丰富的选择。既能以线下演出、展览以及其他文化活动为载体，也可以和现代科技相结合，为受众带来更独特的感官体验。例如，通过智能设备技术对文化内容进行全方位呈现，让观众得以实现"缺席的在场"。文化创意产业，形式相对灵活，因此能够根据不断发展变化的现实情况进行及时调整，以更好地抓住机遇，规避风险。在此次疫情中，和传统行业的程式化运营不同，文创产业的多数企业属于小微企业，团队人员简单，反馈机制灵活，能更好地适应线上办公。在应对疫情冲击时，和创意产业相关的行业相对传统的文化事业及产业而言对疫情的负面影响有了更好的规避性。从数据分析来看，文化娱乐休闲服务营业收入119亿元，相较上年同期下降59.1%，但创意设计服务在应对疫情冲击时反而有较好表现，营收2736亿元，相较上年同期只下降了2.5%（见表1）。文化创意产业主要依托于互联网，又是高速成长的新兴产业，因此会推动文化产业朝着高效率、精细化方向发展，进而促进国民经济转型升级。

表1　2020年第一季度全国规模以上文化及相关产业企业营业收入情况

单位：亿元，%

类目	绝对额	比上年同期增长	所占比重
总　计	16889	−13.9	100.0
新闻信息服务	1739	11.6	10.3
内容创作生产	3823	−7.7	22.6
创意设计服务	2736	−2.5	16.2
文化传播渠道	1841	−31.6	10.9
文化投资运营	47	−10.0	0.3
文化娱乐休闲服务	119	−59.1	0.7
文化辅助生产和中介服务	2419	−21.7	14.3
文化装备生产	1029	−19.8	6.1
文化消费终端生产	3136	−15.1	18.6

二　北京文化创意产业发展现状

（一）总体态势稳定向上，引领示范作用得以凸显

近年来，北京市立足"四个中心"城市战略定位，大力发展文化创意产业，增强文化创造活力，不仅发挥了首都城市作为全国文化中心的示范作用，而且在多项特色领域中取得了重要突破。

根据《中国文化产业高质量发展指数（2019）》，北京市在文化产业高质量评估中综合排名全国第一，在社会效益、经济效益、空间要素等方面居于领先位置，在版权交易活跃度、文化作品产出率等两项指标排名中也是第一，人力资源产出水平、固定资产利用率、创新业态产出水平等三项指标排名第二。该指标以投入水平和产出品质为基本模型，包含主体结构、人才供给、资本规模、资源环境、社会效益、经济效益、创新效益、溢出效益等八大维度。北京也聚集着全国最多的文化创意产业，有众多大型科技公司。根据《2020胡润中国猎豹企业》，北京集聚优势明显，拥有38家猎豹企业，这种地域优势也为文创产业的发展提供了良好的条件和动力。2019年底，光明日报社和经济日报社联合发布第十一届"全国文化企业30强"名单，北京市上榜6家企业，占比和数量在全国各省市中一枝独秀，而这也仰赖于北京对文化产业发展的极大鼓励。北京市文化产业的主要亮点集中在游戏、动漫以及短视频领域，不仅游戏和动漫产值在全国领先，而且产业覆盖世界100多个国家和地区，抖音、快手、西瓜视频、火山小视频等播放量排名靠前的产品也都诞生于北京。由此可见，北京文化创意产业在示范和引领文化创意发展方面效果突出，且极具特色，总体发展持续向好。

（二）切合时宜精准施策，保障文创产业稳定发展

近年来，为促进文化创意产业转型升级，构建高精尖经济结构，顺应文化产业高质量发展新趋势，北京市多番发力，推出一系列政策措施，持续改善文化创意产业发展的宏观环境，助力文创产业健康发展。同时，针

对疫情对北京文化产业带来的冲击，北京市推出若干措施，帮助文化企业渡过难关，恢复常态发展。

1. 针对特色领域，优化政策环境

为了推动北京市音乐产业高质量发展，将北京打造成为"国际音乐之都"，北京市发布《关于推动北京音乐产业繁荣发展的实施意见》，从产业布局、园区建设、内容创作、版权保护、演出服务、人才教育、交流合作等方面进行了全面的部署和规划。游戏作为文化创意产业的重要构成，不仅能满足人们的精神文化需求，还是经济发展的强劲动力。为了更好地促进游戏产业提质增效，推动"国际网络游戏之都"建设，北京市发布《关于推动北京游戏产业健康发展的若干意见》，从理论研究、出版规范、精品创作、平台培育、发展潜力、价值引导等方面对游戏产业的发展做出了引导和要求，从而培育出一批具有国际竞争力的行业引领企业。为积极推动文创产业园区文化空间建设，让文创产业园成为文化产业高质量发展的新高地和城市形象的新窗口，北京市推出文化产业"服务包"，为文化产业园配置服务管家，力保各项举措能精准送达。

2. 聚焦疫情冲击，开展定向帮扶

自新冠肺炎疫情发生以来，文创产业一定程度上按下了"暂停键"，演出取消或暂停，公共场所限制营业。当北京疫情防控进入常态化阶段，如何在危机中寻求机遇也成了必然要思考的问题。应对疫情考验，北京市政府推出系列"组合拳"，帮助文创企业转危为安，恢复发展。2020 年 2 月 19 日，北京市文化改革和发展领导小组办公室专门出台了《关于应对新冠肺炎疫情影响促进文化企业健康发展的若干措施》，不仅针对企业的燃眉之急推出相应的帮扶和保障措施，还针对疫情进行精品内容创作生产，积极弘扬抗疫精神，为文创产业的长远发展指明了方向，通过培育产业发展新动能，推动文化科技新业态融合发展。2 月 22 日，北京市文化改革和发展领导小组办公室发布《关于加强金融支持文化产业健康发展的若干措施》，引导社会资本对文化产业进行投资，积极推进文化金融产业融合发展，优化本地文创企业运营环境。2 月 28 日，北京市委宣传部发布《关于支持实体书店发展的实施意见》，一方面对北京实体书店进行资金扶持，另一方面引导书店转型升级，提高书店的核心竞争力。

由此可见，两年来北京市不仅通过优化政策措施激励文创产业高质量发展，同时能根据现实情况给予文创产业有针对性的帮助和扶持，以促进文创产业健康稳定持续发展（见表2）。

表2 2019~2020 年北京市文化发展相关政策

发布时间	政策名称
2020 年 4 月 10 日	《中共北京市委关于新时代繁荣兴盛首都文化的意见》
2020 年 4 月 9 日	《北京市推进全国文化中心建设中长期规划（2019 年 ~ 2035 年）》
2020 年 3 月 13 日	《关于应对新冠肺炎疫情影响促进旅游业健康发展的若干措施》
2020 年 2 月 22 日	《北京市文化产业"投贷奖"风险补偿资金管理办法（试行）》
2020 年 2 月 22 日	《关于加强金融支持文化产业健康发展的若干措施》
2020 年 2 月 19 日	《关于应对新冠肺炎疫情影响促进文化企业健康发展的若干措施》
2019 年 12 月 26 日	《关于促进乡村民宿发展的指导意见》
2019 年 12 月 24 日	《关于推动北京音乐产业繁荣发展的实施意见》
2019 年 12 月 24 日	《关于推动北京游戏产业健康发展的若干意见》
2019 年 8 月 23 日	《关于进一步激发文化和旅游消费潜力的意见》

（三）产业结构优化升级，文化新业态快速发展

1. 数字创意驱动，展现文创产业新生态

2019 年是 5G 商用元年，大数据、人工智能、物联网等现代技术获得快速发展。为顺利实现文创产业转型升级，促进文化产业高质量发展，必须因时而变，推动文化与科技、文化与旅游、文化与体育等方面的融合发展。文创产业作为集创造、生产和商业化于一体的产业，需要放在数字化的背景下看待，而不仅仅基于文化和文化创造力。据统计，2020 年 1~2月，也就是疫情暴发初期，移动互联网流量累计 235 亿兆，相较上年同期增长 44.2%。虽然这是隔离期的特殊现象，但也呈现一个明显的趋势，即数字消费拥有巨大的发展潜力。受疫情影响，线下文化活动在疫情防控常态化趋势下仍然存在较大发展阻力，积极推进文创产业数字化便成为文化产业自救以及谋求长远发展的必要举措。2020 年 4 月 9 日，北京市发布《北京市推进全国文化中心建设中长期规划（2019 年 ~ 2035 年）》，明确提

出要把北京建设成为设计之都、影视之都、演艺之都、音乐之都、网络游戏之都、世界旅游名城、艺术品交易中心、会展中心，使北京成为具有国际竞争力的创新创意城市。而北京要成为具有国际竞争力的创意城市，就必然要拥抱互联网，大力发展数字文化经济。疫情期间，实体书店经营困难，外延书店加入美团外卖，为周边群众提供图书文创产品。北京首创郎园积极打造集产业、空间、内容于一体的综合性运营平台，将大数据技术运用到文创产品的运营中，推动数字化转型。UCCA尤伦斯当代艺术中心联合快手发起云音乐会，邀请包括坂本龙一在内的九位全球知名音乐家，为观众带来全新的视听体验，超过300万名观众参与其中。

2. 借力特色活动，积极打造文创品牌

通过特色活动提高文化品牌的影响力是促进文创产业发展的重要助推剂。2020北京文创大赛在坚持以往的水准上开拓创新，锐意进取，以顺应消费方式转型升级。北京文创市集是北京文化创意大赛的重要组成部分，通过特色系列活动为企业提供良好的展示和销售平台，帮助文创企业将创意落实到市场，也为文化消费增添新的动力。2020北京文创市集以"创新、创意、跨界"为指导思想，和新能源汽车品牌ARCFOX达成战略合作，旨在缔造文创企业和消费者间的新链接，助力文创大赛中优秀的文创产品实现更好的落地和转化。文创市集不仅在空间上打破以往仅在文创产业园区的局限，不断向外拓展，走近开放的商业热点地区，让更多受众能参与其中，感受文创产品的魅力，而且在内容设置上也进行选品升级和服务优化，考虑到中药文化在疫情中发挥的优势，特别增设创意美食板块，让消费者能体会到中华传统文化的魅力。此外，2020北京文创大赛特别策划"文创云市集"，积极利用网络平台创新文化消费方式，以在线直播的方式，邀请文创专家、主播对高品质的文创产品进行带货推广，与线下文创市集形成优势互补，激发文创消费潜力。2020年文创市集在内容、平台、渠道等方面所做出的革新也让文化创意大赛的品牌化效应更为凸显、影响力更强、辐射力更广，进而实现首都文创产业的繁荣。

3. "文化+科技"驱动，产业转型再添活力

推动文创产业高质量发展，必须推进科技与文化产业有效衔接，全力

支持物联网、人工智能、虚拟现实、大数据等技术在文化创意产业中的深度运用。随着5G商用进程的加快、新消费模式的形成、科技的快速发展，文创产业的转型升级也会出现更广阔的空间。2020年5月，中央文改领导小组办公室发布《关于做好国家文化大数据体系建设的通知》，指出建设国家文化大数据体系是新时代文化建设的重大基础性工程，也是打通文化事业和文化产业、畅通文化生产和文化消费、融通文化和科技、贯通文化门类和业态，推动文化数字化成果走向网络化、智能化的重要举措。首都丰富的历史文化资源是发展文创产业的独特优势，推动"文创+"融合发展既能盘活现有文化资源，也能依靠"科技+文化"双引擎驱动文创产业增效提质。6月12日，北京卫视联合京东举办了以"'颐'起热爱，就现在"为主题的合作直播，将网络直播带货和北京特色文化相结合，借力综艺IP，通过话题互动自然引入好物推荐，打造出有品质、有创新、有文化、有内涵的带货模式。当晚主话题"北京卫视京京有未"阅读量高达2亿，观看人数达941万，销量高达2.86亿元，显示了传统文化和直播带货的威力。

（四）利用直播风口，文旅融合顺势升级

文旅融合不仅对于促进文化传承、推动旅游业转型具有重要意义，更是文创产业发展的关键利好。据统计，2019年北京演出市场共演出22823场，观众人数达1040万人次，票房收入为17.44亿元。2019年北京接待游客总量达到3.20亿人次，同比增长3%；实现旅游收入6220亿元，增长5%。2020年上半年北京演出市场不振，旅游行业亦是举步维艰。自五一之后，北京旅游业逐渐复苏，在五一假期，北京市接待游客达463.3万人次，恢复到去年同期的55%；旅游总收入41.8亿元，恢复到去年同期的36%；北京市等级景区238家，恢复开放140家，占比为58%；星级饭店402家，恢复营业277家，占比为69%；全市星级民俗旅游户6042户，恢复营业2839家，占比为47%；乡村旅游特色业态547家，恢复营业173家，占比为32%；乡村精品民宿699家，复工446家，复工率达64%。6月12日，北京市文化和旅游局利用新媒体举办以"逛京城、游京郊"为主题的线上旅游日，选择北京特色景区景点带领观众通过"云旅游"的方式感受京城之美。在文化和自然遗产日及端午节期间，北京市各区针对各自特色推出"非遗＋旅游"线路，例如西城区邀请主持人、非遗学者通过直播漫游西城，带领观众感受西城的非遗文化风采；朝阳区则以"云旅游"的方式为观众展示香囊制作以及中医药文化。文旅融合展示出巨大的韧性，不断寻求新的发展之路，点亮北京文化特色。

三　北京文化创意产业发展问题及对策分析

（一）流于形式的创意致使业态缺乏高品质和精品，内涵挖掘与市场手段要双管齐下

文化创意产业主要是以创意为核心的文化产业，只有通过创新的思维对传统文化进行再创作才能创作出更多反映时代特点的产品或作品，进而为广大受众所接纳。北京虽然聚集着大大小小的文创产业园区和企业，总体上可谓数量众多、种类驳杂，但是真正体现创新创意的精品化内容却非常有限。北京本地有极为丰富的历史文化建筑，也有体现北京面貌的特色景观，但是这些资源是零散分布的，且呈现形式较为单一，缺乏惊艳的创意呈现与创新产品。比如某个区或景点采用了直播的方式，那么其他区也会将这种方式照搬。虽然直播作为新的风口能为传统文化的呈现带来一定的流量，但是仅仅采纳这种形式并不是创意产业发展的长久之计。创新最忌"千区一面"，其前提必须是对文化充分的了解和精细的挖掘与识别，进而采取有针对性的传播策略。比如故宫的创意设计，实现了科技与文旅的高度融合。但并不是所有的创意都要走一样的路，我们还可以探索5G背景下的"互联网＋"、大数据、云服务、人工智能等新产品、新组合和新业态。从超高清4K、8K电视新荧屏，到虚拟现实VR、增强现实AR、混合现实MR，从国际国内漫天快闪的"小视频"，到3.0版、4.0版的沉浸式"清明上河图"或"3D立体圆明园"网络在线，科技可以创造新文化新文明，文化也会赋能文化产业。

文化资源是文创产业的基础，创新则是文创产业的表达方式。北京文创产业发展要对本地的文化资源形成系统的认知与精准的识别，只有把握

到文化精华，才能在此基础上谈创造力。有相关研究者曾指出："与优秀传统文化相结合，探求能够代表自己城市特色的个性文化，这样城市文化才具有辨识度，才能更具竞争力。"很多企业并不能以正确的价值观来看待文化，只当它是敛财手段或是吸引人眼球的工具，因此在进行产业化运营中容易走上偏路，生产一些低俗化、媚俗化的产品，从而丧失了市场竞争力。在融媒体时代和需求个性化的当下，"内容为王"的含义是在不断发展的，其本身就应该是体验、渠道、技术、资源的集合体。因此，应当结合技术、渠道、创意等多种模式对文化进行开发，尤其要注意互联网思维，将产品分析、市场调查、用户研究等市场手段用于文创产业的发展，根据不同文化的特点和不同传播手段的特点进行定制化匹配。比如一些景点可以采取直播带逛的方式，而对一些充满故事内涵的传统文化，则可以通过短视频的方式进行更具内涵的艺术呈现。综合而言，应当全面把握好文创产品的文化性与市场性，既不能故步自封，也不能唯数据论，只有这样才能生产出既有内涵寓意又与时俱进的文化产品。

（二）文创产业园区集聚优势尚未充分体现，产业链的关联性与互补性有待强化

北京的文创产业园区主要由老旧厂房改造而来，它作为一个平台吸引了游戏动漫、广告设计、艺人经纪、影视后期、音乐演出等众多企业入驻。因此，如何更好地体现聚集优势、拓宽文创产业外延、创新相关文化服务等都是需要思考的关键性问题。文化创意类企业入驻园区，除了形成良好的文化氛围外，还应当进行优势互补，形成完整的产业运作链条。北京拥有各种主题的产业园区，既有综合性全方位的（比如中关村软件园），也有行业特色鲜明的（比如北京 DRC 工业设计创意产业基地、中国北京出版创意产业园等），还有将文创产业与社区有效结合，建立了影院、书店、剧场等配套文化设施的（例如郎园 Vitage、当代 MOMA 等）。但各类文创产业园区发展水平、层次、规模参差不齐，目前还主要是一味吸引企业入驻，寻求数量上的扩张，并未形成完整的产业链条，因此也就难以发挥集聚优势。文创产业园作为一个城市有代表性的文化地标，需要有效发挥其汇聚在一起的合力，共同讲好城市故事。

文化创意产业园是指在地理布局结构上形成的集创新、孵化、投资管理、生产性服务和产权交易等活动于一体的载体，在企业孵化服务、投融资服务、技术支撑服务、市场拓展服务、产业辐射等方面发挥着重要作用。经济新常态背景下，各行各业都面临着转型升级的巨大挑战，基于此种现状，很多文化企业会选择抱团取暖，以文化创意为由头进行融合发展，这也就有了如今遍布城市各地的文创产业园区。然而，简单的联合并不能抵抗真正的挑战，彼此施加作用力，相互补充，互为促进才是真正的融合发展之道。推动文创产业园区高质量发展，必须抓住机遇，积极培育新型战略性产业，充分推动文创产业跨部门、跨区域、跨行业融合，进一步向产业链中高端集聚发展，提升文创产业园发展层次和发展生命力。随着移动互联网的兴起，文创产业园区既要解决好资源的调度问题，还要做好线上的规模化系统化运营，完善相应服务设施，让产业园区的资源充分地产生化学反应，将优势最大化地发挥出来。

（三）短视频的官方机构声量较弱传播力度有限，互联网的新逻辑新打法亟待加强

互联网技术的更迭已经深刻地影响了各行各业，文化创意产业更是如此。截至 2019 年 7 月，短视频平台抖音上已上线音乐、舞蹈、影视、建筑、书法、戏曲、雕塑、绘画等八大艺术门类，这些内容的短视频总数达1.09 亿条，累计播放超 6081 亿次，点赞量超 201 亿个，转发分享量超3.9 亿次，评论数超 7.7 亿条。但是在抖音平台搜索"北京文创"，相关的用户粉丝数、发布内容、点赞量都比较少，比如"北京文创市集""北京文创圈""北京添彩文创"等，尤其是"北京文创市集"作为品牌大赛的官方号还未进行认证，发布内容的点赞量平均不到 20 次，直播间的观众人数也非常少。在"北京文创"相关视频中，点赞数较多的视频来自个人号，且主要是介绍故宫文创产品的。

文化创意产业的形成是为了满足当今社会大众对文化娱乐方面的需求，在形成的过程中主要借助数字媒体进行网络传播，这种传播方式相较于传统的传播方式更有时效性。因此，文化创意产业既需要进行高品质的内容生产，也需要对互联网的新逻辑与新打法有一定的了解，有效地将这

些精品内容传播出去。对于好的内容，不同的载体也会有不同的标准，文字时代、影像时代拥有各自的评判标准。对于如今的算法机制，什么样的内容会更容易被推荐，发布时该如何带话题，这些都需要不断探索和精准施策。目前而言，官方机构由于自带宣传属性而在传播效果上会有所减损，而一些自媒体以"探店""科普""种草"等名义进行的推广反而更容易被大众接受。在文旅融合时代，城市需要更立体的形象，视觉化的城市地标和元素需要与故事性、细节化情感主题有机结合。因此，官方平台可以放下身段，和自媒体合作，从全新的视角发掘城市的内在温度，展现特色文化品牌，以达到更好的传播效果。同时，注重对专业人才的选拔和培养，特别是在泛娱乐文化业态、二次元文化业态、虚拟文化业态、粉丝经济文化业态、视频直播业态及影音文化业态等方面培养出更多更专业的人才，打造实现从产业到服务的全方位人才战略体系。

文化事业产业贯通发展实践初探

——以北京市朝阳区"文化事业产业融合发展示范园区"为例

郑　妍*

摘　要： 党的十八大以来，习近平总书记两次视察北京并发表重要讲话，为首都城市发展指明了方向，为全国文化中心建设提供了新的指引，也提出了新的要求。《北京市推进全国文化中心建设中长期规划（2018～2035年)》中明确提出要实现文化事业与文化产业贯通发展，促进社会效益和经济效益相统一。目前，国内关于推动公共文化服务与文化创意产业贯通发展的理论研究和实践均较少，多以国有文化事业单位作为具体的文化空间载体，单方面地推动文化产业参与公共文化服务，且以图书馆、博物馆和各级文化服务中心为主。本文以朝阳区"文化事业产业融合发展示范园区"项目为例，探索以文化产业园区为载体，丰富群众公共文化服务供给的方式。

关键词： 文化事业　文化产业　贯通发展　文化产业园区　公共文化服务

我国文化产业园区经过多年的发展，不仅具备一般产业园区的经济功能和产业集聚功能，还具备独特的文化功能、创意功能以及公共服务功能。通过政府主导，将文化产业的创新发展与公共文化服务的建设规划有机结合起来，以文化产业丰富公共文化服务内容，以公共文化服务

＊ 郑妍，硕士，北京市朝阳区文化和旅游局，研究方向为文化产业、文化政策等。

形成文化产业创造力的源泉和稳定的市场。2020 年，北京市朝阳区开展首批"文化事业产业融合发展示范园区"评审认定工作是文化事业产业贯通发展的一次有益尝试，在文化产业园区中探索出一条政府资源优化配置与引导社会资源积极参与、文化事业与文化产业贯通发展的城市公共文化空间创新发展之路，并发挥积极的示范作用，探索形成基层公共文化服务改革创新模式。

一 "文化事业产业融合发展示范园区"产生的背景

自 2009 年我国颁布《文化产业振兴计划》首次将发展文化产业上升到国家战略以来，作为文化产业规模化、集约化、专业化发展的重要载体，文化产业园区的建设也在全国蓬勃发展。特别是党的十九大报告站在时代和全局的高度深刻阐述了文化和文化建设的地位作用，全国各类文化产业园区逐步由规模速度型发展进入提质增效的高质量发展阶段。在文化产业园区集聚高质量文化企业的同时，园区探索建设城市书屋、影剧院、小剧场等配套公共文化空间，为市民提供丰富多彩的公共文化服务，对园区周边文化氛围营造起到了良好的带动作用，为首都全国文化中心建设提供了重要支撑，也为城市更新和文明复兴注入了全新活力。

近年来，北京市朝阳区充分发挥全国文明城区、国家公共文化服务体系示范区和国家文化产业创新实验区"三区"叠加优势，积极探索文化事业与文化产业贯通发展，扎实推进文化产业园区治理与城市更新有机融合，把文化产业园区真正建设成为"有内涵、有效益、有服务"的"城市文化公园"，促进园区社会效益与经济效益相统一，满足人民群众多样化、高品质的精神文化需求，推动区域经济社会高质量发展。

二 "文化事业产业融合发展示范园区"的实践意义

（一）新时代实现文化事业产业贯通发展的有效途径

党的十八大以来，习近平总书记两次视察北京并发表重要讲话，为首都城市发展指明了方向，为全国文化中心建设提供了新的指引，也提出了新的要求。推进首都全国文化中心建设，是北京市委、市政府做出的重大战略部署。贯彻落实新时代繁荣兴盛首都文化的指导意见，对标对表《北京市推进全国文化中心建设中长期规划（2018～2035 年）》，"文化事业产业融合发展示范园区"是朝阳区推动首都全国文化中心核心区建设的重要抓手，有利于深入挖掘区域文化资源，实现文化事业产业贯通发展，充分发挥文化创新引领作用，用生动实践助力北京全国文化中心建设。

（二）更好满足人民群众对文化精神产品的需求

满足人民过上美好生活的新期待，必须提供丰富的精神食粮。解决人民日益增长的美好生活需要和不平衡不充分的发展之间的矛盾，满足居民对品质化文化产品的需求，是新时代公共文化服务发展的重要任务。政府部门统筹推进文化建设，转变建设理念，壮大人才队伍，健全服务网络，以"文化事业产业融合发展示范园区"建设为契机，通过公共文化服务品质化的创新实践，有利于提高基层公共文化服务水平，有力促进公共文化服务设施覆盖身边化、内容品质化、供给方式多元化、服务智能化。

（三）有效整合资源，推动经济效益与社会效益的"双效统一"

引导和鼓励文化产业园区通过设立公共文化服务空间、举办公益性文化活动等形式参与公共文化服务，是深化文化体制改革、完善公共文化服务体系的重要举措和经济社会发展的客观要求。推进"文化事业产业融合发展示范园区"建设，积极探索未来公共文化服务转型升级的新途径、新模式、新手段，是促进文化事业与文化产业深度互动、融合发展的创新探索，有利于更好引导社会力量积极参与区域公共文化建设，创新体制机制，统筹社会各方资源，丰富公共文化服务供给模式，推动文化产业园区实现经济效益与社会效益相统一、城市生态品质与人文品质相融合，构建共建共享的文化发展格局，着力增强公共文化服务发展动力，提升群众文化获得感、幸福感和满意度。

三 "文化事业产业融合发展示范园区"建设的实践探索

经过十余年的发展，朝阳区已有 798 艺术区、751D·PARK、莱锦等 94 家特色文化产业园区投入运营。2020 年 8 月，北京市发布的市级文化产业园区名单中，朝阳区有 32 家文化产业园区入选，占全市的 32.65%，居全市首位，充分彰显了朝阳区在文化产业园区高质量发展方面的显著优势。为进一步提升园区发展品质，朝阳区正在深入实施文化产业"百园工程"，到 2020 年底前，将建设 100 个精品园区，服务首都全国文化中心建设。现将部分有代表性的示范园区介绍如下。

（一）首创·郎园 Vintage

首创·郎园 Vintage 运营十年来，园区的年产值超百亿元，人均产值达 246 万元，是行业平均水平的 4 倍，经济效益在全市文创园区也是名列前茅。入园企业中不乏实体书店、艺术中心等机构，每年举办 500 多场公益类文化活动，辐射周边多个楼宇和社区，真正成为人们的精神家园，文化产业园区变身成为市民身边的"城市文化公园"。2020 年疫情期间，郎园 Vintage 积极创新转型，将文化活动搬到线上，连续举办了 4 期"昆曲 battle 大赛"，吸引了全国年轻"曲友"的参与，利用新媒体维持观众对传统昆曲艺术的热情，让观众在无法走进剧场的情况下还能够与昆曲亲密接触。

（二）751D·PARK 北京时尚设计广场

园区实现创作、展示、发布、交易的业态聚集，是国际化高端品牌活动及国内外原创新品首发平台。园区每年举办的文化创意活动达到 500 余场，参与人数达 200 余万人次。751 宇宙工厂在 2020 年 8 月连续两个周末举办了文化夜消费活动。精彩的露天电影和露天市集成为文化夜消费的新场景，受到很多年轻人的热捧，不仅带动了园区文化消费快速增长，而且助力园区完成从工厂大院到文化消费街区与创意社区的转型，实现产业与消费双升级。

（三）798 艺术区

798 艺术区目前汇聚了世界各地的知名文化艺术机构和画廊，作为朝阳区首批文化创意产业聚集区，已成为北京市知名的文化创意产业集聚地，并作为中国艺术的新标志和"北京名片"搭建起中华文化与国际交流的开放窗口，是中国当代艺术前沿阵地和风向标、当下中国最具影响力的艺术区之一。园区内由朝阳区图书馆与尤伦斯当代艺术中心共同打造的青少年阅读的艺术乐园，以未成年人艺术阅读为特色，提供 3000 册图书，并具备数字化服务功能。

（四）东亿国际传媒产业园

园区以"传媒公园·Media Park"为定位，花园式办公环境引领潮流、产业生态集群协同发展。12 年精心运营，200 余家文化企业入驻，演播厅、美术馆、会议中心、书吧等配套设施一应俱全。东亿国际传媒产业园的美术馆于 2017 年底建成，至今共举办 50 多场艺术展览，举办了两届得境取象－东亿中国油画作品展，每届有来自全国各地的超过 3000 位油画家参加。东亿书吧每年组织各类公益性活动近 100 场次。

四　经验启示

（一）强化党建引领，推动园区治理与城市更新有机融合

文化产业园区非公有制企业集聚、就业人群集聚、各类人才集聚，是党的建设的重要阵地。通过党建引领，坚持把社会主义核心价值观贯穿区域文化建设与改革发展的全过程。通过文化主管部门与园区之间、园区与园区之间党支部结对共建，送党建"服务包"等方式，不断完善行业自律机制，形成党建引领文化事业与文化产业高质量发展的良好态势，引导园区及入园企业弘扬社会主义核心价值观、传播中华文化精神。落实十九届四中全会精神和习近平总书记在企业家座谈会上提出的要求，完善企业履行社会责任制度，联合文化产业园区党支部共同为入园企业打造非公党建

"服务包"，涵盖党建、工会、共青团等特色服务内容，让园区与企业通过党建引领互帮互助、联动发展，把文化产业园区真正建设成为"有内涵、有效益、有服务"的"城市文化公园"。

（二）着眼顶层设计，以政策促进园区"双效统一"

规划是推动产业园区开发建设的关键环节，对于产业园区的战略定位、产业集群、功能构建等具有重要意义。通过研究制定文化五年发展规划，出台促进文化事业产业贯通发展的实施意见，研究政府向社会力量购买公共文化服务实施意见及指导性目录等系列文件，不断完善政策机制，为园区文化产业发展和公共文化服务建设提供有力的政策保障。研究制定支持园区品牌建设、发展模式创新、完善公共服务体系的相关扶持政策，助力园区健康高质量发展。对于积极搭建各类公共服务平台，打造园区公共文化空间，提升文化馆、图书馆、博物馆、美术馆、实体书店、艺术影院、非遗展示中心等公共文化配套功能，举办各类文化活动，文化产业与文化事业融合发展成效突出的示范园区，给予资金奖励。对示范园区内的实体书店、美术馆、博物馆等文化单位积极开展各类文化活动，且品牌效应显著的，给予一定的奖励支持。积极推动扶持资金、文化人才引进、文化资源导入、促进文化消费等相关政策在示范园区落地。引导支持文化产业园区积极搭建各类公共服务平台，鼓励文化产业园区企业参与各级公共文化服务体系建设，提供公益性文化服务，并将其纳入文化惠民工程覆盖范围。

（三）激发园区活力，推动文化事业与文化产业贯通发展

注重把握文化发展规律，充分调动园区文化企业、文化类社会组织参与公共文化建设的主动性和积极性，实现政府和社会的资源互补、共赢发展。积极引导文化产业园区重视文化氛围、创新机制、公共服务等"软环境"打造。在园区内增设专门空间提供公共文化服务，使文化产业园区逐步提升为城市文化服务新场景；鼓励在文化产业园区内举办创意文化节、创意集市、艺术展览等多种形式的文化活动，让文化创意更好地融入百姓生活。引导文化产业园区通过公共文化活动打造文化品牌，成为集文化生

产、服务、消费功能于一体的文化休闲消费新地标，实现文化事业与文化产业贯通发展。

（四）坚持平台共享，引导资源要素向文化产业园区内集聚

根据文化产业园区的现实需求，优化配置场地资源，引入专业化、品质化的公共文化服务机构深度合作，创新性地将文化产业载体转化为公共文化服务的载体。为社会效益显著的文化产业园区提供文化设备、图书等公共文化资源基层配送服务，实现政府与园区的共建、共治、共享。将文化产业园区内的公共文化活动统一纳入政府主导的公共文化服务活动体系，通过与合作方紧密沟通联系，策划开展丰富的文化活动，实现文化事业产业的同频共振。

新加坡文化发展经验对我国文化
产业发展的启示

赵玉宏*

摘　要：近年来新加坡文化产业发展迅速，产业体系已经趋于成熟，在创意人才集聚、知识产权保护机制以及动画、影视、游戏产业集聚等方面都形成了独特的优势。本文剖析总结了新加坡文化发展的理念、经验，以期为我国的文化产业发展提供借鉴意义。

关键词：儒化　文化发展　多元文化　新加坡

在当今世界体系结构中，发展文化产业，提高文化软实力，是各个国家都无法回避的发展范式和发展路径。新加坡作为与我国"文化特征相对接近"的亚洲国家，其国家性的文化潮流和文化经验可以成为我国建设社会主义文化强国最为实际的借鉴对象，对其根源和发展路径的探索和剖析具有重要的现实意义。

一　文化建设理念方面，以儒学文化
价值观为基础融合西化思想

传统与现代，这是文化发展建设中最常遇见的一对矛盾，既是理论问

---

* 赵玉宏，博士，北京市社会科学院传媒研究所副研究员，研究方向为跨文化传播，影视传媒产业。

题，也是实践问题。新加坡的实践表明，努力挖掘自身传统文化的精髓，在弘扬传统文化精神的同时又克服其固有的矛盾，使之在现代文化语境和实践条件下吸收、扬弃与升华进而实现新的发展。

1992 年 9 月，新加坡新闻及艺术部长兼外交部第二部长杨荣文在题为《现代化与西方化》一文中清楚地表明了新加坡政府的一贯态度："如果我们要成功，我们必须现代化。但是，现代化不能是西方化，因为我们是亚洲国家，是个多元种族多元文化的社会，永远变不成欧洲人或美国人。我们必须承扬各自的优良价值观，了解存在的差异，彼此互相敬重协调，取得平衡。在国家现代化的过程中，奉行我们所制定的五项共同价值观，避免迷失自己。"这可以说是新加坡文化建设取得巨大成功的奥妙之一。

儒化对新加坡现代化的影响主要在价值观方面以及促进社会稳定方面。独立之初新加坡国内种族、社会矛盾尖锐，局势动荡，经济落后，生活贫困。为化解国内矛盾，集中力量发展经济，使新加坡实现现代化，政府大力提倡儒家文化思想，以强化对新加坡的国家认同感。新加坡政府通过宣传媒介、社会性文明教化活动等途径宣传和普及儒家传统价值观念——注重家庭、尊重长辈、克勤克俭、诚信商德等，以此来稳定社会秩序、改善社会风气，推进儒家文化的现代化发展，形成了具有新加坡特色的儒家政治文化。

西化是新加坡现代化的动力所在，是殖民者直接对新加坡输入现代化的成果，包括经济、制度、思想等。新加坡挖掘儒家传统中的共同体主义来融合东西方政治价值中对民主、民本、秩序、和谐和贤能的重视，与新加坡外在政治制度层面的民主和精英政治对接起来，形成了政治价值与政治制度的一元化融合趋向。例如，新加坡提出亚洲价值观和共同价值观实际上是以儒学政治价值为基础融合了东西方政治价值与政治制度。所以说，新加坡的现代化之路是西化和儒化共同作用的结果。

二 文化产业管理方面，政府引导和全面扶持文化产业蓬勃发展

从 20 世纪 80 年代末开始，新加坡政府就高度重视文化产业的发展，

将文化产业的发展上升为国家战略，设立负责文化产业发展的专门机构，制订分阶段文化产业发展规划，通过财税优惠、资金扶持等加大对文化产业的扶持力度，全面引导和促进文化产业发展。

1988 年，新加坡文化和艺术咨询理事会（ACCA）成立，旨在将新加坡建设成一个充满文化活力的社会。1998 年亚洲金融危机给新加坡经济带来巨大冲击，也使新加坡更深刻认识到文化产业发展的作用，从而将创意产业作为推动经济快速增长的引擎之一，文化产业的发展自此上升到国家战略高度。

2000 年制定的《文艺复兴城市计划》，提出了发展文化产业的六大措施，包括培养欣赏与从事文化艺术的庞大群体、发展旗舰艺术公司、加大政府投入培育本地人才、提供良好的基础设施等，并明确提出在 5 年内增拨 5000 万新加坡元用于发展文化产业。

2002 年，新加坡掀起了文化建设高潮，结合"再造新加坡"目标，积极推行"艺术无处不在"（Arts Every Where）、"巧思妙想计划"（Design Singapore）、"艺术之旅计划" （Arts Tourism）、"知识新加坡计划"（Knowledge Singapore）等计划，意在通过发展文化资产，提升整个国家和人民的竞争能力，打造创意新加坡。同时，新加坡政府不断加大在文化产业上的投入。据统计，2006 ~ 2010 年，新加坡经济发展局 （EDB）投入了 5 亿新加坡元发展数字媒体产业，2011 ~ 2015 年又投入 5 亿新加坡元。

在对文化产业的管理上，2003 年新加坡先后成立了媒体发展局（MDA）和设计理事会（Design Singapore Council），分别负责全国传媒产业和设计产业的发展，现均隶属于新加坡通信和信息部。作为负责文化产业管理发展的法定机构，媒体发展局、设计理事会由国会通过专门立法设立，董事会主席是最高领导人，成员由各个政府部门委任，对所属部门负责。这些机构在促进各自文化领域的发展方面取得了巨大成就。它们既是行政管理机构，又具备完善的公司治理架构，任命首席执行官、首席运营官、财务官等职位。可以说，这些机构通过采用近市场化运作的模式，既有公司的办事效率，又有利于接受政府和公众的监督。

三　文化整合和文化资源开发方面，多元文化共生共荣

　　新加坡存在极其复杂的多元文化，这既为多种文化交互发展、培育新的更有活力的文化形态提供了可能，同时也为文化碰撞、相互疏离埋下隐患，甚至导致国家意识和认同感缺失，造成族群撕裂、社会动荡的可能。新加坡是一个多民族（76.9%的华人、14%的马来人、7.7%的印度人和1.4%的其他族裔）、多语言（官方语言为英语、汉语、马来语和泰米尔语）、多宗教（53.8%的佛教徒和道教徒、14.9%的穆斯林教徒、14.5%的无信仰者、12.9%的基督教徒和3.3%的印度教徒）的国家。

　　一方面，新加坡政府通过明确规定房屋分配民族配额的办法，使不同文化的族群居住在一起。民族混居政策增强民族之间的相互了解，提高了民族之间的宽容度，实现了多文化间的尊重和共处。此外，新加坡政府十分注重国民的国家意识和国家认同感培养，强调不管什么族群和文化背景都是新加坡人的共同国家认同，包括李光耀等国家领导人在积极宣扬儒家传统文化的同时，都在不同场合宣扬自己是新加坡人。另一方面，新加坡通过逐步推行双语教育政策来实现各文化族群的交流统一。所有学校必须教授和使用两种语言，各族学生既能学习母语，以了解和发扬本民族的文化，又能学习和掌握英语作为共同交流的语言，实现了各族民众交流的畅通，并更加便利地接纳西方文化和融入现代社会。这些举措有力地推进了新加坡文化整合，实现了多元文化的包容发展。

　　此外，多元文化共存有利于新加坡文化资源的开发，各民族在长期生活中还形成了各具特色的生活方式、语言、风俗习惯、建筑风格等，在新加坡城市建设中都得到了充分的展示，既保留有乌节路等街道、古老房屋及各种风俗，以全球性艺术城市的象征滨海艺术中心等为代表的现代建筑也比比皆是。新加坡积极整合各种特色文化资源，将特色文化产业化，促进整个文化产业的发展。如每年举办的新春"妆艺大游行"、新加坡艺术节、新加坡双年展、新加坡作家节等，已成为新加坡演绎多元传统文化的重要活动，吸引了众多海内外游客参加。

四　公共文化服务方面，创意产业
政策向社会文化政策转变

2010 年 MICA 发布《艺术与文化战略评论》（*The Arts and Culture Strategic Review*，ACSR），对 2025 年之前的文化发展进行规划，新加坡创意产业政策向社会文化政策转向端倪初现。艺术参与、艺术普及、艺术教育将成为新加坡构建"全球艺术之都"坚实的基础，而艺术参与也是新加坡实现"全球艺术之都"梦想之后的必然结果。政府似乎意识到"全球艺术之都"是各种支撑条件长期积累的结果，无法一蹴而就。ACSR 提出的文化创意发展趋向有三个主题：①艺术与文化服务所有新加坡人，鼓励不同年龄不同行业的人参与艺术文化活动；②艺术与文化无处不在，让基础设施服务普罗大众；③勇攀卓越艺术新高峰，培养新加坡整体的创意能力。从打造"全球艺术之都"驱动经济向创意经济转型到注重文化艺术的公民参与和艺术普及，反映了新加坡政府对文化艺术提高生活技能、积聚社会资本、增强社会自信、促进身心健康与社区和谐的重新认识。艺术与文化不仅能够创造经济收益，更有利于促进多元文化融合，增强社会凝聚力。只有文化、经济、社会三大功能模块之间良性循环才能驱动国家的可持续发展。

在重视公民参与和艺术普及方面，新加坡的发展经验值得借鉴。我国应加强公民艺术素养的教育和培训，提升全民艺术普及率，培养文化消费观念，从而带动社会文化艺术发展和刺激文化消费升温。要加大政府购买公共文化服务的力度，鼓励社会文化机构、艺术团体、群众文艺团队、社会培训机构等社会力量参与，构建全民艺术普及生态圈。

五　近十年新加坡文化产业发展
趋势及对我国的借鉴意义

经过三十多年的发展，新加坡文化产业体系已经趋于成熟，在创意人才集聚、知识产权保护机制以及动画、影视、游戏产业集聚等方面都形成了独特的优势。一是形成了亚洲最完善的知识产权（IP）保护机制，对文化内容原创企业来说，新加坡是创建、推广新内容和进行知识产权管理的理想地点。二是拥有资讯科技及编程方面的大批毕业生和大量传统媒体与新媒体的多种语言人才，政府还制定了吸引和留住来自世界各地人才的政策，打造一个有利于企业创意人才的"大熔炉"。新加坡丰富的创意人才资源对游戏开发公司、动画工厂等企业极具吸引力。三是互动和数字媒体产业发展迅速。新加坡平衡了亚洲和西方两种不同文化所带来的影响，加上先进的 IT 与电信基础设施、稳健的知识产权保护机制，以及丰富熟练的数字技术劳动力资源，数字文化产业的发展势必会对新加坡的经济产生重大影响。因此，新加坡的知识产权保护机制、创意人才的培养和集聚，以及数字文化产业的发展过程和趋势对我国文化产业发展具有借鉴意义。

图书在版编目（CIP）数据

文化和旅游产业前沿 . 第七辑 / 郭万超主编 . -- 北
京：社会科学文献出版社，2021.3
ISBN 978 - 7 - 5201 - 7927 - 0

Ⅰ . ①文… Ⅱ . ①郭… Ⅲ . ①文化产业 - 研究 - 中国
②旅游业发展 - 研究 - 中国 Ⅳ . ①G124②F592.3

中国版本图书馆 CIP 数据核字（2021）第 029722 号

文化和旅游产业前沿 第七辑

主　　编／郭万超

出 版 人／王利民
责任编辑／王　展　吴　敏

出　　版／社会科学文献出版社（010）59367127
　　　　　地址：北京市北三环中路甲 29 号院华龙大厦　邮编：100029
　　　　　网址：www. ssap. com. cn
发　　行／市场营销中心（010）59367081　59367083
印　　装／三河市龙林印务有限公司

规　　格／开　本：787mm × 1092mm　1/16
　　　　　印　张：21.25　字　数：325 千字
版　　次／2021 年 3 月第 1 版　2021 年 3 月第 1 次印刷
书　　号／ISBN 978 - 7 - 5201 - 7927 - 0
定　　价／98.00 元

本书如有印装质量问题，请与读者服务中心（010 - 59367028）联系